인도의 길

Korean translation of "THE INDIA WAY: Strategies for an Uncertain World"
First published by Medici Media, 2025
By arrangement with HarperCollins Publishers India Private Limited
ⓒ S. Jaishankar
All rights reserved.
The Publisher has ensured that the author asserts the moral right to be identified as the author of the work.

Korean translation copyright ⓒ 2025 by Medici Media
Korean translation rights arranged with HarperCollins Publishers India Private Limited through EYA Co., Ltd

이 책의 한국어판 저작권은 EYA Co.,Ltd를 통해
HarperCollins Publishers India Private Limited와 독점 계약한
㈜메디치미디어가 소유합니다.
저작권법에 의하여 한국 내에서 보호를 받는 저작물이므로
무단 전재 및 복제를 금합니다.

일러두기

1. 이 책의 외래어 표기, 그중에서도 특히 인도어 표기는 국립국어원 외래어표기법을 따르지 않고 현지 발음을 우선하여 표기하였다.
2. 본문의 각주는 옮긴이의 주석이다. 단 '*' 표시는 원저자의 주석이다.

불확실한 세계를 위한 전략

S. 자이샹까르 지음
이광수 옮김

인도의
THE INDIA WAY
길

메디치

《인도의 길》에 대한 찬사

《인도의 길》의 여러 흥미로운 측면 중 하나는 인도의 대 서사시 《마하바라따(Mahabharata)》라는 희귀한 렌즈를 사용하여 현재의 글로벌 전략 문제외 인도의 외교정책 과제를 다루고 있다는 점이다. 비동맹에서 세력 균형에 이르기까지 다양한 주제에 대한 자이샹까르의 판단은 인도 안팎에서 많은 비판적 관심을 불러일으킬 것이 분명하다. 이 책이 델리의 변화하는 세계관에 대한 중요한 창을 열어준다는 건, 의심의 여지가 없다. … 부상하는 전략 공동체들은 서구, 중국, 인도의 국가 경영의 모든 전통에서 배울 수 있고, 또 배워야 한다는 건 의심의 여지가 없다. 지난 수십 년 동안 중국식 국가 경영의 전략 전통에 관한 국제적 연구가 폭발적으로 증가한 것은 당연한 일이다. 자이샹까르의 《인도의 길》은 인도의 국가 경영을 이해하려는 독자들에게 지금껏 부족했던 부분을 채우기 위한 시의적절한 소명이다.
―C. 라자 모한, 《인디언 익스프레스》

이 책은 근본적인 집필 동기, 즉 세계 정치에서 인도의 비전과 그에 따른 외교적 행위에 대한 설명에서 한 치의 벗어남이 없다. … 《인도의 길》은 인도의 관료들이 인도의 국제적 위상을 어떻게 상상하는지에 관해 완벽하게 믿을 만한 비전을 제시한다. 이 책이 스타일과 내용 모두 훌륭하다고 말하는 것은 과소평가일 것이다. … 이 책은 반드시 읽어야만 하는 책이다.
―애슐리 J. 텔리스, 카네기국제평화재단(Carnegie Endowment for International Peace)

《인도의 길》은 세계 무대에서 인도가 취한 행동의 모든 원천에 대해 그리고 전례 없는 세계 질서 변화의 시기에 인도 외교정책이 어떻게 진화해가는지에 대한 깊은 숙고의 결과다. 자이샹까르 박사는 점점 더 격변하는 세계에서 인도의 선택지를 분석하는 데서 흠잡을 데 없는 자격을 갖추었다. 그가 그렇게 된 데는 학자의 성실함과 실무자의 관록이 어우러져서다.
―하르쉬 V. 빤뜨, 《힌두스탄 타임즈》

《인도의 길》은 점점 더 강해지고 세계에서 제자리를 찾고 있는 새로운 인도에 대한 시의적절한 메시지다. 이 책은 단순한 학문적 분석이나 박학을 실천한 연구가 아니다. 40년간 외교관으로서 탁월한 경력을 쌓은 현직 외무부 장관의 소명이다. … 자이샹까르의 대담하고 냉정하며 솔직하고 명쾌한 표현은 고대 남인도의 사상가 티루왈루와르가 묘사한 것에 너무나 잘 맞아떨어진다. "외교는 심오한 지식을 가지고 두려움을 떨쳐내고 시대의 필요에 따라 드러내는 것이다."
― R. 비스와나탄, 《더 위크》

현직 외무부 장관이 외교정책에 관한 책을 쓸 시간이나 성향이 있는 경우는 거의 없다. 하지만 자이샹까르 박사처럼 학구적인 마인드를 가진 노련한 외교 실무자가 말안장에 올라타면 깊은 성찰을 바탕으로 한 묵직한 작업이 제때 나온다.《인도의 길》은 국제 관계를 예리하게 관찰하면서 동시에 사랑하는 전문가의 자기표현 행위이자 인도가 역사적 변화에 어떻게 적응하고 있는지를 세계에 알리는 한 수단이다. … 이 책은 열망하는 국가가 미래에 쟁취해야 하는 것에 대한 교훈을 담고 있다. 그것은 현실 정치의 게임을 하라는 분명한 요청이다.
― 스리람 짜울리아, 《아시안 에이지》

책을 읽을 때 사람들은 저자가 누구인지, 어떤 내용을 담고 있는지, 스타일은 어떤지를 본다. 자이샹까르 박사의 책을 읽는 사람이라면 이 세 가지 모두에서 충족할 것이다. 전 인도 외무사무차관(Foreign Secretary)이자 현, 인도 외무부 장관(Foreign Minister)인 자이샹까르는 영국의 아와드(Awadh) 병합, 그리고 고대 대서사시《마하바라따》를 아우르는 과거의 역사를 복기하면서 동시에 미래를 내다보며 이야기를 엮어가는 흥미로운 스타일로 인도의 전략이 무엇인지에 대해 저술한다.
― 수바 짠드란, 더 북리뷰 문예재단(The Book Review Literary Trust)

S. 자이샹까르는 인도 외교정책의 큰 틀을 개관한다. 그는 도그마 없는 현실적인 접근법을 강조하며 위험을 기꺼이 감수하고 동시에 여러 강대국과 협력할 준비가 되어 있어야 한다고 말한다. 그는 함정과 앞으로의 기회를 개괄하면서 인도 외교정책이 어떻게 진화해왔는지 그 개요를 제공한다. …《인도의 길》이 제시하는 인도의 외교정책에 관한 틀 짜기는 뉴델리의 세계관에 대한 제대로 된 권위 있는 설명이다.
― 스탠리 조니, 《더 힌두》

추천의 글

세계 최대 인구 대국, 경제 규모 세계 5위, 주식시장 규모 세계 4위, 주요 경제국 중 가장 높은 경제 성장률을 보이는 나라, 바로 인도다. 인도는 인구대국, 경제대국인 동시에 외교대국이다. 독립 이후 글로벌 '비동맹(non-alignment)' 운동을 주도했으며, 냉전 종식 이후 '다층적 제휴(multi-alignment)'를 표방해왔다.

특히 모디 수상은 2014년 취임 이후 적극적인 외교 행보를 펼치고 있다. 우선 미-중 전략경쟁 속에서 세계 최대 민주주의 국가라는 점을 내세워 서구와의 관계를 강화해왔는데, 미국, 일본, 호주와 함께 다양한 국제 현안을 논의하는 '쿼드'는 그 결정체라 하겠다. 동시에 전통적 우방국인 러시아와의 관계를 유지하며, '글로벌 사우스'의 리더로도 자임하고 있다. 현재 모디 수상은 러시아와 우크라이나, 이스라엘과 팔레스타인의 리더와 언제라도 통화할 수 있는 세계에서 몇 안 되는 리더 중 한 명이다.

모디 정부 외교정책의 책임자인 자이샹까르 외무부 장관은 주중 대사, 주미 대사, 외무사무차관을 역임한 인도 외교의 산증인이다. 자이샹까르 장관의 개인적 견해를 넘어 인도 외교정책의 핵심을 보여주는 이 책이 한국에서 번역, 출간된 것은 매우 뜻깊은 일이다. 이 책이 한국 독자들에게 오늘날의 인도에 대한 통찰력 있는 시각을 제공하는 동시에 두 나라가 상생의 발전을 도모하는 데 큰 도움이 될 것으로 확신한다.

장재복 전 주인도 대사

한국어판 서문

이 책을 읽는 한국의 독자들에게

《인도의 길: 불확실한 세계를 위한 전략》이 한국어로 출간되어 아주 기쁩니다. 한국어판 덕분에 이 책에 담긴 아이디어와 생각들이 한국의 새로운 독자들에게 가닿을 수 있게 되었습니다. 이는 매우 중요한 일인데, 지금 인도는 세계정세에서 이전보다 더 큰 역할을 맡고 있을 뿐 아니라 한국과 인도의 관계가 더욱 중요해지고 있기 때문입니다.

이 책이 처음 출간된 것은 도널드 트럼프의 미국 대통령 당선과 브렉시트(Brexit)로 인해 세계 질서의 변화가 두드러졌던 2018~2019년이었습니다. 이후에는 이 두 사건과 직접적인 관련이 없다 할지라도 여러 다른 상황들이 이 추세를 강화했습니다. 그래서 2022년에 와서 '하나의 트렌드, 네 가지 충격'이라는 서문을 추가했습니다. 그리고 코로나19 팬데믹 쇼크, 아프가니스탄에서의 여러 진전들, 우크라이나 분쟁, 이와 더불어 주요 강대국 간의 마찰 심화를 강조했습니다. 이들 각각은 글로벌 아키텍처에 대한 스트레스를 가중시켜 기존의 세계화가 나아가는 방향에 강력한 영향을 점점 더 쌓아갔습니다.

2025년을 앞당겨 보면, 이러한 경향은 더욱 심화되고 있습니다.

우선, 트럼프의 2기 행정부가 시작되었는데, 그의 의제는 이전보다 훨씬 더 분명하고 강력한 권한을 갖게 되었습니다. 공급망에 대한 신뢰성과 그 복원력에 대한 논의가 이제 실제 정책으로 구체화되었습니다. 기술의 세계는 좀 더 두드러졌으니 인공지능, 전기차, 드론, 우주, 친환경 수소와 암모니아 같은 영역에서 엄청난 잠재력을 지니면서 더욱 주목받고 있습니다. 실제로 대중들의 친환경적이고 지속 가능한 여러 관행의 수용은 정부의 정책적 처방을 뛰어넘어섰습니다. 디지털에 대한 관심은 국가와 기업 간에 더욱 신뢰할 수 있는 관계를 구축하게 했습니다. 이와 동시에 글로벌한 업무 현장 개념도 무르익기 시작했습니다. 우리는 인도의 여러 글로벌 역량 센터(Global Capability Centre)와 이동성에 대한 이해에서 이를 확인할 수 있습니다. AI의 세계에서 인재를 찾는 것 자체가 의사 결정에 큰 영향을 미치게 될 것입니다.

어떻든지 간에 기술, 경제, 물류 영역에서 더욱 긴밀하게 연결된 존재가 더욱 강한 국가주의 및 더욱 첨예해진 정체성과 공존할 것입니다. 정치적 권력과 경제적 권력이 더 다양해지면서 더 큰 이익을 위해 타협을 이루는 경향은 더 줄어들 것입니다. 그 결과 체제와 합의는 도달하기 어려워질 것이고, 심지어는 유지하기조차 어려워질 것입니다. 다자주의의 세계는 유엔의 개혁을 시도하지 않으려 안간힘을 다하기 때문에 큰 스트레스를 받고 있습니다.

이러한 맥락에서 한국의 독자들이 《인도의 길》을 읽어야 합니다. 이 책은 좀 더 큰 주제와 상관성을 가지고 있는데, 이에 포함되는 것을 들자면 미국의 세계 정치에 대한 접근 방식, 어떻게 서방에 접근할 것인지, 중국이 부상하는 것을 관리하는 문제, 아시아 균형 문제에서 일본의 관련성, 인도-태평양의 부상 등입니다. 책의 일부는 인도의 전략에 관한 문화, 그리고 의사 결정에 있어서 처한 딜레마를 중심으로 인도의 구체적인 관점을 제시하는 데 초점을 맞추고 있습니다. 저는 이러한 이해를 통해 이 책이 쉽게 읽히기를 바라며, 아울러 한국에서 인도에 대한 좀 더 깊은 관심, 그리고 인도의 사고와 인도의 기여에 대해서도 더 깊은 관심을 불러일으키리라 확신합니다.

2025년 1월
S. 자이샹까르

차례

《인도의 길》에 대한 찬사   4
추천의 글   6
한국어판 서문   7
서문: 하나의 트렌드, 네 가지 충격   13

프롤로그   23
1. 아와드의 교훈: 전략적 현실 안주의 위험성   29
2. 혼란의 기술: 더 평평한 세계 안에 있는 미국   51
3. 끄리슈나의 선택: 부상하는 강국의 전략적 문화   79
4. 델리의 도그마: 역사의 망설임 극복하기   109
5. 중국과 대중에 관하여: 여론과 서구   155
6. 닙조-인디언 디펜스: 중국의 부상을 관리하기   181
7. 지연된 운명: 인도, 일본 그리고 아시아의 균형   209
8. 인도-태평양: 다시 등장하는 해양 전망   237
    에필로그: 바이러스 이후   261

역자 후기   276

서문

하나의 트렌드, 네 가지 충격

어떤 사건이 멀리 떨어진 곳에서 발생하더라도 그것은 우리의 일상과 주변에 어떤 극적인 영향을 미칠 수 있다. 이를 의심하는 이들도 없지 않았으나 코로나19 팬데믹은 그러한 의구심을 완전히 사라지게 만들었다. 그리고 우크라이나 분쟁의 여파는 이와는 아주 다른 방식으로 세계화의 의미에 대한 인식을 불러일으켰다. 글로벌 발전에 대한 무관심을 더 이상 방치할 수는 없다. 사실 지금은 심각하게 위험한 상황이다. 그런데도 대부분의 사람들에게 외교정책이란 본질적으로 '외국'에 관한 것으로 받아들여진다. 이는 즉각적인 거리감과 이질감을 불러일으킨다. 외교는 다르게 말하고, 다르게 생각하고, 다르게 행동하는 '다른' 사람들을 상정한다. 이 모든 게 사실일 수도 있다. 하지만 외교가 현재 우리 가정에까지 영향을 미치고 있다는 것도 분명한 현실이다.

팬데믹이 우리를 강타하기 훨씬 전부터 전 세계가 (바이러스를 기원으로 한) '입소문이 나다(going viral)'라는 표현에 이미 익숙해져 있었다는 것은 아이러니한 일이다. 우리 시대의 신속성, 원활성, 상호 침투성은 여러 영역에 걸쳐 나타났다. 경제적으로는 '적시성(Just in time)'을 종교 수준까지 격상시킨 중심이 있는 세계화로 표현될 수 있다. 정치적으로는 개입할 권리가 있는 국경 없는 문화를 낳았다. 사회적으로는 편안하게 앉아 전 세계를 판단할 수 있는 글로벌 엘리트가 양성되었다. 외교적으로는 시스템을 게임으로 만들고 정상적인 것을 무기로 삼을 수 있게 만든다. 기술적으로는 큰 약속과 거대한 취약성을 동시에 가진 존재가 등장했다. 집적된 위험이 만들어낸 난제를 더 이상 피할 수 없을 때까지 그 누구도 개별 영역의 비용에 대해 고려하지 않는다. 바이러스는 세계 보건의 핵심 과제일 수 있지만, 이제 우리 삶의 다양한 측면에 만연해 있다는 것이 현실이다. 그리고 어떤 의미에서는 각 영역별로 견제와 균형으로 돌아가려는 강박이 있다. 일자리, 삶의 질, 프라이버시는 주권, 문화, 안보와 마찬가지로 중요한 문제다. 이러한 것들을 표면적으로는 익명인 어떤 글로벌 세력이 알아서 하도록 맡겨둘 수는 없는 노릇이다.

그러므로 지금 우리가 사는 세상에 대해 더 잘 이해하는 것이 무엇보다 필수적이다. 나아가 그 세계가 겪고 있는 변화에 대해서도 더 잘 이해해야 한다. 물론 세계 질서는 항상 진화하고 있으며, 그런 의미에서 변화야말로 영구적인 요소다. 하지만 상대적으로 변화의 속도가 빨라진 것은 분명하다. 특히 2008년 글로벌 금융 위기 이후 주요 국가들이 차지하는 상대적 비중은 크게 바뀌었다. 새로운 생산과 소비의 중심지가 등장했고, 그에 따른 정치적 영향력도 함께 변했다. 이는 우리가 이전에 알고 있던 질서의 재균형을 이끈다. 이러한 지속적인 변화는 오늘날 네 가지 충격, 즉 코로나바이러스 팬데믹, 아프가니스탄 사태, 우크라이나 분쟁, 그리고 주요 강대국 간의 마찰로 인해 더욱 날카롭게 나타나고 있다. 이처럼 '하나의 트렌드와 네 가지 충격'이 새로운 지형을 만들고 있지만, 그 누적된 의미를 파악하는 것은 쉬운 일이 아니다.

이 변화의 특징 중 두드러진 것은 여러 건의 전략적 자율성 사례가 부활했다는 점이다. 이러한 부활은 혼란, 강압, 갈등으로 인한 스트레스 때문에 일어나고 있다. '네 가지 충격'은 각기 다른 방식으로 전 세계적으로 더 큰 염려와 불안을 초래했다. 최근 몇 년간 우리는 코로나로 인해 공급망이 붕괴하고 시장이 왜곡되는 것을 목격했다. 공급망의 안정도와 회복력에 대한 우려는 신뢰와 투명성에 대한 우려로 더욱 악화하였다. 우크라이나 분쟁의 영향은 에너지와 금속 분야에서 곡물 및 비료에 이르기까지 다양한 분야에서 가시화되었다. 이러한 맥락에서 제도화된 경제 조치는 근본적으로 새로운 지평을 열었다. 실제로 이러한 조치들은 글로벌 연계가 얼마나 양날의 검이 될 수 있는지를 보여준다. 변동이 심한 현상에 대한 이념적 측면이 물질적 측면만큼이나 중요해지고 있다. 아프가니스탄 사태는 이 점에서 매우 중대한 결과를 초래했다.

이는 과거처럼 인도 중심의 전략적 자율성에 대한 논쟁이 아니라 유럽과 미국을 포함하는 여러 지역으로 더욱 널리 퍼진 논쟁이다. 전략적 자율성의 개념 자체는 세계화와 함께 급격한 변화를 겪어왔다. 전략적 자율성은 더 이상 지배적인 신수들과 안전한 거리를 유지하는 것으로 시각화될 수 없다. 전략적 자율성이란 오히려 압박을 방어하고 선택권을 행사할 수 있는 능력에서 생긴 개념이다. 게다가 이를 현실적으로 지속 불가능한 국가가 행하는 자폐증 같은 것으로 간주해서는 안 된다. 반대로 더 높은 성취를 위해 세계 경제에 더 활발하게 참여함으로써 국가대항 게임판에서 더 많은 카드를 얻을 수 있다. 인도의 경우, 이는 '자립(Atmanirbhar Bharat)', '메이크 인 인디아(Make in India)', '메이크 포 더 월드(Make for the World)'로 요약할 수 있다.

이 복잡한 그림 속에서 특별히 고려해야 할 측면이 몇 가지 있다. 예를 들어 인도-태평양 전략 논의는 역사의 회귀이자 현대성의 표현이다. 쿼드(Quad)[1]의 중요성은 널리 인식되어 상당한 논의의 대상이 되고 있다. 변화하는 환경에서 올바른 파트너를 찾고 유지하는 것은 분명 쉽지 않다. 인도가 해내야 하는 과업도 만만치 않다. 최적의 해결책은 새로운 기회를 모색하는 데 주저하지 않고 이전의 경험에서 가장 유리한 점을 보존하는 것이다. 그러나 이전 시대의 흑백 논리는 더 이상 정확한 지침이 될 수 없다. 이제부터 우리는 이해관계의 중첩이 거의 완벽하지 않더라도 융합해야 하는 세계에 들어서고 있다. 다양한 국가들과의 관계에서, 정도의 차이는 있겠지만, 인도는 때로는 동의하고 때로는 동의하지 않을 것이다. 우리의 영향력이 확대될수록 더욱 그렇게 될 것이다. 따라서 인도-태평양, 아프가니스탄, 테러리즘, 기후 변화, 팬데믹, 인재의 이동, 디지털 성장 등 오늘날의 대표적인 지정학 및 지경학 이슈는 각각 특정한 파트너십을 낳게 될 것이다. 또한 파트너십의 비중과 효과에 따라 더 전략적인 파트너십이 다른 파트너십과 차별화될 것이다.

 신흥 강대국으로서 인도는 계속해서 국제 질서와 마찰을 빚을 것이고, 그중 일부는 인도의 부상에 항상 호의적이지 않을 수도 있다. 뉴턴의 제3법칙(작용-반작용의 법칙)을 정치에 인용해보면, 신흥 강대국의 부상은 시간이 지날수록 더 어려워진다. 우리가 직면한 도전은 경쟁 세력이 엄존한다는 것뿐만 아니라 한 시대를 지배하는 세력이 자신에게 유리한 순간을 동결해버리는 현상도 있다. 80년 가까이 지났음에도 우리는 여전히 인도가 배제된 1945년의 질서에서 벗어나지 못하고 있다. 이는 광범위한 영역에서 다양

---

[1] 미국, 인도, 일본, 호주 4개국이 참여하는 인도-태평양 안보협의체.

한 방식으로 나타나고 있다. 인도는 특히 중국에 비해 이러한 측면에서 훨씬 불리한 위치에 있다. 따라서 세계 질서를 당대의 현실에 맞게 조정하는 것은 쉼 없이 해내야 할 더 큰 사명이다. 그런데 이를 가장 잘 수행할 방법은 논쟁적이다. 시간을 동결시켜버리는 것은 다른 국가의 전략만은 아니다. 많은 국가가 스스로 그럴 수 있음을 전제로 하는데, 여기에는 굳어진 습관 혹은 영향력 있는 경험의 결과가 반영된다. 변화하는 환경 속에서 낡은 신념과 비현실적인 계산을 고수하는 것은 큰 비용을 초래할 수 있다. 따라서 우리 시대의 주요 과제에 대해 끊임없이 제1원칙을 재검토하는 것은 꼭 필요한 일이다.

중국에 대해 효과적인 현대적 접근 방식을 만들어내는 것은 이러한 맥락에서 특히 중요하다. 이에 관해서 전 세계가 고민하는 문제도 있고 인도에만 국한된 문제도 있다. 중국의 성장과 영향력은 분명히 예상을 뛰어넘었다. 대(對)중국 정책을 결정함에 있어 중국의 행동 패턴에 새로운 요소가 추가되었다는 사실을 시급히 고려해야 한다. 인도-중국 간 합의가 오랜 기간에 걸쳐 약화해온 가운데 인도는 지금 보다 복잡한 문제에 직면해 있다. 무엇보다도 국경 문제가 양국 관계의 상태를 결정하게 될 것이다. 아무리 큰 태세 변화에도 결과가 바뀌지 않을 수도 있다.

기술이 우리 삶에 미치는 영향이 혁신적이라는 사실을 고려할 때 그것이 국가 안보에도 큰 영향을 미치게 될 것은 당연하다. 글로벌화된 세계에서는 아이디어와 영향력의 흐름이 있기에, 안보 문제를 국경을 따라 한정하기는 어렵다. 전통적 안보 이슈가 사라진 것도 아니다. 인도와 같이 다양하고 다원적인 사회는 그 단층선을 경쟁자들이 악용할 수 있다는 점을 잊지 말아야 한다. 이러한 위험은 인도의 위상이 높아질수록 더욱 커질 것이다. 인도가 더 나은 질서로 국내 정비에 나설수록, 우리의 취약한 부분에 중첩된 이해관계를 가진 이들의 반발도 터져 나올 것이다. 이러한 시나리오에 대비하기 위한 안보 재구상이 필수적이다. 이 과정에서 우리는 실제로 직면한 위협을 더 잘 인식할 수 있을 뿐만 아니라 새로운 해결책의 출현을 기대할 수도 있다.

물론, 안보는 포괄적인 국력 신장을 통해 가장 잘 보장된다. 안보 증진을 위해, 인도와 같은 정치체는 지속적인 개혁에 집중해야 한다. 과거의 성공에 안주하는 것은, 현실적이든 과장된 것이든, 국가가 안일하다는 사실의 또 다른 형태일 뿐이다. 과거를 우려먹는 것에 안주하는 것은, 사실이든 과장이든, 국가적 안일함의 또 다른 표현이다. 팬데믹은 많은 영역에서 결정적 변화의 가능성을 가져왔다. 이를 자신 있게 포착하는 것만이 국가 개혁이 국가 안보와 얼마나 깊이 연관되어 있는지 보여준다. 외교정책의 선택은 국방과 안보에 의해서만 결정되는 것이 아니라 산업과 기술 역량에 의해서도 똑같이 결정된다는 사실을 인식해야 한다. 물론, 그 한계까지도 포함해서. 문화적 재균형 역시 인도의 발전에 중요한 한 축을 차지한다. 식민 시대까지 거슬러 올라가는 인도의 글로벌 연결망은 국내에서 엘리트 중심을 벗어나 더 뿌리 깊은 민주주의 시대가 오면서 바야흐로 시험대에 올랐다. 이해관계와 태도가 어떻게 균형을 이룰지 지켜볼 필요가 있다. '새로운 인도'는 날이 갈수록 강해지고 있으며 전 세계도 이를 받아들여야 할 날이 오고 있다.

세상을 보다 현실 작동의 차원에서 개념화하는 것은 진지함의 징표다. 국내의 갈등 전선에서 보았듯, 변화에 대한 저항은 실로 오랫동안 우리의 약점으로 작동했다. 이보다 더 나쁜 것은 슬로건과 전략을 혼동할 수 있다는 점이다. 예를 들어, 비동맹은 그 시대에는 의미가 있었지만, 냉전 종식 이후에는 그 의미가 훨씬 줄어들었다. 단극 시대에 우리의 핵심 이익을 방어하던 방식은 물러나고, 다극 환경에서 그 발전을 모색해야 한다. 재균형에 대한 논의가 활발해지면서 우리의 의도를 적절히 표현할 수 있는 새로운 표현도 등장해왔다. 하지만 어수선한 다중 개입의 여러 형태가 오히려 오늘날의 현실을 더 잘 반영한다. 이슈 기반 동맹을 만들기 위해서 이해관계가 수렴되고 부분적으로 중첩되는 것을 받아들여야 할 필요성도 마찬가지다.

큰 문명의 국가들은 당연히 글로벌 질서에서 선택의 자유를 확대하고자 한다. 하지만 이제 우리는 이러한 근본적 접근 방식을 넘어서 생각해야 한다. 우리는 더 이상 영향을 받는 존재가 아니라 점차 영향력을 행사하는 존재가 되었다. 이웃 우선주의(Neighbourhood First)와 지역 내 모두를 위한 안보와 성장(SAGAR, Security and Growth for All in the Region) 정책으로 표현되는 이웃 지역에 대한 우리의 비전은 이미 변화하고 있다. 또한 동쪽, 서쪽, 북쪽으로 확장된 이웃에 대한 보다 명확한 관점을 발전시켰다. 구체적으로 아세안(ASEAN)을 향한 액트 이스트(Act East) 정책, 걸프 지역과 중앙아시아를 향한 이니셔티브인 싱크 웨스트(Think West) 접근법을 통해 작동 중이다. 글로벌 차원에서는 인도의 최적 입지를 확보하기 위해 모든 주요 강대국과 협력하고 있다. 또한 아프리카, 카리브해, 태평양도서국 등에서 확장된 글로벌 가시성을 위한 첫걸음도 내디뎠다.

그렇지만 외교정책이란 단순히 국익 증진을 위한 전략 수립 그 이상이다. 외교정책의 장점은 대체로 좁은 범위의 어휘 안에서 토론해야 한다는 점이다. 논리를 전개하는 데서도 종종 그렇다. 현실과 동떨어진 담론은 결국 상식에 어긋날 수밖에 없다. 외교의 이름으로 국경을 넘나드는 테러 행위를 정상화하는 것이 대표적이다.

심각한 영토 분쟁에도 불구하고 전략적 파트너십을 옹호하는 것도 또 다른 사례가 될 수 있다. 시장 논리와 분리된 자유무역협정을 추구하는 것 역시 그러하다. 단순히 기존 이데올로기와 충돌한다는 이유로 명백한 수렴을 거부하는 것도 마찬가지다. 결국 모든 정책의 신뢰성은 일반 시민에게 어떤 영향을 미치는지에 따라 달라진다. 그리고 그 성공 여부에 관한 판단은 일차적으로 냄새가 나는지 테스트를 통과할 수 있는 능력에 달려 있다. 그럴듯하게 들리는 것을 넘어 옳다고 느껴져야 한다.

이러한 테스트의 매개 변수는 그리 복잡한 게 아니다. 무엇보다도 국가가 더 안전해져야 한다. 이를 바탕으로 해외 파트너십을 통해 더 나은 발전을 이루어야 한다. 글로벌 이슈에서 해결책을 결정하는 데 있어 우리의 영향력은 더 강해질 것으로 예상된다. 세계 무대에서 우리의 정치체 그 자체 및 리더십의 위상도 더 높아질 것이다. 그리고 무엇보다 일반 국민의 일상 문제에서 세계적 사안이 결부될 때 더 나은 대처가 필요할 것이다. 전 세계의 인도인이 내 뒤를 받쳐주고 있다는 확신을 가지게 해야 한다. 지난 10년 동안 여러 측면에서 많은 일이 일어났다. 그런 의미에서 강가 작전(Operation Ganga)[2]은 단순한 소개 작전이 아니라 하나의 메시지다.

《인도의 길》은 분명한 근거를 둔 실무자의 관점으로 쓰였다. 각 글의 청중은 다양했다. 외국 청중들에게 인도적 사고 과정을 명료하게 설명하여, 인도 외교에 관한 명확하고 편안한 이해를 제공하였다. 인도의 영향력이 커지는 만큼 세계는 우리에 대해 더 잘 알아야만 한다. 그런 통찰을 통해 앞날에 대한 오해 소지는 줄어들고

---

[2] 2022년 러시아의 우크라이나 침공 당시 이웃 국가인 우크라이나에 발이 묶인 자국민을 구출하기 위해 인도 정부가 수행한 구출 작전.

파트너십의 우호적 분위기가 커질 것이다. 하지만 이 책의 통찰은 외교정책과 무관한 인도인들에게도 의미가 있다. 그들 자신이 세계에 관해 얼마나 관심을 두는지와 상관없이 전 세계에서 일어나는 일들이 그들을 가만히 내버려두지 않을 것임을 깨달아야 한다. '하나의 트렌드와 네 가지 충격'이 그 충분한 증거다. 이 모든 것을 넘어, 인도인은 자신의 직접적인 이해관계와 관련된 정책 영역에서 결정을 내리는 이해당사자다. 나는 이들에게 외교정책은 당신들이 생각하는 것보다 훨씬 더 중요하다는 메시지를 전하고 싶다. 우리가 활발한 논쟁을 통해 국내 정치를 풍성하게 만드는 것처럼, 외교적 선택도 더 많은 민주적 논의를 통해 건전해질 수 있다. 그러니 논쟁을 계속함으로써 이전보다 더 큰 범위로 확장되기를 기대해보자. 이 책 《인도의 길》 개정판이 그 일에 도움이 될 수 있기를 희망한다.

2022년 3월
S. 자이샹까르

프롤로그

"지혜란 변화하는 세계의 방식에 조화롭게 맞추어 사는 것이다."
— 티루왈루와르(THIRUVALLUVAR)[3]

---

[3] 생몰 시기가 정확히 밝혀지지 않은 고대 남인도에서 활동한 시인이자 철학자. 타밀어로 전해지는 윤리에 관한 고전 《쿠랄(Kural)》을 남겼다. 2024년 총선에서 모디 수상의 인도국민당(BJP)은 전 세계에 티루왈루와르 문화센터를 세우겠다고 선언하였다.

직업 외교관으로 살아온 지 40여 년이 지난 지금, 우리가 그동안 세워놓은 그 많은 가정에 여러 의문이 생기고 있다는 사실을 알게 되었다. 참으로 불안한 일이다. 물론 의문이 들었다고 해서 그 경험들이 순식간에 무의미해지는 것은 아니다. 오히려 지난 수십 년을 가장 객관적으로 평가할 수 있는 사람이 앞으로 우리에게 다가올 시간도 더 잘 예측할 것이란 생각이 들었다. 그렇다고 하더라도 사실에서 진실을 찾는 것이란 쉽지 않은 일이다. 정치적 올바름의 압박이 하나의 과제라면, 축적된 도그마의 무게도 그에 못지않다. 마찬가지로 또 하나의 어려움이 있다면, 글로벌 맥락에 대한 적절한 인식과 냉정한 국가적 관점으로 바라보는 것 사이에서 조화를 이루는 일이다. 이는 독립 이후 지속된 딜레마이며, 국가주의 시대는 이를 더 첨예하게 만들었다. 이것이 지난 2년 동안 내가 푹 빠져서 안간힘을 다한 문제다.

여러모로 내 삶을 키워온 주제들에 관해서 연구하는 것은 자연스러운 일이었다. 미공간(未公刊) 박사학위 논문과 인도-미국 핵 협상에서 실무를 다뤘던 이력은 그 일을 하는 데 있어서 상당한 자신감을 주었다. 2018년 외무사무차관(Foreign Secretary)[4] 임기가

---

[4] 의원내각제인 인도 정부에서 장관은 minister이고 그를 보좌하는 외교 공무원 출신 차관을 secretary라 하는데, 사무직이기 때문에 사무차관이라 번역한다.

끝난 뒤 드디어 이 구상이 이루어졌으니, 싱가포르국립대학교의 남아시아연구소(Institute of South Asian Studies)에서 연구원(fellow)으로 있으면서 이 과제를 시작할 수 있었다. 우리가 사는 세계에서 일어나는 일들이 빠른 속도의 변화를 내 연구에 반영했기 때문에, 프로젝트의 형식과 내용은 계속 변화했다. 집필 중 어떤 단계에서는 내가 쓰게 될 회고록의 일부를 끌어오고픈 유혹을 느꼈다. 하지만 회고록은 은퇴한 뒤에 쓰는 것이 더 낫다는 생각에서 그런 유혹을 떨쳐버렸다. 대신 다양한 토론장에서의 상호작용을 통해 현대 정치에 대한 논쟁을 계발하고, 나의 논점을 보다 분석적이고 가능한 한 감정에 치우치지 않도록 하는 노력을 기울였다.

지난 40년 동안 세계를 주요 관점에서 바라보는 것은 그 위험성과 가능성에 대해 어떤 냉정하게 이해하는 데 큰 도움이 되었다. 모스크바에서 직업 외교관으로 입문하면서 강대국 정치에 관한 귀중한 교훈을 배웠는데, 그 가운데 의도하지 않은 것도 꽤 있었다. 네 차례의 미국 근무는 미국이란 정치체에 대한 지속적인 관심을 불러일으켰는데, 이 나라의 신뢰도와 회복력에는 분명 독특한 지점이 있다. 일본에 장기 체류하면서는 동아시아의 미묘한 뉘앙스와 인도-일본 양국 관계의 미실현된 잠재력에 대해 학습할 수 있었다. 싱가포르 체류는 상대적으로 짧았지만 다양한 글로벌 사건에 조응하는 것의 중요성을 깨달았다. 프라하와 부다페스트 근무는 역사의 흐름에 대한 민감성을 높여주었다. 힘들었지만 흥미로웠던 스리랑카에서의 시간 동안 값으로 따질 수 없을 정도의 중요한 정치-군사적 경험을 축적했다. 아마도 가장 큰 배움은 2009년 중국의 변곡점을 현지에서 관찰했던 경험일 것이다. 주중 대사 이후 주미 대사를 거쳐 정부의 외무사무차관직을 수행했던 최근 몇 년 동안 나는 세계의 변화를 매우 근거리에서 볼 수 있었다. 무엇보다 지난 수십 년 동안 다양한 위계의 세계적 지도자들과 상호 교류한 것이야말로 형언하기 어려울 정도의 가치가 있었다. 그 결과 전략적 목표를 정의하고 최적의 결과를 인식하며 정치와 정책의 상호 작용의 가치를 평가하는 게 얼마나 중요한 것인지를 깨달은 것이 가장 큰 소득이다.

이 책은 지난 2년 동안의 강연의 결과물이다. 다양한 싱크탱크, 컨퍼런스 또는 비즈니스포럼에 초대되어 강연한 내용의 핵심을 이 책에 담았다. 각 강연은 크게 상호 관련된 틀을 유지했지만, 필요에 따라 수정 보완하여 한 권의 책을 이뤘다. 우선 1장 '아와드의 교훈'은 변화하는 세계 속에서 현실 안주로 패배했던 과거의 사례를 빌려 그 위험성을 경고한다. 이 장은 아와드에서 벌어진 역사적 사례와 비슷한 여러 사건에 대해 행한 여러 논평을 하나로 융합한 것이다. 2장 '혼란의 기술'은 국제 사회에서 미국의 위상과 역할 변화에 관한 내용이다. 오슬로에너지포럼(Oslo Energy Forum), 라이지나다이얼로그(Raisina Dialogue),[5] 바니야스섬포럼(Sir Bani Yas Forum)[6] 및 전략국제연구센터(Centre for Strategic and International Studies)에서 강연한 내용을 바탕으로 재작성하였다. 3장 '끄리슈나의 선택'은 인도 외교의 문화적 측면을 다룬다. 뉴델리의 사이재단(Sai Foundation)에서의 강연이 주요 내용을 이룬다. 4장 '델리의 도그마'는 인도 외교 변천사를 개괄하는데, 2019년 제4차 람나트 고엥까(Ramnath Goenka)[7] 추모 강연 내용을 확장한 것이다. 5장

5   2016년부터 시작된 지정학과 지역경제에 관해 인도가 주도하는 다자간 회의체.
6   2010년 아랍에미레이트(UAE)가 설립한 글로벌 및 중동의 안보와 평화 관련 국제회의.
7   1904-1991. 인도를 대표하는 언론 'India Express Group'을 창립한 전설적인 언론인.

'중국과 대중에 관하여'는 세인트 스티븐스 칼리지(St. Sthephen's College), 헤리티지재단(Heritage Foundation), 버밍엄 대학교 및 대서양위원회(University of Birmingham and the Atlantic Council)에서 강연한 내용을 섞어서 새로 작성하였다. 체스 용어를 빌려온 6장 '님조-인디언 디펜스'도 중국에 관한 이야기다. 싱가포르에서 행한 강연을 기반으로 작성했다. 7장 '지연된 운명'은 인도-일본 관계에 관한 내용이다. 델리정책그룹(Delhi Policy Group Group), 인도재단(India Foundation) 및 인도국제센터(India International Centre)의 강연과 토론을 합친 것이다. 8장 '인도-태평양'은 지난 몇 년 부상한 인도를 포함한 아시아 지역전략에 관한 내용이다. 인도재단이 주최한 인도양에 관한 세 번의 컨퍼런스와 국립해양재단(National Maritime Foundation)의 컨퍼런스에서 행한 연설에 기초하여 작성되었다. 에필로그 '바이러스 이후'는 코로나 팬데믹의 충격에 관한 고민 위에 2020년에 행한 제5차 라이지나다이얼로그를 필두로 행한 몇몇 최근 연설들을 기초로 작성했다.

내가 생각한 바를 공식화하고 표현할 수 있는 플랫폼을 제공한 여러 기관에 깊은 감사를 표한다. 강연장의 여러 청중이 제기한 토론은 논증을 계발하는 데 큰 도움이 되었다. 어떤 명제는 강연 때에 비해 더 날카로워졌는데, 토론을 통해 해당 문제에 대한 나의 궁리가 심화되었기 때문이다. 우리의 국가적 성취를 평가하는 작업은 분명히 더 큰 글로벌 발전의 맥락에서 이루어져야 한다. 코로나바이러스 전염병은 이러한 실제를 상기시켰을 뿐만 아니라 이제 세계가 경험하게 될 변화의 조짐을 보여준다. 그 결과를 받아들이기 위해 우리가 인도에서 해야 할 일은 치열한 경쟁의 정치를 넘어선 냉정한 토론이다.

이 책을 만들기까지 너무도 많은 사람에게 큰 빚을 졌다. 특히 나의 공백을 견뎌준 가족, 오랜 시간 함께 고생한 친구들, 그리고 논쟁을 아끼지 않았던 동료들에게 큰 빚을 졌다. 그중 라디까(Radhika), 구루(Guru), 라제시(Rajesh), 라메시(Ramesh)에게 특별한 감사의 말을 전하니, 그들이 없었다면 내 생각이 이런 형태로 세상에 나오지 못했을 것이다. 이 책을 내준 출판사 사람들, 특히 끄리샨 초쁘라(Krishan Chopra)에게도 신세를 졌다. 그가 오랫동안 참고 기다려준 덕에 이 책의 운명이 내 삶의 우여곡절과 연결될 수 있었다. 그들의 인내심이 보상받기를 바랄 뿐이다.

1

아와드의 교훈

전략적 현실 안주의 위험성

"정치 참여 거부에 대한 가장 무거운 형벌은
자신보다 열등한 이에게 통치당하는 것이다."
—플라톤

수십 년 전 인도의 유명 영화감독 사띠야지뜨 라이(Satyajit Ray)의 한 영화는 영국 동인도회사가 아와드를 침략해 그 나라의 부를 끊임없이 수탈하는 동안 장기나 두면서 한가하게 노닥거리던 토후 나와브(nawab)를 그립니다.[8] 세상이 어떻게 돌아가는지를 모르고 있었다는 걸 말하는 거지요. 오늘날 우리 곁에서 또 다른 세계적 강국 하나가 부상하고 있습니다. 그로 인해 초래될 결과를 인도로서는 매우 신경 쓰지 않을 수 없게 되었습니다. 바라건대 중국의 등장은 인도의 경쟁 본능을 강화하는 쪽으로 작동해야 합니다. 중국의 부상은 최소 세계 정치의 향방과 그것이 우리에게 미치는 영향에 대해 심각한 논쟁을 불러일으킬 것입니다.

[8] 무갈제국 말기 전국의 많은 지역이 제국 정부로부터 지역 통치자로 임명을 받았으나, 실질적으로 독립된 상태에 있었는데 그 가운데 하나가 지금의 웃따르쁘라데시(Uttar Pradesh)를 중심으로 한 아와드(Awadh)다. 그러한 세력을 토후국(princely state)이라고 부른다. 전국의 각 토후국은 하나의 민족의식을 갖지 못한 채 각기 따로 동인도회사와 싸우다 모두 패배하는데, 저항하는 경우 나라는 망하고 영토는 동인도회사 관할 영토로 복속되고, 그들의 지배력을 받아들이면 형식적인 독립을 유지한 채 실질적으로 동인도회사의 지배를 받는 괴뢰국이 된다. 무갈제국의 수도 델리에 가장 가까이 위치한 북부 인도의 아와드가 괴뢰국인 토후국이 된 경우다. 아와드는 100년 가까이 진행되고 있던 동인도회사와 인도의 다른 세력과의 각축전을 보면서도 그 정세 파악에 관심을 두지 않은 채 위기 극복에 실패한 후 제대로 대응하지 못하다 결국 복속당한다. 나와브는 그 토후국의 왕, 즉 토후다.

이건 아주 중요한 문제인데, 이에 맞춰 다른 여러 중대한 변화들이 진행 중이기 때문이지요. 기존의 구조가 더 큰 규모로 재조정되는 것이 이미 확실한 증거로 나타났으며 이제는 지역적 변동성 증가, 위험성 감수, 국가주의 강화, 세계화 거부로 나타나는 중입니다. 무엇보다도 더 결정적인 변화는 오랫동안 현대 국제 시스템의 근간이었던 미국의 위치가 재조정되는 것입니다. 중국의 부상에 어떻게 반응할 것인지가 현대 정치의 방향을 결정할 수 있습니다. 전 세계에서 일어나는 일들이 언제나 국내 역학 관계에 완전히 반영되는 것은 아니기 때문에 이러한 변화는 종종 인도를 스쳐 지났습니다. 그 사건들이 그 사고에 어떻게 영향을 미치는지는 지금으로선 정확하게 알 수는 없습니다. 그에 관한 분명한 정치 서술이 부족해서지요. 인도가 세계 질서 속에서 부상함에 따라 앞으로는 인도의 이해관계를 아주 명확하게 시각화할 뿐만 아니라 효과적으로 전달해야 합니다.

세계가 인도가 생각하는 바를 아무렇게나 추측하도록 방치하지 말고, 인도인들 사이에서 진솔한 대화를 장려하려는 노력이 분명 도움이 될 수 있습니다.

국제 관계란 대부분 다른 나라에 관한 것이지요. 낯설거나 별 관심 없는 것일 수 있다는 겁니다. 그런데 그렇다고 해서 그 결과의 의미가 작아지는 건 아닙니다. 그래서 어떤 사건들이 우리 인도에 그냥 닥치도록 내버려두지 않아야 하고 더 제대로 예측되거나 분석이 이루어지도록 해야 하는 겁니다. 그런데 우리의 역사를 보면 그렇지 못했습니다. 그것은 침략군이 인도 심장부로 들어와 결정적인 결과를 만들어낸 빠니빠뜨(Panipat)[9] 전투의 예에서 잘 드러

---

[9] 델리로부터 95km 북쪽에 자리한 하리야나(Haryana)주의 한 도시. 이곳에서

나지요. 방어라는 기본 옵션은 외부 사건을 잘 이해하지 못하지만, 그 결과는 심각하게 나타난다는 걸 보여줍니다.

현대에 들어와 제2차 세계대전의 결과에 대해 인도가 취한 방식의 불가지론은 상당한 악영향을 낳았습니다. 초기 10년 동안 인도가 냉전에 대처한 방식은 그때만 해도 한 작은 이웃 나라에 불과한 파키스탄을 큰 권력으로 성장하게 만들었다는, 바로 그것이지요. 파키스탄은 그 후 수십 년 동안 부쩍 커버렸고, 그래서 이전과는 너무나 다른 상대가 되어버렸습니다. 파키스탄이 잠무-카슈미르 일부를 불법 점유한 결과는 1971년[10] 이후 불타오른 복수심에 비해 평가절하되었지요. 또 중국의 경우, 1949년 혁명이 얼마나 중요했는지, 나중에 공산주의 국가주의가 얼마나 커졌는지, 그리고 1978년 이후 얼마나 크게 부상했는지 그 심각성에 대한 우리의 이해는 충분치 못했습니다. 인도가 세계 정치에 익숙해지면서 권력에 관한 방정식을 잘못 판단한, 정치적 낭만주의 때문이었습니다. 그래서 핵무기 개발 같은 불가피한 결정이 엄청난 비용을 들이면서 그냥 지연되었던 겁니다. 이전부터 추구해온 유엔 안전보장이사회 상임이사국 자리 이슈는 지금까지도 널리 논의되는 또 다른 좋은 예지요.

지구적 차원의 경제 발전에서 등을 돌려 기회를 놓친 일이 역사 속에서 여러 번 반복되었습니다. 1971년 방글라데시 전쟁, 1991년 경제개혁, 1998년 핵실험, 2005년 핵 협상은 전략적 모색을 위한

1526년 바바르(Babur)가 아프가니스탄을 거쳐 인도아대륙으로 침략해 들어와서 당시 북부 인도를 다스리던 델리 술탄조(朝)의 로디(Ibrahim Lodi)를 물리친 후 무갈제국을 건국했다.

[10] 1971년 동파키스탄과 서파키스탄의 내전에 인도가 개입하여 승리한 후 동파키스탄을 방글라데시로 해방시킨 사건을 말함.

우리의 노력이었지만, 그러함에도 각각은 전반적인 우리의 위상을 드러냅니다. 더 강력한 현실 정치(realpolitik)를 고려한 도그마에 기초한 안일함을 극복한 것은 더 최근에야 가능해졌습니다.

잠재적 초강대국의 부상은 당연히 기존 세계 질서를 교란하는 현상입니다. 소련(USSR)의 경우를 우리가 종종 망각하는 이유는 세계대전으로 (새로운 강대국) 소련의 출현이 가려졌기 때문입니다. 강대국이 교체된 것이나 겹쳐서 공존하는 것은 호시절에도 어려운 일이었지요. 20세기 초반 영국과 미국 사이에 일어난 일은 예외이지 규칙적인 게 아닙니다. 여러 사회가 서로 다른 원칙 위에 건설되면 경쟁과 협력을 조화시키는 것은 훨씬 더 어려운 일입니다. 상대적으로 국가의 영향력이 작고, 그 국가의 여러 행위가 주로 자국민에게만 영향을 미칠 만큼 미미할 때는 일탈이 별문제가 아닐 수도 있습니다. 그리고 식민 시기 이후처럼 국가 역량의 질서가 덜 잡혔을 때는 그러한 차이가 더 쉽게 용인되었을 수도 있습니다. 그런데 일단 그들이 세계적 규모에 도달하면, 여러 사회의 성격을 알지 못하면서 국제 관계를 수행한다는 건 분명한 한계를 드러낼 수밖에 없습니다. 이러한 현상은 정치적 분열 상황을 가로지르면서 나타나는 여러 태도가 각각의 서로를 강하게 통제하는 오늘날에 아주 분명히 드러납니다. 오늘날 이런 일이 생겨나기 시작했지만, 그래도 초기에는 공존을 위한 강력한 압박으로서의 세계화가 떠오르는 여러 모순을 완화했습니다. 그렇지만 어떤 단계에 이르자, 먹고 살기에 바쁜 각 나라들 사이에서 지정학적 중요성이 크게 부각되면서 국가주의가 그 모습을 분명히 나타냈습니다. 오늘날 세계를 구동하는 힘은 더욱 첨예한 경쟁력이라고 할 수밖에 없습니다.

중국이 국제무대에 본격적으로 등장한 것은 필연적으로 큰 파장을 몰고 왔습니다. 그중 일부는 다른 강대국들의 자연스러운 이탈에서 비롯된 것이지만, 중국의 여러 가지 특성이 그 배경이 되기도 합니다. 일찍이 아시아에서 부상했던 다른 나라들과는 달리 서구가 주도하는 현재의 세계 질서에 편입되기는 훨씬 어렵습니다. 지금의 현실은 수년 동안 정치적으로 각자의 목적을 충실히 이루었던 강력한 두 나라(미국과 중국)가 이제는 더 이상 그런 것을 허용하지 않는다는 것입니다.

이러한 시나리오는 인도에 여러 가지 전략적 과제를 제기합니다. 아주 능숙하게 처리하는 게 정말 중요할 것이니, 우리에게 이익이 되는 관점에서 접근할 때 특히 그러할 것입니다. 대응하는 것뿐 아니라 실제로 활용할 수 있는 사고방식을 개발하는 것이 곧 새로운 인도를 정의하는 것입니다. 미국은 현재 스스로를 새롭게 만들어내면서 전략적 그림을 그리는 일로 다시 돌아와 있습니다. 그 중간 단계에서는 더 심해진 개개주의, 더 커진 편협성, 그리고 더 날카로워진 긴축으로 나타납니다. 과거에 전략적 승부를 걸었던 결과는 쉽게 되돌릴 수 없으니, 다시 계산한다는 건 어려운 작업입니다. 그래서 우리는 불공정 무역, 과도한 이주, 그리고 배은망덕한 동맹이라는 심한 이야기를 듣는 것입니다. 여기에 시장 접근성, 기술력, 군사적 우위, 그리고 달러의 힘이 해결책을 마련하는 여러 요소로 떠오르는 것으로 보입니다. 미국 국내 정치가 어떻게 전개되든지 간에 상당히 많은 변화가 있을 것입니다. 인도는 미국-인도, 중국-인도 관계는 물론 전 세계에 영향을 미치는 미-중 역학 관계라는 세계적 측면을 고려하며 대미정책을 입안해야 합니다.

중국의 극적인 부상을 촉진했던 온건한 세계화 시대는 막을 내렸습니다. 어떻게 이런 일이 일어났는지는 분명 중요하지만, 앞으로 어떻게 진행될지가 더욱 중요합니다. 인도의 부상은 (중국에 비해) 천천히 진행되어왔고, 이제 더 어려운 바다를 헤쳐 나가야 할 것입니다. 우리는 새로운 종류의 정치가 형성되는 격동의 단계에 접어들었습니다. 문제는 인도의 부상이 지속될 것인지에 있지 않습니다. 그 방향성은 합리적으로 확신합니다. 그런데 문제는 불확실성이 훨씬 더 커진 시대에 어떻게 최적으로 부상할 것인가 하는 것입니다.

단기적으로 인도는 접근 방법을 다양하게 섞어 추진할 수밖에 없는데, 일부는 정통적인 접근법이고, 또 다른 일부는 창의적인 것이어야 합니다. 세계 차원에서의 이해관계를 함께하는 파트너십이 이 모든 접근법 안에서 중대한 변화를 가져올 수도 있습니다. 이 중 상당 부분은 서방과 러시아를 중심으로 전개될 것이 사실이기는 하지만, 어떻게 계산을 해보더라도 이제는 세계 제2의 경제 대국이 된 중국을 무시하기는 어렵습니다. 이 모든 접근법을 활용하는 건 쉽지 않지만, 반드시 해야 할 일입니다. 본능이 앞선 세계에서 마인드 게임을 익히고 강경한 승부를 걸어보는 것 또한 필수적입니다. 이를 위해서 복합적인 역학 관계를 이해하는 것이 매우 중요하게 되는 거지요. 인도는 그래야만 새로운 시대를 위한 여러 전략 정책을 성공리에 수행할 수 있습니다.

지난 몇 년간의 사건들은 규범에서 벗어난 것이어서 세계 문제가 흘러가는 방향에 대해 충분히 혼란스러울 수 있습니다. 미국과 중국 양국에서 기존의 경험 범주를 벗어난 상황이 전개되었고, 파키스탄의 정책은 가장 비관적인 예측을 훨씬 뛰어넘었습니다. 인도의 다른 이웃들은 때때로 과거와 상충되게 행동했습니다. 가까운 곳에서 가시화된 지정학적 변화는 확장된 이웃 나라에서도 마찬가지였습니다. 인도-러시아 관계를 개선하는 데는 아주 진지한 노력이 필요했고, 일본은 곤경에 처할 수 있는 복잡한 상황에도 불구하고 우리에게 여러 기회를 제공했습니다.[11] 유럽과의 친밀함은 커졌지만, 점점 더 복잡해지는 유럽 정치에 대한 더 많은 통찰력이 필요합니다. 현재 곳곳에서 일어나는 사건들에 대한 우리의 분석 중 많은 부분 또한 이념 싸움에 따라 채색됩니다. 우리가 사건의 향방을 좋아하든 좋아하지 않든, 사건은 현실에서 벗어나지 않습니다. 그 사건들은 모두 원인도 결과도 될 수 있음을 우리는 반드시 인정해야 합니다. 우리의 견해가 무엇이든 간에, 도널드 트럼프라는 현상을 그냥 악마화하는 것보다는 그걸 분석하는 게 더 나은 것 아니겠습니까?

세계의 지배적 강대국이 제1원칙을 개정하면, 그 결과는 매우 심각해집니다. 이를 정확하게 평가해야만 진행 중인 변화가 얼마나 지속될 것인지 가늠할 수 있습니다. 정확한 평가는 특히 인도에 중요한 일인데, 미국의 계산이 최근의 변화를 여실히 뒷받침하기 때문이지요. 오늘날 인도의 사고방식 변화가 세계 정치를 얼마나 변화시키고 인도의 이익에 영향을 미칠 것인지보다 더 중차대한 질문은 있을 수 없습니다. 이는 다른 강대국과의 관계 역학과 불가분의 관계에 있습니다. 무역과 안보에 대한 미국의 새로운 접근도 바로 이 문제와 깊은 관련이 있지요. 이전에 상대했던 경험의 논리를 사용하면서 트럼프 행정부에 접근하는 것은 실수가 될 겁니다. 새로운 우선순위가 발생했고, 기존에 미국을 다루면서 따르던 교

---

[11] 인도는 1998년 핵폭탄 개발을 완료하고 미국이 주도하고 일본이 동조하는 경제 제재를 당했다. 하지만 중국의 급격한 부상을 제어하는 수단으로서 인도의 성장을 고려하면서 제재는 형해화되었다. 2000년에 모리 일본 총리가 위기에 처한 인도를 방문하여 국제 전략 관계에서 인도 편에 서서 우호적 관계를 취하는 물꼬를 텄다. 이후 인도는 국제 관계에서 친미-친일의 스탠스를 적극적으로 유지해왔고, 이후 고속철 사업, 스마트 시티 프로젝트 등 여러 다양한 분야에서 일본의 투자가 본격적으로 이루어지면서 인도 경제는 큰 성장을 이루었다(7장 참조 바람).

본은 새로 작성해야 하는 겁니다.

 인도의 성장률이 최근 중국을 앞서고 있기에, 인도의 부상은 중국의 부상과 비교될 수밖에 없습니다. 인도가 세계관에 남긴 자국, 문명에 대한 이바지, 지정학적 가치와 경제적 성과는 모두 비교 요소가 될 겁니다. 다른 나라의 전략과 외교 전술을 모방하는 것은 어떤 심각한 과제가 될 수는 없으니 그건 한 사회가 다른 사회와 서로 다른 역사와 전망을 가지기 때문이지요. 하여간 인도가 중국으로부터 배울 수 있는 것은 많이 있습니다. 한 가지 중요한 교훈은, 전 세계의 존경을 받는 가장 확실한 방법은 세계 차원에서 유의미함을 보여주는 것입니다. 싱가포르의 지도자 리콴유는 인도의 부상에 대해, 인도는 확실히 보증할 수 있는 나라라고 에둘러 칭찬한 적이 있습니다. 오늘날의 세계는 더 큰 파장을 일으킬 의지를 기대하고 있을지도 모릅니다.

 세계는 여전히 성장과 안정의 더 많은 원천을 갈구하기에 기회는 있을 수 있습니다. 인도는 민주 정치, 다원 사회, 시장 경제로서 다른 나라와 분리되지 않고 함께 성장할 것입니다. 이러한 우호적인 면을 고려할 때, 인도는 새로운 협력 관계를 효과적으로 모색할 수 있습니다. 그때 그들을 함께 가게 하는 어떤 가치들이 문제의 중심에 설 것인데, 아마 기술 주도 사회에서는 더더욱 그러할 것입니다. 그 가치들은 권력의 성격을 결정하는 여러 가지 역량과 함께 짝을 지어 그 의도를 형성하게 됩니다. 덜 의심받을수록, 타국으로부터 열정적 환영을 받을 수 있습니다.

 지정학과 힘의 균형은 국제 관계의 근간입니다. 인도는 오래전부터 자체적으로 까우띨리야(Kautilya)[12] 정치학의 전통을 가지고

---

[12] 고대 인도 마우리야(Maurya) 제국 창시자 짠드라굽따 마우리야(Chandragupta

있는데, 이 전통은 지정학과 힘의 균형에 큰 가치를 부여했습니다. 가까운 과거에서 교훈을 찾자면, 그 가치에 마땅히 주어져야 할 가중치가 충분하지 않았습니다. 1950년대 아프리카-아시아 연대를 주창한 반둥(Bandung) 시대는 하드 파워를 무시한 대가를 상기시켜줍니다. 이는 단순히 역량에 대한 초점 맞추는 일에 실패했다는 것 이상으로, 그러한 것이 근본 사고였다는 것을 보여줍니다. 그 이후로 우리는 우리의 이익을 보호할 수 있는 능력이 단순한 선택이 아닌 필수인 경쟁판에 도달했습니다. 이제는 국가적 강점과 대외관계를 적절하게 혼용해야만 합니다.

전 세계에서 국가주의가 강화될수록 외교는 최대한의 이득을 얻기 위해 경쟁적으로 활용할 것입니다. 하지만 어쨌든 간에, 인도에는 질서를 더 중요시하는 의식을 지지하는 좋은 사례가 있는 것도 사실입니다. 우리 자신의 성장 모델과 정치의 관점을 보면, 인도는 기본적으로 규칙에 기초한 행위를 좋아합니다. 인도는 글로벌 선과 국익을 조화시키는 미덕을 만들어야 할 겁니다. 우리가 해야 할 도전은 더 커진 다극화와 더 약해진 다자주의의 세계에서 그것을 성공적으로 실천해내는 것입니다.

인도의 외교정책은 과거로부터 전해지는 세 가지 주요한 짐을 떠안고 있습니다. 하나는 1947년의 인도-파키스탄 분단(Partition) 입니다. 이 사건으로 인해 인도의 인구는 크게 줄어들었을 뿐만 아니라 정치적으로도 크게 위축되었습니다. 그로 인해 의도하지 않은 결과가 발생했으니, 아시아 내에서 더 큰 전략 공간을 중국에 제공했다는 것입니다. 또 하나는 중국보다 15년 정도 늦게 이루어

Maurya)의 재상으로, 생몰년은 기원전 375-283년으로 추정한다. 국가의 실리 추구에 관한 논서 《아르타샤스뜨라(Arthashastra)》의 저자.

진 경제개혁입니다. 늦은 건 물론이고, 그에 대한 애증이 훨씬 큰 차원에서 이루어졌습니다. 15년 늦게 출발한 경제개혁으로 인도는 크게 불리한 상태가 계속되었습니다. 세 번째는 핵무기 개발을 너무 질질 끌었다는 사실입니다.[13] 그 결과 인도는 훨씬 더 일찍 쉽게 찾아올 수도 있었던 분야에서 영향력을 행사하기 위해 더 힘들게 고군분투해야 했습니다. 물론 이러한 문제들이 해결되지 못한 것보다 늦게라도 해결된 것이 훨씬 더 좋지요. 하지만 1947년 이후 우리의 실수에 대해 더 크게 반성하는 것은 분명히 국가에 도움이 될 것입니다. 그리고 우리는 그것을 선택하지 않았던 길까지 확장할 수도 있을 겁니다.

오랫동안 불리한 환경에서 운영돼온 나라에서 어떤 변화는 열린 마음으로 환영받곤 합니다. 더 먼 곳에서의 진전을 무시할 수는 없지만, 우리의 바로 옆에서 나타난 여러 진전은 훨씬 더 큰 약속을 제공해줍니다. 인도아대륙의 경제·사회적 연결을 우호적으로 재건하는 '이웃 우선(Neighbourhood First)' 정책은 인도에 유리하게 작동할 수 있습니다. 이웃에 대한 인식을 동쪽과 서쪽 양 방향으로 확장하는 것도 마찬가지로 중요합니다. 좀 더 넓은 비전으로서의 또 다른 핵심 요소는 남방 해역을 우리의 안보로 통합하는 것입니다. 이와 함께 그러한 여러 정책을 성공리에 수행하면, 인도를 위축시키려는 전략적 함의의 큰 부분을 뒤집을 수 있습니다.

13 인도가 '미소 짓는 붓다(Smiling Buddha)'라는 작전명으로 처음 핵실험을 한 건 1974년 인도국민회의(Indian National Congress) 정부 때다. 이후 1998년까지 '핵 개발 능력은 갖추되 핵을 개발하지는 않는다'는 지연 전술을 유지했다. 하지만 1998년 2월 28일 치러진 총선에서 인도국민당(Bharatiya Janata Party)이 정권을 잡은 후, 전임 인도국민회의의 준비를 그대로 인수해 바로 그해 5월 11일과 13일 라자스탄(Rajastan)주 사막 포크란(Pokhran)에서 다섯 차례에 걸친 핵실험을 전격적으로 실시함으로써 핵무기 개발에 성공한다.

응집력과 중심성을 유지하려는 아세안의 노력도 인도를 더 필요로 합니다. 아시아의 힘의 균형이 인도-파키스탄 분단으로 인해 왜곡되었다면, 1945년 이후 일본에 대해 재갈을 물리면서 그 왜곡은 더욱 악화되었습니다. 따라서 이 정책의 안보 태세는 인도의 계산에 상당한 영향을 미칩니다. 사실 아시아에 관한 한 그 변화의 정도는 아직도 완전히 드러나지 않았습니다. 확실하게 단언할 수 있는 것은, 인도에 열리는 기회는 더 많아질 것이지 줄어들지는 않았다는 것입니다.

아무리 현재 세계의 모습이 불안하게 보일지라도 지난 수십 년 동안 이루어낸 발전을 숨길 필요는 없습니다. 광범위한 영역에서 세계의 발전은 많은 사람의 삶의 질을 바꾸어놓았습니다. 인도인들의 미래가 분명히 더 나아질 거라고 기대하는 건 합리적입니다. 전 세계의 혼란을 무시할 수는 없지만, 그렇다고 비관적으로 볼 필요도 없습니다. 그것보다는 우리 국내 상황이나 국제적 위치 모두 많은 가능성을 열어줍니다. 우리가 만들어내는 옵션이 우리가 내리는 선택을 결정하는 데 도움이 될 겁니다.

지금은 우리가 미국을 관여시키고, 중국을 관리하고, 유럽과 관계를 쌓고, 러시아를 안심시키고, 일본이 뛰게 하고, 이웃 나라들을 끌어당겨 우방의 범위를 확장하고, 전통적인 지지층을 확대해야 할 때입니다. 더욱 불확실하고 불안정한 세계가 제시하는 기회와 위험의 혼재를 평가하기는 쉽지 않습니다. 특히 체제를 위축시키고 규칙을 대놓고 무시하는 것과 같은 구조적 변화는 받아들이기 참 어렵습니다. 오늘날 목표와 전략과 전술은 모두 아주 다릅니다. 글로벌 문제가 해결이 안 된 채로 나타나지만, 현재로선 이를 대체할 수 있는 대안은 없습니다.

이러한 역동적인 상황에서 인도의 최우선 과제는 아시아에서 안정적인 균형을 창출해내는 것입니다. 다극화된 아시아만이 다극화된 세계로 이어질 수 있습니다. 그것이야말로 기존의 글로벌 시스템이라는 가치에 인도가 프리미엄을 더 추가하는 것이 될 텐데, 이 사실 또한 매우 중요하지요. 우리의 접근법은 불투명함이나 거리감이 아니라 세계와 함께 편안함을 구축하는 것이어야 합니다. 모든 신흥국의 부상이 우려를 낳는 것은 자연스러운 일이지만, 우리는 그것을 진정시켜야 할 겁니다. 그 해결을 이루어내려면 글로벌 차원의 책임을 지고 건설적인 역할을 맡으며, 우리 자신의 독특한 개성을 투영하는 것 등이 주요 요소가 되어야 합니다. 인도는 그저 존중받는 것보다는 다른 나라들이 우리를 좋아하는 것이 더 나을 겁니다.

그렇다면 외교의 정책과 실천의 면에서 이것이 진정으로 의미하는 것은 무엇일까요? 우선, 인도는 글로벌 차원의 여러 모순에 의해 만들어진 기회를 잡고 활용함으로써 국익을 증진하는 것을 추구할 것입니다. 그러한 인도는 국가 안보와 국가 통합에 더 많은 관심을 기울일 것은 당연합니다. 인도는 자국의 이익을 위해 필요에 따라 국가의 입장을 조정하는 것을 주저하지 않을 것입니다. 이러한 사고방식에 따르면, 인도와 가까운 이웃 국가들로부터 시작하여 친선관계를 키우는 일이 우선순위가 될 것입니다. 그것은 하한선에 관해 좀 더 강하게 염두에 두고 그것을 지켜내기 위해 취해야 할 것에 대한 강한 의지를 포함할 테고요. 지구적 관심사에 가시적인 영향을 미치기 위해서는 한 단계 더 나아가야 합니다. 그것은 지구 차원의 여러 이슈와 지역의 여러 도전에 좀 더 크게 이바지하도록 부추길 겁니다. '인도적 지원과 재난 대응(HADR)'이 바로 다음 시기에 취해야 하는 자세를 보여주는 확실한 플랫폼입니다.

개념적인 측면도 있을 것입니다. 우리 고유의 외교 용어를 담론에 도입하는 건 우리가 국제적으로 부상하는 과정에 꼭 있어야 할 필수 요소입니다. 인도-태평양, 쿼드 또는 브릭스가 그 좋은 예지요. IT 및 비즈니스상의 강점으로 구축한 인도의 브랜드는 더욱 확대될 것입니다. 코로나 팬데믹으로 인해 인도는 '세계의 약국'으로 떠오를 수 있었습니다. 우리의 문화적 실천 또한 그러한 과정에서 '주류화'될 수 있습니다. 세계 요가의 날을 기념하거나 전통 의학을 지지하는 게 바로 여기에 해당하는 경우겠지요. 나아가 세계와 소통하는 데 있어 고유 언어를 더 많이 사용하는 것도 변화하는 균형의 지표가 될 수 있습니다.[14]

그러나 변화를 만들 수 있는 것은, 홍보와 관련된 요인들보다는 거기에 깔린 전제입니다. 우리는 1945년 이후의 세계 질서를 규범으로 생각하고 그에게서 벗어나는 것을, 일탈로 생각하도록 강요받아 왔지요. 사실 우리 자신의 다원적이고 복합적인 역사는 세계의 자연 상태가 다극적이라는 사실을 강조합니다. 그것은 또 권력 사용의 제한을 가져오기도 합니다. 그것을 반영한 행동과 사고 과정은 다른 나라들과 더 우호적인 평형 상태를 만들어내는 걸 촉진할 수 있을 겁니다.

인도의 정책 입안자들은 세계 문제에 대해 접근하는 데 현실주의의 장점을 좀 더 높게 평가할 필요가 있습니다. 이는 상당 부분 전 세계적인 발전에 따라 강요된 문제들입니다. 여러 지역에 걸

14 인도는 처음 헌법을 만들었을 때부터 지금까지 국어(national language)를 두고 있지 않다. 헌법이 제정된 1950년부터 15년간 공용어(official language)로 힌디와 영어를 두고, 이후 1965년부터는 영어의 공용어 지위를 박탈하겠다고 발표하였으나 비(非)힌디 사용권, 특히 남부 인도에서 극심한 반대가 일어나 공용어로서의 영어 지위를 폐지하지 못하고 오늘에 이른다. 이후 이 책의 저자가 속한 힌두 민족주의 중심의 인도국민당은 힌디를 유일 공용어의 지위로 삼아야 한다는 뜻을 강하게 품고 있다. 하지만 (국론분열을 우려해) 섣부른 실행을 하지 않고 있다.

처 증가하는 국가주의는 국제 관계에 있어서 더욱 거래적인 관점을 형성하는 데 이바지하는 중입니다. 교역에 우선권이 부여되고 선택을 구체화하기 위한 연결성이 이러한 경향을 강화합니다. 부끄러워하지 않는 '아메리카 퍼스트'와 마초적 '차이나 드림'이 이런 분위기를 조성하고 있습니다. 어떤 경우든, 러시아의 초점은 오래 전 소련의 초점보다 훨씬 협소합니다. 하지만 요새 구축의 심리가 커지고 있는 유럽조차도 자신들의 이익과 가치 사이에서 적절한 균형을 찾기 위해 싸우는 중입니다. 일본은 계속 신중론으로 스스로를 대변합니다. 인도는 로마인들처럼 로마 안에서 로마의 법에 따라 하는 것 외에 다른 방도가 없습니다. 실제로 그것을 잘 수행할 수 있으며, 아마도 그 과정에서 새로운 기회들을 발견하기까지 할 겁니다.

열망이 가득한 신흥국이라면 국가 브랜드 차별화를 특히 중요시해야 합니다. 인도의 경우, 국가주의의 긍정적인 측면을 기반으로 삼아야 합니다. 인도는 자원이 아주 부족할 때도 다른 나라에 경제적 지원과 훈련을 아끼지 않았다는 사실을 세계가 상기하도록 만들어야 합니다. 인도의 세계 참여 확대는 단순한 야망보다 훨씬 더 깊은 것이라고, 인정되어야 합니다. '삽까 사트, 삽까 비까스, 삽까 비슈와스(sapka sath, sapka vikas, sapka vishwas)',[15] 즉 '모두와 함께, 모두의 발전, 모두의 믿음'은 국내 정책으로서뿐만 아니라 외교정책으로도 안성맞춤입니다. 이를 통해 세계를 좀 더 포괄적으로 참여시키려는 근본적인 욕구를 반드시 만들어내야 합니다.

인도와 세계가 서로에게 의미하는 바는 새로운 방정식을 개발함에 따라 달라질 것입니다. 더 높은 수준으로 이행하는 경제는 다

---

15   힌디어로 'सबका साथ, सबका विकास, सबका विश्वास'.

른 차원에서 관련성을 가질 겁니다. 그것은 좀 더 강력한 국가 능력을 계발하고, 비즈니스를 더 쉽게 하며, 평평한 경기장을 보장하고, 세계 경제와 함께 성장하는 것 사이에서 올바른 균형을 제대로 잡는 것을 의미합니다. 세계와 인도 사이의 새로운 균형은 다른 분야들에서 나타날 것인데, 물론 그중 일부는 마찰이 없지는 않을 겁니다. 그렇지만 국제 사회는 인도로부터 단순히 경제적인 이익보다 훨씬 더 많은 것을 취할 겁니다. 그것의 성과는 지속가능발전목표(SDGs) 달성 여부, 기후 변화 문제 해결, 파괴적 혁신 기술 채택 여부, 세계 성장의 균형과 가속화 여부, 그리고 더 많은 인재풀의 확보 여부를 결정하겠지요.

또한 민주주의 실천의 국제적 신뢰도가 높아지는 게 인도의 기록에 달려 있다고 보는 것도 과언은 아닐 겁니다. 이를 위해 인도는 향후 몇 년간 독자적인 모델을 성공적으로 추진해 나가야 합니다. 다음 세대에 나타날 더 큰 여러 경제들이 어떻게 진보할지 주의 깊게 모니터링해야 하고, 그 과정에서 여러 경제들의 발전이 세계의 여러 우선순위에 어떻게 관계하는지 더 큰 관심을 가지고 지켜봐야 할 것입니다. 이에 관한 실천의 핵심은 더 탄력적인 글로벌 공급망에 이바지할 수 있는 '메이크 인 인디아' 프로그램을 얼마나 신뢰를 높이면서 제공해낼 수 있느냐의 능력입니다. 그 못지않게 중요한 것은, 부상하는 친환경 기술을 어떻게 지구적 수준의 변화를 가져올 수 있을 규모로 배포할 것인가에 달려 있습니다.

지금 인도가 겪고 있는 사회문화적 변화도 전체 매트릭스에서 중요한 요소입니다. 젊은 인구층과 폭넓은 인식은 이전보다 더 강한 자기 신념에 이바지합니다. 큰 야심을 품은 인도는 필연적으로 국가적 목표를 추구하고 글로벌 입지를 구축하는 데 더 큰 우선순위를 부여할 것입니다. 인도는 더 큰 자신감으로 여러 방향에서 인도 방식의 탐사를 이어갈 것입니다. 현 시대의 국제정세는 그러한 발전을 인정하고 존중하는 것이 무엇보다 필요합니다.

인도 외교관으로서 오랜 공직 생활을 이어오면서 저는 상상을 초월할 정도의 세계사적 변화를 지켜보았습니다. 우리 세대와 그 이전 세대는 미국, 중국, 파키스탄과의 불편한 경험을 무거운 짐처럼 짊어지고 외교관 직무를 수행했습니다. 1970년대까지는 이 세 나라 모두 인도의 이익에 위협이 되었습니다. 제 외교관 생활의 전반기는 냉전과 정치적 이슬람의 부상이라는 두 가지 지정학적 현실이 지배했습니다. 이 두 가지가 결합하여 소련의 해체를 촉발하였으니, 이는 인도에 심대한 영향을 미쳤습니다. 후반기에 인도는 이러한 변화, 아니 그 이상의 것과 깊은 관계를 맺게 되었습니다. 그것은 심지어 지구적 반향으로 동쪽에서 한 새로운 강대국이 부상하는 상황 속에서 미국과의 관계를 근본적으로 다시 형성하게 했습니다. 그러나 변화하는 것은 세계뿐만이 아닙니다. 인도의 능력과 열망, 우선순위도 마찬가지로 변하고 있습니다.

이 모든 것은 소련과의 관계를 중심으로 두던 외교에서 여러 강대국과의 관계를 융합하는 외교로 진화하는 것 안에서 점증적으로 나타납니다. 경제개혁, 핵실험, 2005년 핵 협상, 그리고 한층 강화된 국가 안보 태세 등이 그것의 외교적 이정표들이지요. 이들은 다 같이 정통적 외교관(觀)으로는 포착하기 어려운 새로운 외교정책의 관점을 만들어내는 데 도움을 주었습니다. 인도는 다시 꺼내든 쿼드 협의체를 추진하면서 상하이협력기구의 회원국이 되기도 했습니다. 러시아, 중국과의 오래된 3각 체제는 이제 미국, 일본과 함께하는 3각 체제와 공존하는 것입니다. 이 명백하게 모순된 발전들은 우리가 현재 발 딛고 있는 세계를 잘 보여줍니다. 이러한 상황들을 이해하고 메시지를 전달하는 일은 대단히 어려운 일인데,

특히 새로 구축된 국제 관계의 복잡함과 타협할 준비가 되어 있지 않은 사람들에게는 더욱 어려운 일이지요. 우리가 잡아야 하는 위치는 유동적인 세상에서 가치를 높이는 것이어야 하는데, 이는 미국, 중국, EU, 러시아와 같은 상호 경쟁국들을 동시에 참여시키는 것의 중요성을 설명해주는 일이어야 합니다.

그러나 인도의 행위를 국가 이익의 관점에서 바라보면 어떤 좀 더 명확한 패턴이 나타나기 시작합니다. 그것은 세계가 제공하는 모든 경로를 사용하여 목표와 이익을 꾸준히 진전시키는 것입니다. 그리고 이는 종종 미지의 세계로 돌진하는 것을 의미하기 때문에 판단뿐 아니라 용기까지 같이 필요로 합니다. 과거의 영향은 유효하지만 더는 미래를 결정하는 요소인 건 아니지요. 앞서가는 건 위험을 감수하는 것이고, 전략 차원에서 몸을 사리거나 우유부단함을 지혜로 포장하는 일을 하지 않음을 의미합니다.

여러 면에서 지난 5년간 인도의 발전은 과거의 분석틀을 넘어설 수 없거나 넘어서려고 하지 않은 사람들을 혼란스럽게 했습니다. 인도의 대미정책이 처음에는 어떤 행정부의 이념에 빠져버리거나 나중에는 다른 행정부의 국가주의에 빠져버릴 것이라고 예상한 것은 잘못된 것으로 판명되었습니다. 인도가 주요 관심사에 대해 확고한 태도를 견지하면서도 중국과 안정적인 관계를 구축할 수 있다는 건 쉽게 인정되지 않았지요. 러시아와 관계를 맺기 위한 구조적 기초는 폄훼되었고, 유럽과 일본과 최근의 인도가 맺은 관계 또한 마찬가지지요.

어쩌면 가장 강력한 선입견은 아주 가까운 이웃에 대한 것이었을지도 모릅니다. 상황을 복잡하게 만드는 모든 문제는 차질로 묘사되었습니다. 그래서 이를 바로잡으려는 시도는 불가피한 것으로 설명되었으니, 추정컨대 인도의 행동과는 무관한 것으로 간주되었을 겁니다. 그런 상황에서 크게 변화한 우리 주변의 풍경이 아예 인식조차 되지 않은 것은 놀라운 일이 아닙니다.

파키스탄은 누구나 예상하듯 가장 큰 논쟁의 원인이 되어왔습니다. 인도가 우정의 손길을 내밀 수는 있겠지요. 하지만 동시에 테러 행위에 강력하게 대응할 수밖에 없기도 하지요. 둘 가운데 하나만 봐야겠다고 마음먹은 사람을 제외하면 이 두 행위는 전혀 모순이라고 할 수 없는 것 아니겠습니까? 다른 행동에 대해 다른 반응을 보인다는 건 직접 당사자와 그 시대에는 명약관화한 일입니다. 테러 대응이란 시대의 과제를 반영하도록 의제를 설정하는 것은 상식의 문제이지 의지의 문제가 아니지요.

우리의 국가 안보 위협에 대한 역사적 의식을 갖춘 사람들은 아프가니스탄에 대해 걱정할 것입니다. 우리가 제국주의적인 과도한 개입을 비난하든 아니면 단순한 오판을 비난하든, 문제는 그곳의 문제들이 어려운 고비에 도달했다는 사실입니다. 그렇지만 이 시계를 20년 전으로 되돌릴 수 없는 것 또한 진실이지요. 지금 과거에 쌓아놓은 공헌 덕에 인도는 현재 어떤 역할을 할 수 있게 되었습니다. 그 결과 인도는 결코 작시 않은 어떤 가치 있는 독자적 지위를 갖게 되었습니다. 따라서 다른 나라의 전술 작전에 휘둘리지 않는 것이 중요합니다. 우리가 계산에 들어가야 하는 이유는 전 세계에서 떡고물이 떨어져서가 아니고 우리의 힘 때문입니다. 우리의 역할은 단지 그런 것을 반영하는 걸 넘어 다른 이해관계에 놓인 국가들과의 융합을 반영하기도 할 것입니다.

통치 경험은 항상 어떤 분석에 훨씬 큰 현실을 더해줍니다. 간단히 말하자면, 많은 것들은 옹호하기 쉽지만 막상 실행하기란 훨씬 어렵습니다. 사실 제 아버지가 1976년에 국제관계학을 공부하던 학생을 유혹해서 외무고시를 치게 한 논리가 바로 이것입니다. 그 이후로 배운 것은, 큰 나라에서의 실제 정책이란 여러 가지 우선순위들을 동시에 추구하는 것인데, 그 가운데 어떤 것들은 모순일 수 있다는 것입니다. 기권도 헤징(hedging)[16]도 당위와 압력에 관한 정해진 답은 아닐 수 있습니다. 해야 하는 것은 논쟁이 아니라 선택입니다. 그를 위해서는 당연히 대가를 치러야 할 것이고요.

하지만 선택이 있기 전에 능력이 문제가 됩니다. 인도가 세계에서 차지할 위치를 결정할 것은 국내 문제에 대처하는 우리의 능력입니다. 우리는 적어도 디지털화, 산업화, 도시화, 농촌의 성장, 인프라, 기술 등의 문제에 지금 집중하고 있습니다. 인도가 이루어야 하는 지속가능발전목표의 달성은 중국이 행했던 밀레니엄발전목표(MDGs)와 같습니다.

우리의 포괄적인 국력에 직접적 관련성을 가지게 될 경제 전선에서의 여러 결정이 있을 것입니다. 우리는 여러 분야에서 과잉보호 혹은 과소보호의 과거를 가지고 있습니다. 1991년[17] 이후의 전략은 분명히 길을 잃었고, 현재의 무역 전쟁과 코로나 팬데믹 이후의 회복 모두 좀 더 지금에 맞게 접근해야 하는 커다란 의무가 있습니다. 정치적 다원성에 어떻게 접근해야 하는가의 문제 비슷하게 인도는 경제 변혁, 특히 무역과 투자가 집중될 주요 허브 활성

---

16   헤징은 경제학 용어로 경영이 불확실한 상황에서 리스크를 최소화하기 위해 갈등 및 위험 상황을 회피하는 것을 말한다.

17   인도는 초대 수상 네루부터 인디라 간디와 라지브 간디에 이르는 1980년대까지 대체로 인허가 통치(License Raj)라고 불리는 국가 주도의 자본주의 혹은 사회주의적 사회의 길을 걸었다. 하지만 경제실패로 1991년 국제통화기금(IMF)의 구제 금융을 받아 자유화, 민영화, 세계화의 방향으로 신자유주의 경제로의 체질 개선을 시도했다. 이후 10년 정도의 기간에는 여러 저항이 있어 경제개혁을 본격적으로 시행하지 못했고, 적극적 경제개혁은 2000년대 들어 본격화했다고 보는 게 중론이다.

화에 착수해야 합니다. 기술 또한 도약해야 하는 사회에 특별한 울림을 줍니다. 공격적인 전개는 어려울 수 있지만 큰 보상을 제공합니다. 결국 해외에서 선도하려면 국내에서부터 선진화를 이루어야 합니다.

능력의 측면이든 영향력의 측면이든 간에 세계 권력 위계에서 위로 올라가는 것은 인도 부상의 한 요소일 뿐입니다. 인도는 그에 맞춰 평행하게 가야 할 다른 여정들도 가지고 있습니다. 지난 수십 년 동안 우리는 민주화의 뿌리를 더 깊게 내리면서 더 진정성 있는 여러 목소리를 들어왔습니다. 우리 민족 문화에서의 이러한 변화는 무엇보다도 정치적인, 그리고 선거 결과를 통해 확인되었습니다. 이와 동시에 인도는 문명사회에서 국민국가로 옮겨가는 중입니다. 이는 우리 일상생활의 여러 측면에서 규율과 형식주의적 속성을 갖추는 것을 포함합니다. 역사로부터, 특히 인도-파키스탄 분단으로부터 남겨진 문제들도 있는데, 이에 대해서는 새롭게 생각해야 합니다. 그래서 역사의 중요성과는 별개로, 오늘날 세계는 이 변화하는 인도를 받아들여야 할 것입니다.

우리에게 적용되는 핵심적인 질문들은 현재 진행 중인 세계 제균형 정책을 반영합니다. 세계가 인도를 계속 정의하게 둘 것인가, 아니면 이제 스스로 정의할 것인가? 아와드는 오늘날까지도 전자의 상징으로 남아 있습니다. 하지만 만약 이제 후자라면, 그것은 단지 다른 강대국들과 새로운 균형을 의미할 뿐만 아니라 세계 질서 자체로서 새로운 균형을 의미하는 것입니다. 인도는 오늘날 자기 발견의 항해를 하고 있으며, 아와드의 교훈은 그 탐구에서 가장 확실한 나침반이 될 것입니다.

2
혼란의 기술
더 평평한 세계 안에 있는 미국

"때로는 전투에서 패배함으로써
전쟁에서 이기는 새로운 길을 발견하기도 한다."
―도널드 트럼프

만약 여러분이 우리 시대 최고의 생각들을 믿었더라면, 이런 일은 일어나지 않았을 것입니다. 하지만 지난 20년 동안 중국은 싸우지 않고 이기고, 미국은 이기지 못한 채 싸우고 있습니다. 특정한 무대나 지역에서의 결과만을 말하는 것이 아닙니다. 그것보다는 경제 성장, 정치적 영향력, 삶의 질에 관한 것이었습니다. 결과적으로 이 과정에서 미국은 그렇게 뻐기던 자기들의 낙관론을 잃어버렸지요. 무슨 일이든 일어나야만 했고, 실제로 2016년 미국 대통령 선거에서 그런 일이 일어났습니다. 이게 그 결과에 대한 유일한 이유가 아님은 분명하지요. 미 대선이라는 하나의 사건을 통해 국제 체제의 그 옹호자는 혁명적으로 변해버렸습니다. 그리고 떠오르는 강대국인 중국은 현상 유지 혹은 적어도 자신에게 유리한 요소들을 방어하고 있음을 알게 되었습니다.

   세계는 세계를 선도하는 그 두 나라가 서로 이기려고 온갖 것을 다할 수 있는 예외적인 전망에 직면해 있습니다. 그들의 행동이 서로에게, 그리고 세계에 미치는 영향이 너무 쉽게 눈에 띕니다. 다른 상황이었다면 미국은 협상의 기술을 좀 더 모색했을 겁니다. 하지만 불리한 상황이 되자 미국도 개입의 여러 조건을 변경하는 데 더 초점을 맞추고 있는 것 같습니다. 더 이상 통하지 않는 조치는 과감하게 폐기하는 중으로 보입니다. 거래는 이어질 수도 그러지 않을 수도 있습니다. 결론적으로 두 강대국이 합의에 도달하는 능력이 우리 시대를 좌우하게 될 것입니다. '블랙 스완(Black Swan)'[18]이 '회색 코뿔소(Grey Rhino)'[19]를 만나면 서식지 성격 자체가 크게 변화하게 됩니다.

즉각적으로 보기에도 이러한 변화가 심상치 않아 보입니다. 특히 일련의 경향들을 배제하고 사건에만 초점을 맞춘다면 더욱 그렇게 보입니다. 하지만 국제 관계라는 건 수렴을 형성하는 동시에 발산을 관리하는 작업이지요. 그러한 역동적인 과정은 공존하면서도 계속 진화할 것입니다. 양극단의 관계에서는 동맹을 맺거나 싸움을 일으키지만, 서로 의존하는 세계 안에서는 대부분 중간쯤에서 자리 잡는 경향이 있습니다. 서로 경쟁하는 사이일지라도 같이 손을 잡는, 즉 수렴의 예는 꽤 알려져 있습니다. 간단한 예를 들어볼까요. 제1차 세계대전 이후의 독일과 소련이 그 좋은 예이고, 제2차 세계대전 당시의 미국과 소련의 관계도 그런 좋은 예가 될 것입니다. 이에 비해 대서양 양안의 영국과 미국의 유대는 예외적으로 지속되었습니다. 반세기에 걸친 메이지유신 이후의 일본과 영국의 협력 관계는 그 중간이라 할 수 있겠지요. 1950년대에 있었던, 그리고 오늘날에 다시 또 있는 중국과 소련/러시아의 협력도 주목할 만합니다.

현재 세계의 이목을 끌고 있는 미국-중국 관계는 40년간이나 지속되는데, 현대 시기에는 짧은 기간이 아닙니다. 이 기간에 누가 더 이익을 보았는가의 문제는 지금의 답과 20년 전의 답이 다를 수 있습니다. 그런데 그 기간이 두 세대가량 당연하게 여겨질 만큼 충

---

[18] 예상치 못한 극단의 사건을 일컫는다.
[19] 지속적인 경고로 인해 사회가 인지하고 충분히 예상할 수 있지만 쉽게 무시되는 위험 요인을 가리키는 용어.

분히 길었기 때문에 우리는 이 둘의 관계를 아주 자연스러운 것으로 여기는 게 보통입니다. 어떻게 그리 오래 지속될 수 있었는지, 그런데 왜 지금은 스트레스가 되고 있는지는 똑같이 중요한 질문입니다. 그렇지만 이 두 질문을 넘어 세계가 논쟁하는 지점은, 기성 강대국이 고안했고 신흥 강대국이 받아서 유용하게 사용하고 그 전망을 더 개선한 제도가 앞으로도 지속가능할 것인가입니다.

일반적으로 양자 관계의 격차가 줄어들면 수렴의 관계는 약해집니다. 아니면, 그렇다고 믿습니다. 1948년 미국과 소련, 1922년 영국과 일본이 그랬던 것처럼 오늘날 미국과 중국도 마찬가지입니다. 두 나라가 힘을 합치게 만든 공동의 적이 없다는 점도 변화된 상황입니다. 독일과 일본의 패배로 미-소 파트너십을 지속해야 한다는 강박이 사라졌습니다. 러시아의 위상이 낮아진 것도 미-중 관계의 변화 요인으로 작용했습니다. 그리고 무엇보다도 영국과 미국의 특수 관계를 보면 알 수 있듯, 사회적 유사성은 관계의 특별한 유지 요인입니다. 반면 유사성이 없다면 분열의 가능성이 커지지요. 현재의 시사를 선택이나 이견차, 혹은 개인적인 성향차의 결과로 보고 싶은 마음도 들겠지만 지금 작동하는 국제 관계는 끝없는 과정으로 봐야 하는 것도 사실입니다.

2016년의 사건, 즉 미 대선은 그 성격상 매우 예외적이었습니다. 우리 시대의 가장 강력한 국가가 그렇게 급격하게 방향을 전환했다는 건 과장 그 이상의 중요한 의미를 지니고 있습니다. 그것을 인식하면서도, 이러한 발전이 완전히 새로운 현상은 아니라는 점도 주목해야 합니다. '미국 우선주의(America First)' 자체의 역사가 길고, 어떤 논점은 비판의 대상이 되기도 했습니다. 그리고 국제적 책임을 희생시키면서 국익을 우선시하는 것은, 미국 내 이념 분열의 문제를 넘어섭니다. 버니 샌더스의 외교정책은 어떠했을지 궁금해

할 수 있습니다. 하지만 이전 버전에서는 아직 전(全) 지구적 차원으로 규모가 커진 미국이 아니었으니, 그게 진짜 다른 점이지요.

러시아도 1992년 소련이 해체된 직후 이러한 결과를 따랐습니다. 크고 작은 여러 다른 국가들도 정도의 차이는 있지만, 이런 현상을 동의하지 않더라도 받아들입니다. 인구 규모가 큰 주요 정치체는 세계 경제와의 연동 때문에 발생한 경제적 곤란에 대응하려 이런 선택을 하곤 합니다. 간단히 말해서, 글로벌 공급망은 경제적 위협으로 인식되었고, 이주와 이동성은 문화적 위협으로 인식되었던 거지요.

많은 아시아 사람들이 세계화가 초래한 여러 불안한 것들을 이해하기란 쉽지 않습니다. 이는 좌든 우든 '자국 우선'을 외치는 후보들이 선거에서 성공하도록 돕는 것으로 이어졌습니다. 빈틈없이 연결된 글로벌경제의 혜택이 사회 내부 및 사회 간 불균등 분배를 심화시켰기 때문에, 오늘날 분노 그 이상의 상황을 비트는 사건들이 너무 많이 발생합니다.

미국에서는 '숨겨진 정부(deep state)'가 떠들썩한 정부와 결합한 구조적 전환이 진행 중입니다. 지난 3년의 트럼프 정부 동안 예기치 못한 정치적 현상으로 시작한 것이 어느 정도 주류로서 진행되는 중이지요.[20] 코로나 사태 이전에도 글로벌 공급망의 영향과 기술의 지배력 강화로 점점 커지는 무역 마찰이 첨예해지고 있었습니다. 이 경쟁의 가장 큰 위험은 다양한 방식의 파괴(disruption) 그 자체라는 점은 강조되어야 합니다. 기술 역량과 전개가 세계의 미

---

[20] 2017년 이후 3년간 트럼프 행정부에 의해 다음과 같은 큰 정치외교적 변화가 일어난 것으로 보인다. 첫째, 미국 우선주의를 채택함으로써 기존의 다자주의 우선 국제 관계 질서가 흔들리고, 둘째, 무역전쟁과 보호무역이 부활하고, 셋째, 미국 내 극단적 진영정치와 정치 양극화가 팽배하게 되었다.

래 방향을 결정할 수 있습니다. 경쟁을 이루는 일부는 빅데이터 활용을 중심으로 진행됩니다. 마찬가지로 새롭게 등장하는 주요 기술에 대한 통제가 중요하지요. 새로운 경쟁은 인공지능과 첨단 컴퓨팅, 양자 정보 및 감지, 적층로봇공학과 두뇌-컴퓨터 인터페이스, 첨단 소재, 극초음속, 그리고 생명공학에 관한 것입니다. 이런 마찰을 일으키는 기술을 더 잘 활용하는 국가가 세상에 더 많은 영향을 미칠 것입니다. 강대국들은 이를 더 극명하게 인식하고 있습니다. 무역 분쟁이 훨씬 더 깊은 함의를 내포하고 있어서, 특히 미국은 국가 안보 요구에 맞게 근본적으로 다른 산업정책을 고민하게 될 수 있을 겁니다.

새로운 균형이 나타났을 때, 확고부동한 권력이 상승하는 여러 세력에 저항하는 현상에 관한 이론들도 재조명됩니다. 스파르타-아테네의 사례와 영국-독일의 갈등을 예로 들 수 있습니다. 그러나 이는 앞에서 예견된 충돌보다 훨씬 더 복잡한 여러 현상의 일부일 뿐입니다. 강자가 떠오르는 세력을 돕는다는 증거도 있기 때문이지요. 중국 역시 1950년대에는 소련, 1970년대 이후에는 미국의 도움을 받은 수혜국입니다. 사실 국가 간 마찰이 완전히 구조적이거나 늘 예정된 것은 아닙니다. 모든 종류의 예는 역사에서 찾을 수 있습니다. 미국, 유럽, 일본 등 서로 다른 강대국들이 공통의 명분을 내세워 전쟁을 벌인 적이 있습니다. 유럽 내 관련 국가들도 마찬가지였습니다. 이해관계나 상황뿐 아니라, 문화도 중요한 역할을 합니다. 하지만 최종적으로 분석하면 결국 관건은 이해 계산과 야망이지요. 둘 다 정치지도자의 선택과 사회적 정서의 산물이며, 그 어떤 것도 필연적인 것은 없습니다. 그리고 결국 인간적인 요소로 귀결되기 때문에 가치와 신념은 세계 문제를 형성하는 데 중요한 역할을 합니다.

오늘날 불화의 상당수는 국가, 정치, 사회, 기업, 신앙 및 시장 간에서 벌어지는 주요 이슈에 대한 이견으로 인해 발생합니다. 차이는 개인의 자유와 제도의 방화벽 문제로 나타납니다. 그런데 그 문제가 일단 세계적인 것이 되면 사회학적 문제가 되어버립니다. 이는 오늘날 세계가 직면한 곤경의 핵심입니다. 그래서 공통의 기반을 조성하는 것이 가장 어려운 외교적 도전이 됩니다. 물론 이러한 모순을 조금 더 보완할 수 있었을지는 논쟁의 여지가 있습니다. 어쨌든 주요 국가들의 정치적 결과는 이 질문을 무의미하게 만들었습니다. 새로운 아바타를 앞세워 펼쳐지는 중미 경쟁은 분명한 결과를 알 수 없는 길고 힘든 경쟁이 될 것입니다. 가장 가능성이 있는 시나리오는 지정학의 변화와 기술 도약이 복합적으로 작동하는 어떤 어슴푸레한 지대가 나타나는 것일 겁니다. 새로운 세계 강대국의 부상은 결코 쉽지 않을 것이고, 새로운 질서가 형성될 때까지 혼란은 이어질 것입니다.

상호의존적이고 제약이 많은 세계는 긴장과 협상, 조정과 거래를 통해서만 발전할 수 있습니다. 이 과정에서 무엇이 뿌리내리도록 허용되느냐에 따라 많은 것이 달라질 것입니다. 미국은 의도적으로 비용이 더 들더라도 더 고립된 경제, 국가주의적이지만 혁신적인 기술 창조자로서, 자급자족하지만 더 강력한 군대를 선택하는데, 이는 기존과는 아주 다른 구기 종목 게임이 전개됨을 의미합니다. 거기에는 항상 수용을 촉구하는 목소리가 있을 겁니다. 심지어는 과거로 회귀하자는 목소리도 들려올 겁니다. 물론, 현재의 국가 안보 전망을 유지하면서 동맹의 가치를 높이 평가하는 세 번째의 선택도 있을 수 있겠지요. 그러니 혼란의 문화가 협상의 기술로 이어질지는 아직 미지수입니다.

인도는 이 혼란스러운 세계에서 목표를 진전시키기 위해 무엇을 할 수 있을까요? 이 중 많은 부분이 두 주인공인 미국과 중국을 다루는 방식에 달려 있을 겁니다. 인도가 이러한 곤경에 직면한 건 이번이 처음은 아닙니다. 우리는 냉전의 복잡함 속에서도 정책 결정의 독립성을 유지해본 경험이 있습니다. 인도의 정책은 직선적이기보다는 다양한 압박에 따라 필요한 조정을 거쳐 실천되었습니다. 1962년 중국 침략 후 인도는 미공군에 엄호를 요청할 정도로 미국에 의존했지요. 1971년에는 미국-중국-파키스탄 축의 형성과 임박한 방글라데시 위기 전망하에서 결국 소련과 사실상 동맹을 맺었습니다. 그러면서도 위기가 줄어들면 인도는 다시 중간의 길로 돌아섰습니다. 러시아가 약해지고 중국이 부상하면서 새로운 이중 전망이 생겨났습니다. 새롭게 생긴 관계 위에 이전의 관계가 붙는 것은 자연스러운 경향입니다. 하지만 2005년 인도-미국 핵 협상[21] 이후에 인도는 과도한 경계심 때문에 점진적 이익 그 이상의 큰 기회를 잃어버렸다는 사실도 분명합니다.

과거로의 회귀는 우리의 한계를 드러내고 자신감을 떨어뜨릴 뿐이며 위험 회피를 촉진하고 새로운 기회 포착을 방해합니다. 인도가 부상하고 있는 이 단계에서는 다른 나라와의 융합을 최대한 활용하는 게 중요합니다. 이는 지역이나 사안에 따라 다를 수 있습니다. 이해관계가 복잡하게 교차할 경우, 관례를 믿기보다 재검증

---

[21] 인도-미국 핵 협상은 2005년 7월 인도 뉴델리에서 열렸는데, 인도는 1974년 핵실험 이후 핵확산금지조약(NPT)에 가입하지 않은 상태로 1998년에도 핵실험을 강행하여 국제 제재를 받았다. 그러나 미국한테 인도는 안정적 민주주의 국가인 동시에 미국의 아시아 전략상 중국 견제와 테러 대응, 에너지 파트너십 강화 등에서 협력이 절실한 주요 파트너국이다. 따라서 미국은 인도를 예외로 인정하였는데, 이로 인해 국제적 파장을 크게 불러왔다. 이후 인도는 미국과 전략동맹을 강화하고, 이후 쿼드(QUAD)에 적극적으로 참여하는 등 미국의 우방 위치에 서게 된다.

하는 것이 최선입니다. 지금은 글로벌 유동성이 아주 만연해 있어서 인도는 모든 주요 거래에서 어떻게 더 현대적인 관계를 구축할 것인지의 과제에 답해야 합니다. 거기에서 전체적인 균형을 달성하는 것은 개별적인 거래를 어떻게 대응해 나가느냐에 따라 달라질 것입니다.

훨씬 적나라한 사리사욕의 세계에서, 국가들은 노골적으로 자신들이 해야 할 일을 할 겁니다. 이러한 상황에서 인도 또한 다가올 일에 대비해야 합니다. 인도는 권력의 차이, 경제적 이익, 연결성의 상호의존을 악용할 가능성에 대비해야 합니다. 상대방도 이해할 수 있는 논리로 대응하는 게 최선입니다. 하지만 더 강력한 세력들조차도 유대관계를 악화시키는 일에 관심이 제한적일 것이라 예상하는 게 훨씬 합리적일 겁니다. 결국 그들 역시 다양한 극과 극, 그리고 선택지 속의 세계에서 활동합니다. 따라서 미래는 차이를 관리하고 변화하는 역동성 속에서 어느 정도 안정을 찾는 것입니다. 이는 아무 문제 없이 이루어지는 것은 아니니, 핵심은 전략적 명확성을 계발하고 강화하는 것입니다. 심각한 이슈가 있는 이웃 국가들일지라도 실용적으로 합의를 이루는 것이 어려운 관계로 대치하는 것보다 훨씬 더 이익이라는 희망이 있어야 합니다.

동시에 과거 구조에 기반한 환상적 이익을 추구하려는 유혹은 이겨내야 합니다. 진지한 정치지도자라면 과거 레버리지를 활용할 수 있는 기회로 보상받을 수 있다는 사실을 받아들이지 않을 겁니다. 인도는 다른 어떤 국가에도 정책 선택에 대한 거부권을 행사할 수 없습니다. 모든 주요 국가들이 자신의 선택에 대해 열어놓으려고 노력하는 세계에서는 더욱 그렇습니다. 아무리 탐욕스러운 힘을 가진 정치체들일지라도 인도가 국제 사회에서 겸손함을 보여주면 보상을 할 것이라는 주장은 근거가 없습니다. 역으로 현실주의가 우세한 것은 옵션을 골라 행사할 수 있을 때이며, 실제로 그렇게 하는 때입니다. 이는 모든 국가에 적용되는데, 그것은 파트너조차도 항상 더 나은 거래 조건을 위해 매진할 것이기 때문에 그렇습니다.

우리가 지금 사는 격동의 시대는 불과 몇 년 전에 들었던 세계화가 들려준 위로의 기도문과는 거리가 멉니다. 양극화는 국내 정치든 국가 간 관계든 우리 세계에 스며들고 있습니다. 미국과 중국은 서로에게는 아주 어렵게 뭔가를 하지요. 그런데 나머지 다른 국가들에 그들이 행하는 행동은 훨씬 심각한 결과를 낳습니다. 그것은 우리의 사고를 변화시킬 것이고, 시간이 지나면 새로운 습관과 태도를 만들어낼 것입니다. 그 변화는 시간이 지나도 쉽게 되돌릴 수 없습니다. 우리 중 일부는 그것들을 모방할 수도 있고, 어떤 사람들은 그저 불평할 수밖에 없을 겁니다. 하지만 모두가 어떤 식으로든 반응하게 될 것입니다. 뿌연 안개가 걷히면 또 다른 글로벌 구조가 형성되기 시작할 것입니다.

새로운 방정식과 관심사가 떠오를 겁니다. 일방적인 국익 추구는 더 많은 선수와 더 적은 규칙과 더 큰 변동성으로 우리의 세계를 시장처럼 보이게 할 것이고요. 그 결과로 목표는 더 즉각적으로, 접근은 더욱 전술적으로 이루어질 겁니다. 공통 기반을 찾으려는 관심이 후퇴하면서 구조는 약화하는 중입니다. 뉴욕, 제네바, 브뤼셀은 이제 서로 경쟁하는 상징물이 되었습니다. 거래적인 관습 안에서 더 이롭다는 주장이 힘을 얻고, 중재자들은 비용을 치르며 이를 학습하고 있습니다. 신뢰가 잠식되어버린 일이 첨예하게 되는데, 이는 특히 동맹 체제에 속한 국가들에서 확연히 나타나지요. 상호의존성은 이제 점점 더 큰 물음표가 되었고, 우방과 동맹국 관계라 해서 압력을 가하는 일에서 면제가 주어지지는 않습니다. 사실, 큰 우호 관계들이 작은 차이들을 더는 간과하지 않을 때 모든 이에게 공정한 게임이 되는 거지요. 세계의 각 지역에서 국가주의가 날카롭게 드러내면 서로 다른 이해관계의 특성도 마찬가지가 됩니다. 심지어 초록이 동색인가라는 공격이 정치의 영역 안으로 들어가면 흑과 백 또한 새롭게 정의될 수밖에 없게 되는 거지요.

그러나 예전부터 상당히 많은 것들이, 안정화하는 힘으로 작동하고 있는 게 사실입니다. 시장의 경고와 예측 불가능한 갈등은 극심한 경쟁을 제약하는 요소들이지요. 경제적으로 서로 의존하는 것 또한 정치적 위험 감수의 범위를 제한하고요. 이러한 요소들은 진행 중인 변화에 계속해서 이의를 제기할 것이고, 국내외에서 격렬한 논쟁을 불러일으킬 겁니다. 그래서 더 좁아진 목표를 향한 국가 간 경쟁은 더 거칠어지더라도, 더 적은 이윤에 만족할 준비가 되어 있는 국가들도 있을 수 있습니다. 이는 자유로운 세계에서 다원주의로 가는 열망 혹은 개방을 옹호하는 열망을 제한하는 것을 의미할 수 있습니다. 관계와 기대에 관한 한, 믿는 자나 의심하는 자 모두 결과가 불확실한 곳으로 수렴될 수 있을 겁니다. 이렇게 밀어내고 압박을 가하는 모든 상황 속에서 이제 찾기 어렵게 될 두 가지 속성이 있는데, 바로 명확성과 객관성입니다.

최근까지의 추세는 확고하게 반대 방향을 향합니다. 세계는 그 활동에 있어서 더욱 서로 연관되어 있을 뿐 아니라 그렇게 가려는 생각도 확실합니다. 우리는 모두 지구촌에 관해 이야기했고, 세계화가 다양한 실용적인 방법들로 실현되는 것을 보았습니다. 기술은 날이 갈수록 우리를 더욱 긴밀하게 연결해줄 수 있는 위대한 약속이었습니다. 무역 촉진, 기후 변화 대응, 테러리즘 해결 등 모든 중요한 도전들에 대한 기본적인 해결책으로 우리 모두의 공동 노력으로 이루는 것들입니다. 하지만 모든 것이 바뀌기 시작했습니다. '나'라는 존재가 이전에 존재하지 않았던 것은 아닙니다만, 그래도 통상 국가와 전 세계의 이익은 보통 합의와 메커니즘과 관행의 네트워크를 통해서 조정되어왔습니다. 국가와 국제 사회 사이에는 중개자, 동맹, 지역 구조 혹은 비슷한 생각을 가진 파트너들이 있었습니다. 그런데 1945년 이래로 꾸준히 성장해온 이러한 세계는 세계화에 대한 환멸과 상업 지상주의에 대한 열광에 잠식당했습니다. 우리가 당연하게 여겼던 세 가지 원칙 즉, 세계 시장에의 접근, 글로벌 공급망의 가치, 글로벌 인재의 이동성에 대한 의존이 모두 심각한 스트레스를 받고 있습니다. 규칙은 약해지고 있는데도 선수들은 오히려 몇 배로 활약하는 중입니다. 이전 질서는 눈에 띄게 바뀌고 있지만 새 질서는 아직 보이지 않습니다.

국가 간 방정식이 깨지면서 이에 맞춰 사회 내부의 동요도 들끓습니다. 세상이 예전 같지 않다면, 그것은 예전 규범의 유통기한이 끝났기 때문입니다. 서구 세계는 첨예한 소득 불평등, 일자리에 대한 압력, 삶의 질의 실질적 퇴보, '외부자'에 관한 비난의 이야기로 가득합니다. 방치되었던 분노의 목소리는 마침내 '블랙' 사건으로 표출됩니다. 브렉시트(Brexit)가 블랙 스완이 등장했다는 알람이었다면, 본편은 트럼프의 당선이었습니다. 폴란드 출신 배관공을 겨냥한 것이든, 멕시코 출신 이민자들을 희화화한 것이든, 아프리카 출신 난민들을 선동한 것이든 간에, 그것은 문화적 위협과 경제적 불만을 중심으로 동원한 정치였습니다. 이로써 기성 엘리트들의 사고가 구식이 되었다는 게 드러났습니다. 집단 이익의 옹호든, 공동 이익의 주장이든, 그들의 외교정책 전망에 의문이 제기되는 것도 전혀 이상한 일이 아닙니다.

일단 규범에서 이탈하면, 이를 정당화하는 방법을 찾기란 어렵지 않았습니다. 세계화의 불공정성은 특히 다른 이들을 겨냥할 수 있는 부분들이 도화선으로 등장합니다. 빅테크는 거대한 희망에서 새로운 위협으로 급격하게 전환되었습니다. 새로운 의제의 등장은 오래된 선수들을 확실하게 시험대에 올렸습니다. 그 선수들은 권력은 분명히 사회화할 것이라고 확신하였는데, 결국 잘못된 것으로 판명되었습니다. 전 세계적으로 현 상태에 도전하는 국가주의 정치가 우세해지고 있습니다. 그런데 개발도상국 진영, 특히 아시아는 더 강력한 성장률과 더 높은 열망을 가진 대조적인 모습을 보여주고 있습니다. 그렇지만 아시아는 아직 재조정 중에 있고, 성공을 선언하기에는 시기상조입니다. 세계화는 아시아의 많은 부분에 도움이 되었기 때문에, 우리는 세계화의 낙관론이 보편적으로 공유되었다고 잘못 생각합니다. 지구적 수렴, 즉 세계화가 약화되면 그 옹호자들의 입지도 약화됩니다.

동맹이 잠식되고 미국이 주요 국제 합의에서 물러나면, 그로 인한 불안감은 우리가 생각하는 것보다 더 커질 수 있습니다. 일단 세계화가 공격받게 되면, 그에 속한 모든 면이 더 큰 압박에 놓이게 될 겁니다. 세계화된 비즈니스에 대한 반대는 자연스럽게 거버넌스 규칙을 잠식할 것이고, 그것을 감독하는 기관과 제도를 비난할 것입니다. 그러한 세계관은 또 당장의 목표에 부합하지 않는 여러 약속을 파기하려 할 겁니다.

세계화에 대한 정치적 대응이 이주와 고용 안정에 초점을 맞추어야 한다는 것은 우연이 아닙니다. 이러한 이슈를 뒷받침하는 경제 논리에는 의문이 있지만, 서구 유권자들에게 가장 효과적으로 반향을 일으키는 것들입니다. 그러나 외국인은 인간적으로나 경제적인 면에서 경쟁자로서나 그냥 편리한 희생양일 뿐이지요. 그들의 무역 행위가 그것을 그리 쉽게 하게 만든다면, 그렇게 되는 일은 더욱 분명히 될 겁니다. 트럼프의 전망은 글로벌 공급망이 미국에서 일자리를 빼앗아간다고 주장하면서, 글로벌 비즈니스가 오랫동안 의존해온 논리에 의문을 제기합니다. 관세를 무겁게 부과하는 힘자랑은 지금까지 관대했던 미국 경제에 대한 접근을 위축시킵니다. 제조업을 미국으로 돌아오게 하려는 금융정책과 사회적 압력이 있습니다. 민감한 기술의 영역에서 서구 세계를 중국으로부터 '떼어내려는(decoupled)' 움직임도 있습니다. 물론 이 정책들이 얼마나 성공할지는 두고 봐야겠지요.

현재 변동성의 또 다른 동인은 글로벌 이동성에 대한 반대입니다. 이 현상 자체는 기술의 확산과 더 효율적인 경제 행위의 결과입니다. 하지만 살기가 어려워지면서 여러 사회적 적대감이 증가하고 있습니다. 다시 말해, 문화적 편협성과 경제적 보호주의는 함께 진행됩니다. 하지만 이러한 압력은 뿌리 깊은 비즈니스 현실과 싸워야 합니다.

기술 선도를 위해서는 사람이 여전히 전제되어야 합니다. 그리고 바로 이런 점이 인도의 위치를 달리 만들 수 있습니다. 인도는 기술인재가 세계 경제로 날아가기 전에 그 기술을 준비하는 유일한 독자생존이 가능한 저수지입니다. 그러한 조정 가능한 자원의 경제적 장점은 인도의 사회적, 정치적 측면들을 능가합니다. 세계 지식 경제와 더 관련성을 높이는 것이 인도의 미래 관계에 분명히 열쇠를 쥐고 있습니다.

이러한 발전이 세계 질서에 미칠 영향은 다음 세대에 걸쳐 가시적으로 드러날 가능성이 큽니다. 세계 질서에 미치는 영향은 다차원적이지만, 각각으로 잠재적 불안정의 원인이 될 수 있습니다. 가장 분명한 것은 권력의 배분이 확대되고 동맹의 규율이 희석됨에 따라 세계는 점점 더 다극화될 것이라는 사실입니다. 인도나 브라질은 경제가 성장함에 따라 더 큰 목소리를 요구하게 되겠지요. 독일과 일본은 예를 들어 러시아나 한국에 대한 미국의 생각에 귀 기울이지 않을 수 없다는 겁니다. 일관성에 의문이 제기되기 시작하면, 더 많은 나라가 자기 생각과 계획을 말하고 행동하기 시작할 것입니다.

국제 관계에 대해 더 국가주의적으로 접근할수록 많은 영역에서 다자주의적 규칙이 약화될 것임은 부인할 수 없습니다. 특히 경제적 이익과 주권에 관한 관심과 관련할 때 규칙 변화는 첨예해질 것입니다. 세계무역기구의 기능을 훼손한다거나 해양법을 무시하는 건 좋지 않은 징조이지요. 다자주의가 약화된 다극화 전망은 더 암울한 미래를 전망하는데, 그런 미래가 가까이 와 있습니다. 그렇다고 해서 다자주의를 포기해서는 안 됩니다. 오히려 새로이 개혁된 다자주의에 새로운 에너지를 쏟아부어야 합니다. 시대착오적인 현재의 질서를 변화시키고 낡아버린 의제를 함께 바꿔야 하는 겁니다.

또한 중요한 것은 이 문제가 질서를 옹호하는 것과 무질서를 불러오는 것의 이분법적 선택이 아니라는 사실입니다. 질서의 핵심 요소들이 많은 이해 당사자들에게 더는 통하지 않는다는 사실을 인식하지 않는 한, 혼란이 변화를 계속해서 넘칠 겁니다. 이는 현재 통용되는 규칙 준수에 대한 불편한 질문들을 문자적으로, 그리고 의지적으로 반드시 전면에 제기할 겁니다. 그리고 강대국들이 선택적으로 논쟁을 진전시킴에 따라 현재 현실을 뒷받침하는 기본적 합의의 상당 부분이 흐트러지기 시작할 것입니다.

신흥 세계는 집단 안보나 광범위한 합의가 아닌 힘의 균형을 작동 원리로 삼아 기존 작동 원리에 등을 돌릴 가능성이 농후합니다. 역사를 보면 이러한 접근 방식은 일반적으로 불안정한 균형을 만들어냈습니다. 세계 문제는 적이면서 아군(frenemies)의 확산을 목격할 것입니다. 그들은 동맹국 관계로부터 서로를 비난하면서 떠오르거나 공통의 대의를 만들어내도록 몰리는 경쟁국들 사이에서 떠오를 것입니다. 좀 더 거래적인 윤리는 임시방편적인 윤리를 고취할 것이니, 그들은 특정 이슈에 대해 공동의 이해관계를 가진 여러 다른 국가들과 임시적으로 그룹화할 것입니다. 이는 같이 협력하여 일하고 그 동맹 구조를 넘어서 손을 뻗어야 한다는 요구를 받을 겁니다. 이러한 발전의 조합은 더 많은 세계 지역과 더 많은 로컬의 균형을 촉진할 것인데, 여러 활동에 지구적 차원의 영향력은 줄어들 것입니다.

미국-중국 마찰이 우리에게 가져다줄 전인미답의 영역은 평행 우주에 대처하는 것입니다. 국가 간 마찰들은 이전에도 존재했고, 가장 최근에는 냉전 시대에 중요하게 존재했을 테지만, 지금의 마찰은 세계화 시대에 서로 의존하면서 서로 안으로 스며들어가는 것과는 전적으로 다른 겁니다. 그 결과 많은 분야에서 서로 다른 선택과 경쟁하는 대안들이 부분적으로만 공유되는 기반 위에 놓이게 될 것입니다. 바로 이러한 딜레마가 기술, 상업, 금융에서부터 연계성, 여러 제도, 그리고 다양한 활동에 이르기까지 점점 더 많은 영역에서 명백하게 드러날 것입니다. 핵심 주체들 스스로는 이러한 평행 존재라는 이분법에 맞서 고군분투할 것입니다. 우리 대부분이 그러하겠지만, 이 두 가지를 모두 감당해야 하는 사람들은 어쩌면 정말로 진지한 시험대에 오를지도 모릅니다.

중국과 서방의 관계가 더 적대적으로 치닫는다 해도, 다시 강력한 양극 세계로 회귀하기는 어렵습니다. 그 주된 이유는 이제 지형이 돌이킬 수 없을 정도로 변해버렸기 때문입니다. 인도를 포함한 여러 나라들이 독자적으로 움직이는데, 세계에서 가장 큰 20개 경제 대국 중 절반이 이미 비서구 국가입니다. 이뿐만 아니라 기술과 인구통계학적 차이도 영향력이 좀 더 넓게 확산하는 것에 기여할 것입니다. 우리는 글로벌 구조가 이 정도로 압도적이지 않을 때 로컬 방정식이 상대적으로 우위에 설 수 있음을 이미 봤습니다. 현실은 미국의 힘이 약화한 것이라 말할 수 있겠지만, 그래도 중국의 부상은 아직 무르익지 않았습니다. 그리고 이 두 변화 과정은 다른 나라에 어떤 여지를 열어주었습니다. 미중 양국은 서로 경쟁하지만 제3자를 수단으로 필요로 합니다. 사실 이러한 상호 역학 관계가 다원성을 더 빠른 속도로 추동할지도 모릅니다.

그 수혜자는 중견국이 될 수도 있습니다. 러시아, 프랑스, 영국처럼 이미 상당한 이점을 누렸던 세력들이 새로운 활력을 확보할 것입니다. 인도와 같은 나라들은 더 나은 지위를 애타게 바랄 테고, 독일과 같은 나라는 집단 노력을 통해 자신들의 무게감을 더 키우겠지요. 하지만 지금의 세계는 브라질과 일본, 튀르키예와 이란, 사우디아라비아, 인도네시아 또는 호주와 같은 주변국이나 그 너머의 나라들이 더 큰 발언력을 가지는 세계를 꿈꾸고 있습니다. 동맹의 규율이 엷어지면서 이 과정은 더욱 촉진될 겁니다. 이제 앞으로 나타날 것은 서로 다른 정도의 경쟁과 수렴, 그리고 조정을 특징으로 하는 보다 복잡한 세계 구조입니다. 이는 마치 규정을 놓고 아직도 규칙에 관해 논쟁을 벌이고 있는 사람들과 함께 중국식 장기 놀이를 하는 것과 같습니다.

힘의 균형에 의해 구동되는 다극화된 세계에 위험성이 없는 건 아닙니다. 세계대전을 경험한 유럽은 특히 더 조심스럽습니다. 미국, 구(舊) 러시아, 현재 중국 등 강대국들조차도 다극화된 균형을 특별한 우발 상황에서만 선호할 뿐 일반적인 접근 방식으로는 그다지 선호하지 않습니다. 과거의 경험에 따르면 견제되지 않은 경쟁은 지역 차원에서나 글로벌 차원에서나 급격히 추락하는 일이 종종 있었습니다. 이러한 이유로 국제 관계는 안전망으로서 집단 안보를 구상하지요. 비록 그것이 항상 효과가 있지는 않더라도 좀 더 넓은 차원의 협의를 통한 광범위한 합의는 플랜B로 기능했습니다. 규칙성이 좀 더 약한 다극화의 전망에 심하게 불안해하는 국가는 오랫동안 동맹 구조에 의존해온 국가들입니다. 독립적인 선수와 달리 이들은 서로 의존하는 여러 강제성이 충분히 좋은 대체물이라는 것을 받아들이려 하지 않습니다. 다른 국가들은 좀 더 초조한 마음으로 이러한 전망에 심사숙고하겠지만, 인도는 아마 더 열린 마음으로 대할 것입니다.

각자도생의 세계는 확고한 질서가 새로운 선수에게 더 개방적이라는 것을 의미합니다. 오랫동안 유지되어온 집단적 입장의 경직성의 강도가 덜어집니다. 게임의 포맷이 더 쌍방적이라는 점도 절충의 경향을 강화합니다. 이는 특히 안보 영역에서 두드러지게 나타나고 있습니다. 핵 협상과 핵공급국그룹(NSG) 포기, 아프가니스탄에서의 파트너십, 말라바르 훈련(Malabar Exercise)[22] 등은 과거의 집단 사고에서 벗어나 더 현대적인 실용주의로 나아가는 것을 보여줍니다. 그리고 나면 이제 다른 영역으로도 확장될 수도 있겠지요.

새로 부상하는 시나리오의 흥미로운 지점은 친구는 멀어지고 경쟁자와는 협력한다는 점입니다. 두 경우 모두 상호의존적인 세계에서 선택의 자유를 제한하는 등의 다양한 제약의 이면을 보여줍니다. 친구와 거리두기는 주로 국가주의의 부상에 기인하고, 경쟁국과의 협력은 글로벌 위협에 따라 결합합니다. 우리는 미국이

---

22 인도, 미국, 일본 등이 참여하는 해상 훈련. 1992년에 인도와 미국이 먼저 시작했으며, 이후 일본, 싱가포르 등이 참여했고, 2020년에는 호주가 참여했다. 주로 인도 서해안 말라바르 해안에서 실시하지만 때로는 걸프 지역, 벵갈만, 아라비아해, 필리핀해 등지에서도 훈련을 한 바 있다.

기후 변화 같은 문제에서 서구 세계, 특히 유럽과 입장을 달리한다는 사실을 확인했습니다. 환태평양경제동반자협정과 북미자유무역협정(NAFTA)의 정치학은 세계 무역의 단층선을 새로 긋는 대표 사례입니다. 에너지 정책도 마찬가지일 수 있는 가능성이 큰 영역인데, 이는 유럽의 러시아 의존에 대한 미국의 비판에서도 잘 나타납니다. 하지만 어떤 특정 이슈보다 더 큰 문제는 사고방식의 변화에 따라 적이면서 아군인 관계가 늘어났다는 사실입니다. 동맹이 부담스럽다는 믿음 자체가 이런 마찰의 원인이 된 거지요.

최종 단계의 분석에서, 미국의 글로벌 위상에 대한 현재의 효용성에 의문이 제기되고 있습니다. 그러나 과거의 추진력으로 인해 현재 상태에 대한 동의와 무관하게 국가들 간의 조합은 여전히 생명력을 갖습니다. 서로 관점이 다르다 할지라도, 그동안의 전통으로 인해 같이 뭔가를 도모할 수 있는 기반은 여전히 유효합니다. 아니, 설사 탐탁지 않을지라도 실제로는 그렇게 되어가지요. 그런 경우 공통의 의무적 관심사에 의해 또 다른 동기가 제공되기 때문입니다. 우리는 대(對)테러, 해양 안보, 핵 비확산 또는 기후 변화 같은 글로벌 문제에 대해 여러 나라가 편의적으로 연대를 하는 예를 보아왔습니다. 이러한 이슈 기반 연대는 국가들이 서로 으르렁거릴 때조차도 효과적일 수 있습니다.

동맹 내 분열이 하나의 진화였다면, 그것을 넘어서는 것도 또 다른 진화였습니다. 세계가 보다 다자주의적 방향으로 움직이면서 결과 지향적인 협력이 더 매력적으로 보이기 시작했습니다. 그들은 상반된 약속에 관심을 더 집중하며, 조화에 이르기도 했습니다. 책임을 공유해야 한다는 요구의 증가는 형식적인 구조를 넘어서는 영향력에 대한 이해와 잘 결합하였습니다. 아시아는 지역 구조가 발전하지 못해서 이러한 이니셔티브에 특별히 초점을 맞추게 되었습니다. 오늘날 인도가 그러한 다자협력의 업계 리더로 부상한 이유는 헤징 전략과 새로운 공간을 동시에 점유하고 있기 때문입니다.

우리는 안보, 정치 및 개발 문제에 대해 서로 다른 세력들과 협력함으로써 공동의 대의를 만드는 것이 실용주의와 상상력에 의해 확장될 수 있다는 사실을 알게 되었습니다. 그 여명의 세계는 부분적 합의와 제한된 의제로 가득 차 있습니다. 그 애매한 성격은 그 도전에 유연한 준비를 요구합니다. 이러한 실천은 앞으로 더 널리 퍼질 뿐 아니라 인도를 넘어 다른 나라들의 외교정책에서도 아주 중요한 위치를 차지할 것입니다.

다양한 선택을 할 수 있는 세계가 여러 다른 수준에서 점점 더 열리고 있습니다. 우리는 더 큰 강대국들이 더 기회주의적으로 서로를 상대하고 있는 큰 테이블에서 그것을 분명히 볼 수 있습니다. 그들은 자신들의 행동을 통해 세계의 나머지 나라들에도 그렇게 하도록 권장합니다. 글로벌 균형이 매우 유동적이라는 점에 비추어 볼 때, 로컬 균형을 형성하는 것은 그 자체로 하나의 주제가 되었습니다. 걸프 지역에서는 신앙, 거버넌스 모델, 정치 원칙, 권력의 균형 등이 여러 변수를 제공하는 다종다양한 각축전이 진행되고 있습니다. 세계의 다른 지역에서도 그보다는 덜 복잡하지만, 여러 사례들이 어지럽게 펼쳐지는 중입니다.

그들이 문제를 제기할 때, 인도는 거리를 두는 것보다는 관여하는 것을 통해 대응하는 것이 더 효과적입니다. 현재 외교에서 가장 중요하게 여기는 기술은 경쟁 당사자들을 동시에 상대하여 최적의 결과를 도출하는 것입니다. 강도가 높으면서 덜 체계적인 게임에서 선수들에게 가해지는 압박은 확실히 더 큽니다. 하지만 글로벌 파워 서열이 상충하는 우선순위를 성공적으로 관리하는 능력으로 평가되는 데에는 그만한 이유가 있습니다.

오늘날 글로벌 무대를 지배하는 것은 이전과는 매우 다릅니다. 세상이 훨씬 단순했던 시절에는 강대국의 부상도 마찬가지로 단순했습니다. 국력, 국제적 기회, 리더십의 질이 결합하여 부(富)를 만들기도 하고 잃기도 했습니다. 뛰어난 기술과 실천은 종종 전장에서 결정적인 결과를 낳았습니다. 오늘날에는 힘을 주도하고 계산에 영향을 미치는 변수가 훨씬 더 많습니다. 이러한 변수들의 상호작용은 마찬가지로 복잡하고 예측하기 어렵습니다. 마찬가지로 이러한 변수가 제한적이고 글로벌화하고 상호의존적인 세계에 적용된다는 사실이 중요합니다. 그 결과, 영향력의 축적은 훨씬 더 가공되지 않은 힘의 행사를 대체합니다. 힘을 사용하는 것보다 자원을 어떻게 효율적으로 배치하는 전략이 더 중요해졌습니다. 기술은 금융의 무기화나 사이버 개입과 같은 선택을 열어주었습니다.

동시에 설득과 유인책이 강압보다 더 일반적으로 나타났습니다. 그로 인해 결정적인 변혁의 징후 없어도 국가들은 다양한 방식으로 부상할 수 있게 되었습니다. 2009년 글로벌 금융위기의 사례에서 볼 때, 당시에는 떠오르는 강대국 중국이나 양보하는 강대국 미국 모두 티핑 포인트의 중요성을 충분히 인식하지 못했습니다.

국가들의 영향력 증가는 더 확산할 수도 있고, 덜 구체적일 수 있습니다. 하지만 어떻든지 간에 그 영향력은 실제적입니다. 아무도 중국이 세계 무대에서 미치는 영향력을 의심하지 않습니다. 심지어 그 영향력은 피를 흘려서가 아니라 무역흑자를 통해 달성했다는 점도 굳이 깊게 생각할 필요조차 없습니다. 금융상품, 힘의 배열, 그리고 연계성 프로젝트는 경쟁국들과 물리적 충돌 없이도 힘을 강력히 뻗치는 기회를 제공했습니다.

그렇기는 하지만 역량을 키우겠다는 잠재적 위협은 여전히 하드 파워를 뒷받침합니다. 예를 들어, 어떤 나라들은 왜 그렇게 과거의 갈등을 과장하며 꾸며대는지 그 이유를 설명해줍니다. 인도의 경우에도, 더 강력한 군사 태세를 유지하면서 1998년 핵실험을 강행하는 것이 진보해 나가는 과정에서 뺄 수 없이 중요한 이정표였습니다. 하지만 인도의 대외 이미지는 Y2K 문제에 대한 대응, 더 높은 성장률, 그리고 비즈니스에 의한 글로벌 인정의 결과이기도 합니다. 이제 힘 자체를 구성하는 속성은 다양해졌고, 모든 속성이 한 국가에 집중되는 것도 아닙니다.

예를 들어, 미국은 기술적으로도 세계 선두를 오래 유지하고 있습니다. 미국이 기술에 기반을 두는 동안 중국은 금융과 무역의 강점을 활용해 기술력 세계 2위 자리를 차지했습니다. 유럽은 산업의 강점과 제품의 품질 면에서 높은 평가를 받고 있습니다. 유럽은 대륙을 넘어 개입주의 정책을 추진했음에도 불구하고 여전히 그 무게를 밑도는 것으로 평가받고 있습니다. 이와는 대조적으로, 러시아는 오래 쌓아온 역량을 총동원하고 강력한 의지로 스스로 핵심 선수로 재탄생했습니다. 따라서 세계의 권력 서열은 더 이상 쉽게 답하기 어려운 질문이 되었습니다. 권력은 이제 다면적 요소로 결정되며 최근에 좀 더 로컬 차원에서 진행되기 때문에, 우리는 다시 많은 측면과 선수, 그리고 게임에 관한 매트릭스로 돌아온 겁니다.

이 모든 혼란에 가장 큰 영향을 받는 영역은 글로벌상품공급망입니다. 미국의 인색함과 중국의 국가주의는 이 주제에 대한 논쟁을 재점화했습니다. 유럽의 비전과 활동도 위축되었습니다. 다른 강대국 가운데 누구도 이러한 느슨해진 고삐를 바짝 조이려고 움직이지 않는데, 인도는 예외적 역할을 하곤 합니다. 더 큰 글로벌 대의에 자원 투입을 꺼리는 것은 국제 관계에 대한 더 협소한 접근 방식과 매우 일치합니다. 예를 들어, 아프가니스탄과 중동에 병력 투입을 지속할지 여부를 둘러싼 논쟁이 이렇게 구성되어 있습니다. 보다 최근에는 코로나 팬데믹 대응에서도 이런 행태가 보였습니다. 하지만 국제법을 존중하거나 심각한 잘못된 행동에 이렇게 대응하는 것은 훨씬 더 복잡한 문제를 일으킵니다. 예를 들어, 테러라는 가장 어처구니없는 행동에 대한 무관심으로 더 넓은 지역에서 일상적으로 테러가 발생하도록 허용해버렸습니다. 물론 인도는 그 맥락에서 특별히 불만이 많습니다.

과거에는 일련의 다양한 예방 조치로 인해 국제 질서의 규율이 인정받았습니다. 비확산 전문가들은 동맹의 압력이 없었다면 더 많은 국가가 핵무기를 개발했을 것이라고 말합니다. 주요 강대국들이 약속을 이행하는 데 있어 많은 부분이 신뢰성에 달려 있었습니다. 이것이 침해되면 많은 국가의 셈법이 달라질 수 있습니다. 또한 사이버나 우주와 같은 새로운 차원의 위협에 대한 이해에 도달하기 어렵게 만듭니다. 그런데 안타깝게도 앞으로의 10년은 이보다 더 관대하지 못할 것이고, 그래서 더 안전하지 않을 것입니다.

이를 염두에 두고 인도는 스스로 윤곽을 드러내기 시작하는 가까운 미래를 신중하게 탐색해야 합니다. 꼭 미국과 중국만은 아니고, 세계 선도 국가들은 분명 더욱 국가주의적으로 기울 것이고, 자국 위주의 공간을 만들 것입니다. 권력 분배는 계속 확산하고 다극화는 가속화될 것입니다. 하지만 선수가 많아진다고 해서 규칙이 더 좋아지는 것은 아니며, 오히려 그 반대일 수도 있습니다. 새로운 역량과 영역이 부상함에 따라 글로벌 규칙은 그 속도를 따라잡기 위해 고군분투할 것입니다. 이러한 발전은 인도와 같이 더 큰 예측 가능성을 분명하게 선호하는 신흥 강국에는 도전이 될 것입니다. 하지만 그 불확실성을 감당할 수 있다면 우리의 부상 속도가 더 빨라질 수도 있습니다.

글로벌 정치의 다양한 수준에서 힘의 균형이 모색되고, 종종 달성되기도 할 겁니다. 느슨하고 실용적인 협력의 배열이 여러 지역에 걸쳐 확산할 것입니다. 일부는 같은 생각을 하는 국가들로 구성될 것이고, 일부는 더 기회주의적인 국가들로 구성될 것이며, 더 나아가 이 두 가지가 혼합된 형태로 구성되기도 할 것입니다. 지역 정치와 로컬 균형이 중요성을 획득할 겁니다.

분명히 인도는 더 많은 파트너와 더욱 창의적으로 협력해야 합니다. 거래 시장은 세계화의 강요와 씨름하며 적이면서 아군인 존재를 한곳으로 모을 것입니다. 많은 사람이 금융, 연결성 또는 기술력이라는 더 새로운 기술을 사용할 것입니다. 인도는 가능한 경우 국가적으로 또는 필요한 경우 파트너십을 통해 적절한 대응을 찾아야 할 것입니다. 이러한 문제들은 각각 그 자체로 도전이며, 그 매트릭스가 변동성이 심한 세계에서 인도의 미래를 결정할 것입니다.

인도는 지금까지처럼 점증적으로 부상하면서 새로운 방정식이 작동하는 경기장에서 균형자의 역할을 수행하기를 희망합니다. 아니면 더 과감할 수 있고, 의제와 결과를 결정할 수도 있습니다. 어떤 면에서 인도가 주도적인 역할을 하는 것을 주저하는 것은 미국이나 소련처럼 무시무시한 강대국에 대한 회상 때문입니다. 반면 중국은 비록 크고 역동적인 경제이기는 하지만 개발도상국이 그 책임을 지기 시작할 수 있다는 것을 보여주었습니다. 인도는 분명히 우리 자신의 속도에 맞춰가면서 그 발자취를 잘 따라갈 수 있습니다. 그것은, 사실, 계산에 의한 건데, 아마 많은 부분에서 희망이기도 합니다.

좀 더 평평해진 세계는 인도에게 더 유리합니다. 많은 강대국이 인도의 부상을 환영하기 때문입니다. 미국은 인도와 협력에 지난 20년 동안 분명한 관심을 표명했으며, 지금은 더욱 가속화되는 중입니다. 러시아는 여전히 특별한 파트너로, 여러 상황 변화에도 인도는 러시아와 지정학적 수렴을 외교 핵심에 두고 있습니다. 이는 양자 관계에 독특한 균형추를 부여합니다. 브렉시트 이후 불안정해진 유럽은 인도에 대해서 더 많은 관심을 지니기 시작했으니, 그들에게 인도는 아시아의 안정과 성장을 보장하는 나라입니다. 중국 역시 인도를 세력 재균형 과정의 중요 주체이자 아시아의 부상에 한 축으로 보고 있습니다. 일본의 우려 혹은 관심의 확대는 질적 전환을 위한 기반을 만들었습니다. 아시아의 다른 나라들, 특히 아세안과 인도-태평양 지역은 더 다극화된 아시아를 형성하는 인도의 능력이 구체적으로 펼쳐질 수 있는 장입니다. 걸프 지역의 다른 확장된 이웃 국가들도 인도가 그 지역으로 돌아온 것을 환영했습니다. 이 모든 것을 하는 동안, 인도는 아프리카와 정치적 남반구에서 전통적인 지지를 유지해왔습니다. 전 세계적으로 권력의 차이가 좁혀짐에 따라 협력 가능성이 확대되었습니다. 인도가 두각을 나타내는 면에서 세계의 이해관계도 발전해왔기에, 이제 역으로 인도는 세계의 인정을 마음껏 활용할 수 있게 될 겁니다.

세계 질서에서 인도의 부상을 고려하는 데 경제적, 정치적 전망을 개선하는 것은 필요조건입니다. 그렇지만 그게 충분해지려면 우호적인 환경은 말할 필요도 없고, 상황을 이롭게 만들 수 있는 리더십과 판단력을 충분히 갖춰져야 합니다. 오늘날 이 두 가지 요인에 대한 변화가 인도의 열망을 더욱 진지하게 받아들일 수 있는 유력한 근거가 되고 있습니다. 전략적으로 올바른 계산을 위해서는 국제 환경의 변화를 제대로 이해해야 합니다. 글로벌 레벨과 지역 레벨에서 그 모순을 정확하게 평가하면 발전의 기회가 열리게 됩니다. 현재 가장 핵심적인 것은, 미국과 중국 간의 역학 관계입니다. 이것 말고도, 러시아의 결단력, 일본의 선택, 유럽의 내구성도 물론 관련되어 있습니다. 여러 국제 문제에서 점차 입장 차가 커져가는 우려가 없지 않지만, 개발도상국 간 느슨한 연합도 상당한 역할을 분명히 수행할 겁니다. 그리고 다극성이 커지고 규율이 약화함에 따라 강대국의 통제 너머로까지 그 결과를 도출할 수 있는 것은 바로 이 더욱 첨예화한 지역주의입니다. 규칙과 규범에 대한 감시가 강화되고 유엔의 다섯 상임이사국(미국, 러시아, 중국, 영국, 프랑스)의 합의가 약화함에 따라 다자주의는 뒷전으로 밀려날 수 있습니다. 결국, 이 모든 건, 유동성과 예측 불가능성이 훨씬 커졌다는 이야기입니다.

이론적으로는 이 새로운 현실을 수혜자들은 환영해야 합니다. 무엇보다도, 그들이 지난 수년 동안 더 많은 다극화 세계를 계속 강하게 요구해왔기 때문입니다. 이제 다극화가 우리 앞에 다가왔으니 그에 대한 강박과 책임을 스스로 느끼게 될 겁니다. 그 안에서 국가들은 종종 서로 다른 방향으로 끌고 나갈지도 모르는 이슈 기반의 관계들을 구축해야 할 것입니다. 많은 공들을 공중에 띄우고 여러 파트너와의 약속을 조정하는 일에 대단한 실력을 발휘해야 합니다. 다수의 의견은 수렴하되, 어떤 누구와도 일치하지 않을 수도 있습니다. 최대한 많은 강대국과의 공통점을 찾는 것이 외교의 특징이 될 것입니다. 가장 잘 지내는 국가는 동류 집단과 문제를 가장 적게 만드는 국가입니다.

인도는 가능한 한 많은 방향으로 손을 뻗어 이익을 극대화해야 합니다. 이는 단순히 더 큰 야망 때문이 아니라, 더 이상 과거처럼 살아서는 안 된다는 의미이기도 합니다. 만인이 만인에 대해 적대시하는 이 세계에서 인도의 목표는 바로 전략에서 최적점을 향해 더 가까이 나아가는 것이어야 합니다.

세계 정치가 종잡을 수 없이 변화하는 상황은 항상 국가 선택의 결정적 맥락이 되어왔습니다. 제2차 세계대전이 끝난 식민 이후 시대에는 인도가 주권 국가로 국제무대에 복귀했습니다. 다른 많은 식민지보다 앞서 독립한 인도는 상당 기간 동안 세계 문제에서 선점자의 이점을 누렸습니다. 변화의 국면은 인도가 파키스탄이 촉진한 중국-미국 화해에 대응해야 했을 때 등장했습니다. 인도는 소련과 상당한 보조를 맞추면서 그렇게 했습니다. 이 역시 향후 수십 년 동안 지속되었지만, 경제 악화와 단극화(單極化)가 시작되며 새로운 조정이 필요해졌습니다. 2005년의 인도-미국 핵 협상은 이러한 재조정을 상징하는 사건으로, 세계 질서에서 인도의 부상을 가속화하는 데 도움이 되었습니다. 오늘날 인도는 또 다른 갈림길에 서 있는데, 이번에는 선택의 폭이 더 불분명해지고 위험성이 더 복잡해졌습니다. 이제 앞으로 나아가기 위해서는 현재 국제 시스템이 종속된 어지러움의 심각성을 제대로 인식하는 것이 무엇보다도 필요합니다.

인도인들은 자신들의 전망을 저울질하면서, 근대사의 전반적인 흐름 속에서 스스로에 대해 생각해야 합니다. 세계사적 사건의 맥락 안에 국가의 전망을 포개는 것은 자기중심적 사회에서는 쉽지 않은 일입니다. 큰 틀에서 벗어나면, 자신들의 입장을 잘못 읽거나 자신들의 운명을 무시할 수 있습니다. 현재 인도의 근대화는 일본의 메이지유신에서 시작하는 일련의 여러 사건 가운데 하나입니다. 그 당시에도, 인도 국가주의자들은 1905년 러시아에 대한 일본의 승리를 환호하며, 그것을 아시아 부흥의 시작으로 인식했습니다. 하지만 진짜로 오랫동안 이어져온 이야기는 그 당시 일본이 성취한 사회경제적인 변화였지요. 소련의 탄생, 동아시아와 아세안의 '호랑이' 경제의 등장, 그리고 마지막으로 중국의 부상은 유라시아의 나머지 국가들이 따라잡는 걸로 이어집니다. 이러한 발전들 각각은 인도에 영향을 미쳤는데, 어떨 때는 무의식적으로 미치기도 했지요. 이를 잘 받아들이면서, 인도는 열정적으로 민주주의 차를 타고서 이 여정을 시작한 유일한 국가입니다. 하지만 정치학과 사회학에서 하는 분석은 일단 차치하더라도, 지난 25년 동안의 노력은 아시아의 그것들과 대체로 유사한 목표와 목적을 반영합니다. 만약 그것이 다르다면, 그것은 변화의 깊이와 강도에서의 일이니, 결국 자체 발전을 통한 접근법은 싹쓸이가 아닌 결과를 낳은 겁니다. 따라서 몇몇 꼬리에 꼬리를 무는 한계들은 이제야 해결되는 중입니다.

이제 외교정책은 현재 진행 중인 여러 혼란도 새로운 방향을 가속화, 조정 혹은 대응하는 추세를 평가하는 작업입니다. 코로나바이러스 팬데믹은 이러한 상황을 더욱 복잡하게 만드는 요인이었습니다. 그러나 글로벌 구조가 개방되고 인도의 자체 역량이 강화됨에 따라 우리는 과거보다 더 자유롭게 인도의 부상을 조직할 수 있게 되었습니다. 이 과정에는 당연하게도 아주 신중하게 평가해야 하는 어떤 위험성도 따르게 마련입니다. 전략의 많은 부분은 더 유리한 환경을 조성하는 방향으로 발전해 나갈 것입니다. 글로벌 담론을 유리하게 바꾸는 것 또한 현재로서는 필수적입니다. 그러나 불안정한 세계에서도 최종 목표는 분명합니다. 많은 친구, 적은 적, 큰 선의, 더 많은 영향력이지요. 이 목표는 인도의 길을 통해 달성해야 합니다.

3
끄리슈나의 선택
부상하는 강국의 전략적 문화

"과거를 존중하지 않는 국가에 미래는 없다."
—괴테

적이면서 아군인 세력들로 가득한 다극화 세계, 힘의 균형, 그리고 가치관의 충돌은 오늘날 세계 정치에 어떤 도전을 던져줄 것입니다. 그런데 바로 이런 특성들은, 특히 《마하바라따》라는 절대적 영향력을 지닌 서사시에 포착된 인도의 한 시대의 특징이기도 합니다. 인도가 부상하면서, 인도는 향후 어떤 강대국이 될 것인지 질문들이 자연스럽게 나올 겁니다. 다른 건 몰라도, 중국의 부상을 경험한 세계는 분명히 그런 질문들을 던질 겁니다. 물론, 이는 인도인들이 스스로 질문해야 할 부분이기도 하지요. 그 대답의 일부는 인도의 역사와 전통에 담겨 있습니다.

최근까지는 서구의 패러다임이 세계적인 규범과 가치를 지배했습니다. 중국은 1945년 이후 비서구 국가로서는 처음으로 문화유산을 활용하여 그 국가의 성격을 투사하고 서사를 만들었습니다. 인도 역시 이를 따라야 한다는 게 합리적이지요. 실제로 오늘날 인도의 관점을 이해하는 데 장애물이 있다면, 그 가운데 많은 부분이 인도의 사고방식에 대한 무지에서 비롯됩니다. 서구의 많은 부분이 역사적으로 우리 사회를 그렇게 무시하는 상황에서 전혀 놀랄 일이 아닙니다. 서사시 《마하바라따(Mahabharata)》[23]가 보통 인

---

[23] 고대 인도의 최고 대서사시. 꾸루와 빤두 두 사촌 가문이 전쟁을 벌이는 과정을 담은 서사시로 《라마야나》와 함께 인도인의 사고와 세계관 형성에 지대한 기여

도인들의 마음에 그렇게나 깊은 영향을 미치는데도, 미국에서 하는 인도 전략에 관한 표준적 소개는 그《마하바라따》에 대해 일언반구도 없습니다. 서양의 전략 전통에 대해 논평할 때, 호메로스의《일리아드》나 마키아벨리의《군주론》을 무시하는 걸 상상해보십시오! 아니면 그에 상응하는《삼국지》를 무시하고 중국에 대해 논평하는 걸 상상해보시든지요. 만약 이런 일이 인도에서 일어난다면, 그것은 지금까지 우리가 세계적으로 차지한 중요성이 미미해서일 뿐, 우리 구전 전통 때문은 아닙니다. 다문화에 대한 제대로 된 평가는 다극화된 세계를 나타내는 하나의 표식이 되기 때문에, 이 문제는 분명히 짚고 넘어갈 필요가 있는 겁니다. 하지만 마찬가지로, 현재 인도와 세계가 처한 많은 어려움이 무엇인지에 대해 역사상 가장 위대한 그 이야기가 들려주는 바와 유사한 것을 볼 수 있게 되어서 그렇기도 합니다.

　글로벌 위계에서 그 위치를 상승시키려면 그에 맞는 설명이 반드시 있어야 하는 겁니다. 가끔, 인도의 부상에 대한 설명을 보면, 그것이 동양의 힘이네, 서양의 힘이네 하는 관점에서 잡힌 틀의 문제로 다루어지곤 합니다. 이렇게 판단하는 기저에는 다원주의가 순전히 서양의 속성이라는 유럽 중심적인 가정이 있습니다. 다양성과 공존의 아주 긴 역사를 가진 인도는 그런 종류의 설익은 판단을 거부합니다. 두 번째 논쟁은 국가주의와 세계주의라는 주제를 중심으로 하여 전개됩니다. 여기서도, 인도는 다른 사람들이 보기에 서로 정반대인 개념들을 조화시킨다는 평가를 차지하지요. 국

를 한 문학 작품이다. 이 운문으로 된 신화 안에는 실재하는 역사와 가상의 이야기가 섞여 있으며 고대 인도인의 정치, 경제, 도덕, 교육, 사회, 종교 등 모든 면의 모습이 신과 사람의 입을 통해 재현되었다. 문자 그대로의 뜻은 '위대한 바라따'인데, 바라따는 '인도'를 뜻하는 어휘다.

가주의적인 인도는 세계와 더 많은 걸 하려 합니다, 결코, 안 하려 하지 않을 겁니다.

아마도 우리의 국가 경영술이 다른 나라의 그것과 가장 다른 점은 통치와 외교에 대한 우리의 접근 방식일 겁니다. 인도의 역사는 경쟁에서 '승자독식' 방식의 접근을 따르지 않음을 보여줍니다. 목적이 수단을 정당화한다는 것에 대한 확실한 믿음 또한 없습니다. 그와 반대로, 인도의 서사는 결과의 공정성을 강조하는 절제와 뉘앙스로 뒤엉켜 있지요. 현실이 항상 그러한 기준에 부응하지 않았을 수도 있겠지요. 그러하다고 해서 그런 점이 이러한 개념을 무효로 만들 수는 없는 겁니다. 때로는 자기 의심의 지점까지 목표와 과정 모두에 대해 지속적으로 성찰합니다. 하지만 언제나 최종 결론은 어려운 상황에서 올바른 선택을 하는 것의 중요성입니다.

《마하바라따》는 논쟁의 여지없이 국가 경영술에 대한 인도인들의 생각을 가장 생생하게 농축해놓은 것입니다. 《아르타샤스뜨라(Arthashastra)》[24]와 달리 그것은 통치 원리에 관한 개설서가 아닙니다. 그것은 실제 상황과 거기에 포함된 여러 선택을 마치 그림처럼 생생하게 이야기로 진술해놓은 거지요. 하나의 서사시로서, 《마

---

[24] 고대 인도 최초의 통일제국인 마우리야를 건설한 짠드라굽따 마우리야(Chandragupta Maurya, B.C. 350-B.C. 283 추정)를 보필한 재상 까우띨리야(Kautilya)가 집필한 국가의 아르타(artha: 부, 실리, 물질 등)에 관한 논서. 주로 국가 혹은 세력 간의 정치와 경제 관계를 다루는데, 가장 핵심은 만달라(mandala 원 모양) 이론이다. 이는 사방 정복의 야망을 품고 있는 한 국가는 지리적 위치에 따라 동맹 또는 적이 된다고 주장하는 국제 관계 이론이다. 국가들의 위치에 따라 그려지는 여러 동심원의 한 중앙은 비지기슈(Vijigiṣu), 즉 정복 국가가 위치하고, 그와 동맹 혹은 적대 관계가 비지기슈와 친소 관계에 따라 결정되는데, 관계가 수시로 변하기 때문에 주변국에 대한 태도나 전략, 준비 등도 수시로 변한다는 것이 주요 내용이다. 고대 이후 지금까지 인도의 국제 관계는 이 만달라 이론에 깊은 영향 받았다고 보는 것이 대체적인 평가다.

하바라따》는 그 길이뿐만 아니라 풍부함과 복잡함에서 타의 추종을 불허합니다. 다른 문명의 서사시와 비교할라치면, 그것들은 순식간에 왜소하게 되어버립니다.《마하바라따》는 의무와 도리의 신성성의 중요성에 초점을 맞추었습니다. 더불어 인간의 연약함에 대한 묘사이기도 하지요. 국가 경영술에서 마주치는 여러 딜레마가 이야기에 스며 들어 있는데, 그 가운데 위험 감수, 신뢰, 희생 등이 중요합니다. 정치를 실천하는 데 필요한 용기는 아마도 가장 유명한 부분인 '바가와드 기따(Bhagavad Gita)'에 나옵니다. 그러나 거기에는 전술적 타협, 영혼을 갈아 넣은 인재의 기용, 레짐 체인지 착수 및 권력의 균형 보장을 비롯하여 정치에 관한 여러 반복적인 요소들도 나옵니다. 지금 우리가 현재 관심 두는 부분은 그 이야기에 담긴 고대의 성찰인데, 특히 두 세력 간의 불균형을 해결하기 위해 외부 환경을 어떻게 활용하는가에 관한 것입니다. 전략적 경쟁과 시스템을 전쟁에 적합하게 맞추는 것에 대한 정통성은 이야기를 통제하고 지식을 권력으로 가치화하는 현재 우리 시대의 개념과 공존합니다.

이 이야기는 경쟁이 커져 결국 전쟁으로 번진 상황을 배경으로 하여 벌이는 논쟁과 결정에 대한 설명이지요. 지금 세계 정치 상황은 아직까지는 파국적이지 않습니다. 그렇지만 의사 결정을 어떻게 해야 하는지에 대해 교훈을 주는 유사한 것들이 있습니다. 마하바라따 시대의 인도는 다극화되어 있었고, 그 안에 서로 균형을 이끌어가는 세력들이 있었습니다. 하지만 일단 양극의 두 세력 간 경쟁이 결국 터지게 되자 다른 세력들은 둘 중 어딘가의 편을 들 수밖에 없게 되었습니다. 오늘날 문자 그대로 반복되는 것은 아니지만, 이해 당사자들이 비용과 이익을 저울질하는 방식은 모든 전략을 배우려는 사람들에게는 매우 시사하는 바가 클 것입니다. 그때 상황처럼, 당시 이루어진 선택은 지금 이 시기 우리의 선택과 상당히 유사하다는 의미지요. 도전을 헤쳐 나가는 데 있어 전략적 지침과 외교적 에너지, 전술적 지혜를 제공하는 끄리슈나[25] 신의 결정적인 가르침은 그 가운데서도 무엇보다 중요합니다.

《마하바라따》의 딜레마 중 가장 잘 알려진 것은 행동에 따라붙는 부수적인 결과에 낙담하지 말고 본디의 정책을 실행하겠다는 결의를 다져야 한다는 것입니다. 물론 그 예는 빤두 가(Padava)의 가장 뛰어난 전사인 아르주나(Arjuna)가 전장에 나갈 때 다진 결의입니다. 그는 번뇌에 흔들리는 위기 속에서 자신과 반대편에 선 동족과 싸우겠다는 결의를 다지지 못하는데, 이때 주(主) 끄리슈나가 자신에게 주어진 의무를 다해야 한다고 설득합니다. 아르주나가 고뇌에 빠져 행한 행동에는 국제 관계에서 국가 행위자들에게 적용되는 몇몇 근본적 측면이 있습니다. 어쨌든 비용-편익 분석을 무시하자는 의미는 아닙니다. 때로는 길이 있더라도 결단력이 없거나, 부담해야 할 비용에 대한 두려움 때문에 그 길을 선택하지 못할 수도 있다는 겁니다.

아르주나와 달리 오늘날 우리 인도인은 미지의 세계에 대한 두려움만큼, 어떤 알려진 것에 관한 편안함에 그리 겁먹지는 않습니다. 현대적으로 말하자면, '연성 국가(soft state)'라는 표현은 한 국

---

[25] 힌두교 최고의 신 가운데 하나. 많은 사람들에게 주(主, Lord)로 경배받는다. 대서사시 신화 《마하바라따》의 일부인 바가와드 기따(Bhagavad Gita)의 주인공. 빤두(Pandu)와 꾸루(Kuru)라는 사촌 가문 간에 피비린내 나는 살육 전쟁을 수행해야 하느냐, 해서는 안 되냐 고민하면서 쉽게 결정하지 못하는 아르주나(Arjuna)에게 신으로 등장해 의로운 싸움은 피해서는 안 된다고, 악은 반드시 징벌을 내려 없애야 하는 게 전사가 취해야 할 사회적 의무라고 교시를 내린다. 이로써 전쟁이 시작되고, 끄리슈나가 지지하는 빤두 가(家)가 승리하고 그들이 선(善)의 세력이 된다.

가가 해야 하는 일을 하지 못하거나 하지 않는 것을 말합니다. 아르주나의 경우, 고뇌에 쌓여 있었지만 그렇다고 무능력의 상태에 있었던 것은 아닙니다. 이것이 인도 국가가 처한 곤경일 때도 있습니다. 예를 들어, 테러와의 오랜 싸움에서 우리는 종종 상상력의 부족과 위험 감수의 두려움으로 인해 스스로를 제약하곤 하지요. 지금은 변화가 시작된 듯한데 다른 나라들이 보여주는 결의 수준에 맞추는 것은 매우 중요합니다. 결국 아르주나는 의로운 전사로 전장에 나서게 됩니다. 이러한 자기 정당성을 인식하는 것은 무엇보다 중요합니다.

국가 엘리트가 강하고 자기 본질적인 의식을 가질 때, 비로소 이러한 도전에 단호하게 대처할 수 있습니다. 따라서 주권 침해의 문제든 국경 침해의 문제든 범주적으로 대응할 수 있는 능력은 이처럼 내재된 자기 신념에서 나올 수 있습니다. 국가가 마땅히 해야 할 의무는, 실로 전사 개인이 갖추어야 할 의무와 마찬가지로 국익을 주장하고 다양한 수단을 통해 전략적 목표를 확보하는 것입니다. 이는 때때로 전략보다는 대중성의 잣대로 판단하는 풍토에서는 밑줄 쳐가면서 강조할 필요가 있습니다.

이 맥락에서 의미 있는 것은 비용을 강조하면서 행동하지 않음(inaction)을 합리화하기보다 그것을 해결할 의지를 소환하는 것입니다. 우리는 경쟁자가 너무 강해서 도전할 수 없지만 어쨌든 결국에는 승리할 것이라는 주장을 너무나 자주 들어왔습니다. 때로는 이웃 나라가 테러에 빠져드는 게 자연스러운 일이며 우리는 그저 그것을 감수해야 한다는 주장 또한 가끔 들어왔습니다. 이것은 심사숙고를 가장한 운명론입니다. 아르주나의 선택에 어떤 메시지가 있는데, 결과가 아무리 어렵더라도 우리는 책임을 직시해야 한다는 것입니다. 이런 인식이 더 널리 인정받고 실천되었더라면 인도의 국가 안보가 획기적으로 좋아졌을 것입니다.

마하바라따 시대의 전략적 지형이 현재 우리 세계와 유사하게 보이는 한 측면은 경쟁자에게 작용하는 제약 사항들과 관련된 것입니다. 그 시대에 그 제약 사항들은 분명히 오늘날 적용되는 것과는 너무나 다른 여러 인간의 감정에서 비롯되었지요. 갈등은 그 본질상 그 자체로 인해 관련 당사자 모두에게 파괴적이라는 믿음에 상당히 추동했습니다. 그래서 꾸루 가(Kaurava) 원로들은 물론이고 더 나아가 유디쉬티라(Yudhishthira)왕에게도 전쟁을 시작하는 것을 꺼리는 경향이 뚜렷했습니다. 그의 형제 아르주나는 그런 감정을 심지어는 전장에까지 가지고 갑니다. 하지만 이 또한 과거의 관계에서 오는 감정과 미래의 관심사가 충돌하면서 마찬가지로 첨예해집니다. 가장(家長) 비슈마(Bheeshma)와 스승 드로나(Drona) 또한 예전에 자기들이 보살펴주었던 혈육과 싸우는 데 자기 능력을 최대한 발휘하는 것을 극도로 꺼립니다.

오늘날의 제약 사항은 행위에 따르기보다는 구조적인 것이지요. 핵 억제는 하나의 문턱을 만듭니다. 경제적 상호의존성이 아마 더 강력한 요인이 될 건데, 그 이유는 시장이 실제 갈등은 차치하고 긴장에 반응하기 때문일 겁니다. 기술이 발달한 세계일수록 더 취약합니다. 설령 그런 세계가 더 큰 가능성을 창조해낼지라도 말입니다. 이전에 열려 있던 옵션의 범위는 시간이 지남에 따라 꾸준히 줄어들 수밖에 없습니다. 우리의 경우 이전에 일어난 갈등의 규모는 더 이상 실질적으로 고려할 수 없게 되었습니다. 모든 정책은 당연히 최악의 시나리오를 상정하지만, 현실은 점점 더 날카로운 대응, 좁은 창, 그리고 제한된 적용의 현실이 될 수밖에 없습니다. 전체적인 강력한 능력을 구축해야 할 필요성이 사라지는 것은 아닙니다. 일어날 법한 시나리오에 더 큰 관련이 있는 마인드 게임을 개발해야 할 필요성에 초점을 옮겨야 합니다.

부상하는 세력이 길러야 할 자질이 하나 있다면 그것은 책임감을 발휘하는 것입니다. 아르주나가 마침내 마하바라따 전쟁터인 꾸루끄셰뜨라(Kurukshetra) 대평원에서 전쟁 선포를 한 건, 의무에 대한 헌신을 만방에 선언한 것일 뿐 아니라, 그의 인내심을 끌어낸 것이기도 했습니다. 그런 의미에서 그는 끝까지 참는 전사였는데, 끄리슈나도 마찬가지였습니다. 사촌이자 경쟁자인 시슈빨라(Shishupala)가 백 번이나 도발한 뒤에야 단호하게 대응하겠다고 나섰으니, 그것이 보여주는 의지는 우리에게 시사하는 바가 많지요. 이 역시 세계 무대에서 역량을 키워가는 국가에 교훈이 되는 것입니다. 힘이란, 특히 성장해 나가는 그 힘이란, 반드시 충분히 토론되어야 하고, 세심히 기획되는 것이어야 하며, 신중하게 적용되어야 합니다. 지금까지 인도는 이러한 딜레마에 직면한 적이 거의 없었습니다. 지금 인도가 처한 현대의 갈등은 대부분 정당성이 자명한 방어전이었습니다. 최근의 사건들을 보면 알 수 있듯이, 우리는 지금 이 시대의 시슈빨라에게 요구되는 전략적 인내심을 키워야 합니다. 인도가 부상한 이 단계에서 무책임한 대화를 이끌 필요는 없습니다. 무력 사용은 항상 깊게 고려되어야 하고, 절대로 첫 선택이 되어서는 안 됩니다. 심지어 미국 같은 초강대국도 이라크에서 이 원칙과 상반되는 접근으로 큰 피해를 경험하지 않았습니까? 주요 강대국들은 여러 무기와 거친 수단들을 보유하고 있지만, 그런 방법은 거의 사용 효과가 없습니다. 하지만 효과는 차치하더라도, 그것이 주는 이미지를 무시할 수는 없습니다. 툭하면 해외에서의 무력 사용을 옹호하는 사람들은 사실 큰 손해를 끼치는 것입니다. 서사시 《마하바라따》가 말해주듯, 그런 행동은 위험이 임박했을 때나 도발이 연쇄적으로 일어날 때만 사용해야 합니다.

전략가들은 대부분 다음 전쟁이 아니라 마지막 전쟁을 치릅니다. 그런 맥락에서, 아르주나는 전투가 시작되기 얼마 전에 의미심장한 선택을 하지요. 그도 그렇고 그의 라이벌 두리요다나(Duryodana)도 그렇고, 모두 끄리슈나의 지지를 얻기 위해 주(主)의 궁이 있는 드와르까(Dwarka)로 갑니다. 아르주나는 더 늦게 도착했음에도 먼저 눈에 띕니다. 초대자의 침대 발치에 앉았기 때문입니다. 끄리슈나의 군대와 군대를 대동하지 않는 끄리슈나 개인 중 무엇을 선택하겠느냐는 끄리슈나의 질문에 아르주나는 후자를 선택했고, 이에 두리요다나는 경악을 금치 못했습니다. 아르주나가 후자를 선택한 것은, 끄리슈나가 게임 체인지를 할 수 있는 엄청난 힘을 가지고 있음을 이해했기 때문이지요.

이 이야기에는 국가 안보의 경쟁력 강화를 위해 우리가 고려해야 하는 도덕적 교훈이 하나 담겨 있습니다. 전사들 대부분처럼 두리요다나는 정통적 사고를 했고, 아르주나는 틀 밖에 있는 것을 이해했습니다. 우리는 이미 확립된 능력의 영역을 무시하지 않으면서, 세상이 기다리는 앞날을 잘 대비해야 한다는 것을 알 수 있습니다. 결정적으로 중요한 것이지요. 인공지능(AI), 로봇 공학 및 데이터 분석 또는 감지, 첨단 재료 및 감시와 같은 분야에서, 특히 다른 세력을 활용하는 것이 성공의 핵심이라면, 현대적이고 정보에 입각한 능력 평가가 절대적으로 이루어져야 합니다. 아르주나는 끄리슈나가 누구인지를 잘 이해했고, 두리요다나는 그렇지 않았던 거죠.

이는 단순히 큰 그림을 잘못 이해하는 정도가 아닙니다. 실제로 손에 주어진 것이 무엇인지를 알아차리지 못한 겁니다. 두리요다나는 끄리슈나의 중요성을 인식하지 못한 게 분명합니다. 무기가 부족하다고 그를 과소평가하지 않았을 거라는 의미입니다. 능력의 가치를 제대로 이해하는 것이 능력을 키우는 것만큼이나 중요하지요. 빤두 가는 두 가지 분야 모두에서 분명히 더 나은 성취를 이루었습니다. 오늘날 인도는 카드의 품질에만 관심을 기울일 것이 아니라 카드를 어떻게 잘 활용할지에도 관심을 기울여야 한다는 의미입니다.

국가 간 관계는 그 안의 정책과 마찬가지로 규칙과 규범에 기반을 두고 있습니다. 때때로 이를 벗어나는 예외가 발생하지만 예외는 딱 그때에 한정된다는 더 큰 사회적 기대가 존재합니다. 모든 선수는 관습과 전통을 이용하여 이익을 얻으니, 이러한 점에서는 《마하바라따》도 다르지 않습니다. 최고의 궁술 스승인 드로나는 뛰어난 실력을 지닌 제자, 에깔라위야(Ekalavya)의 엄지손가락을 잘라 가져가 의례를 통해 스승에게 공물로 바칩니다. 안 그랬으면 에깔라위야가 그가 가장 총애하는 궁사 아르주나를 물리쳐버리게 될 수 있기 때문이었습니다. 어느 날 하루 한 번 청을 거절할 수 없는 때에, 인드라 신이 브라만으로 변장해 기도를 올린 후 꾸루 가문의 장군 까르나(Karna)의 무적 갑옷과 귀걸이를 찾았습니다. 아르주나는 여성 분신을 한 사람을 만들어 위장 첩자로 전장에 내보냈습니다. 이는 비슈마가 그들의 품격상 여성을 존중해 공격하지 않을 걸로 믿어서였지요. 이런 걸 지금에 적용해 생각해봅시다. 지금은 무역 분쟁, 기술력 싸움, 자원 수송 등 연결성의 차이로 가득 찬 세상입니다. 여기에서 기존의 규칙에 따르지 않는다는 건 이미 오래된 이야기입니다. 이를 돌이켜 생각해보면 어느 정도 위안이 될 겁니다. 여기에서 만약 몇몇이 시스템을 어기고 싸우거나 예기치 않은 이익을 취하려 무슨 짓을 한다면, 그건 다 다른 사람들이 예전에 걸었던 새롭지 못한 길이라는 겁니다.

《마하바라따》에는 행동강령 위반 사례도 많이 나옵니다. 심한 경우 아주 노골적인 것도 꽤 있지요. 주인공 두리요다나는 문자 그대로 허리띠 아래를 가격당해 죽습니다. 전쟁에서 꾸루 가 지휘관들은 한 사람씩 이어 싸우는데, 그 가운데 한 사람은 여성 전사를 방패막이 삼아 싸우다가 무너졌고, 두 번째는 무기를 내려놓은 다음에 공격하기도 했으며, 세 번째는 전차 바퀴를 땅에서 파내다가 참수됩니다. 잘 짜여진 개별 전투의 규칙도 말뚝이 많이 박힐수록 길가로 처박히는 법입니다. 아르주나의 아들 아비마뉴(Abhimanyu)는 동시에 여러 적의 공격을 받는데, 거기에는 후방공습도 있습니다. 그의 아버지 아르주나도 오랜 숙적 사띠야끼(Satyaki)와의 전투에서 부리슈와라(Bhroorishvara) 가문을 공격할 때 규정을 어깁니다. 그러한 위반은 전쟁에서 가장 끔찍한 행위를 정당화하는 것으로 연결되기도 합니다. 즉, 드로나의 아들 아슈와타마(Ashvathama)가 자기 아버지를 죽인 방식에 대한 복수로 전쟁이 거의 끝날 무렵, 잠자고 있던 승리자들을 야간에 쳐들어가 모조리 다 죽여버린 겁니다.

　이러한 사례들은 규칙을 준수하는 것의 장점과 규칙을 위반하는 것의 비용이 어떠한지에 관한 논쟁의 틀을 이룹니다. 이에 관한 더 현대적인 버전은 모든 시기에 모든 곳에서 찾아볼 수 있습니다. 규칙이 부과하는 모든 제약과 한계에도 불구하고 규정을 준수하고 그 격식을 차리는 것은 국제 관계에서 매우 가치 있는 일이지요. 위반을 일삼아 저지르는 자는 규정을 준수할 때도 거의 인정을 받지 못하지만 어쩌다 한 번 위반한 자는 대부분 그 일탈을 양해해줍니다. 바로 이것이 여러 면에서 꾸루 가문과 빤두 가문의 차이였지요. 국제법, 합의 및 이해를 준수하는 것의 중요성은 이론적 논쟁거리가 아닙니다. 강대국들이 자신의 선택권과 이익을 다른 나라의 판단에 맡기는 것을 꺼리는 것은 이해할 수 있지요. 인도의 경우에도 영향력과 위상이 높아짐에 따라 이런 경우에 해당할 수 있습니다. 그렇지만 규칙을 준수하고 책임감 있는 선수로 평가받는 이점은 절대로 과소평가할 수 없습니다. 핵 개발의 열망이 문제로 불거졌을 때, 우리는 세계가 파키스탄보다 인도를 훨씬 더 신뢰하였음을 똑똑히 보았습니다. 핵심 기술의 수출을 통제하는 체제(국제원자력기구IAEA)에의 가입을 추진하면서 이러한 현상은 더욱 심화하였습니다. 해상 국경 문제에서 2014년 인도가 방글라데시와의 중재 판정을 수락한 것은, 2016년 남중국해에서 발생한 경우와는 전적으로 다릅니다.

국가들이 서로 빠져드는 게임의 핵심은 규칙을 따르는 것입니다. 거기에서 다른 사람들의 마음을 이해하는 건 종종 그들이 어디까지 갈 것인지, 그리고 그들이 어떤 경우 몸을 사리는지를 알아차리는 데 중요하지요. 정통에서 벗어난 선수의 강점은 그보다 더 정통적이고 규칙을 잘 지키는 선수가 보이는 반응에 대해 정확한 판단을 내린다는 것입니다. 그들은 어디로 튈지 모르는 행동에 빠져들 때라도, 그들의 전술은 상대를 더 높은 기준선에 붙잡아두는 것일 수 있습니다. 물론 그 둘의 차이를 조정하는 것이, 그들에게 크게 이로워지는 건 두말하면 잔소리지요. 꾸루 가문의 왕자 두리요다나의 마지막 순간도 마찬가지이고, 형제이면서 라이벌인 까르나와 아르주나 사이에 벌어진 최후의 일전은 이러한 피할 수 없는 곤경을 잘 보여줍니다. 그런데 까르나와 두리요다나 둘 다 자신의 경쟁자는 자신이 지키지 않은 가치에 부응하기를 기대합니다. 규칙이 더는 규칙이 되지 못할 때, 이러한 딜레마를 해결하고 상황을 타개하는 데 기여함으로써, 끄리슈나는 빤두 가문과 크게 연계됩니다.

현대 사회에서 개방된 사회가 치밀하지 못한 상대들과 맞서면 그러한 도전에 직면하게 됩니다. 거친 싸움을 치러야 하는 건 그들의 업보이지요. 가장 극단적인 상황은 테러에 직면할 때인데, 특히 그들이 국가권력의 지원을 받는 상황에서는 더욱 그렇습니다. 다른 나라들이 이미 예전에 찾은 바 있듯, 쉬운 해답이란 없지요. 지난 20년 동안 인도와 파키스탄 간의 외교 관계를 생각해보세요. 파키스탄은 핵 협박에 빠졌는데, 그것은 테러리스트와 그 피해자 사이에 도덕적 동등성을 만들기 위해 그렇게 한 겁니다. 그런데 우리는 쿠바의 아바나(Havana)와 이집트의 샤름엘셰이크(Sharm-El-Sheikh) 등 제3의 장소에서 계속 그들과 상대를 하는 실수를 저지릅니다. 지금 이 문제에서 '전략적 자제(strategic restraint)'란 명백히 피해자에게만 적용되는 것이지 가해자에게는 적용되는 것이 아닌데도 말입니다. 사실, 파키스탄이 테러를 저질러도 인도가 그에 대응 행동을 하지 않는 한 확전의 위험은 없다는 이상한 내러티브가 유포되고 있습니다.

놀라운 점은 수많은 이들이 인도는 당연히 테러에 대응하지 말아야 한다는 이기적인 논리를 기대한다는 점입니다. 따라서 여기에서의 논리를 인도-파키스탄 양자를 위한 게임으로 만드는 것은, 정말 어려운 도전이었습니다. 우리(Uri)[26]와 발라꼬뜨(Balakot)의 대응[27]이 가치 있는 점은 결국 인도의 정책이 파키스탄이 답을 조건화하도록 내버려두지 않고 인도 스스로 생각할 수 있었다는 사실입니다. 그리고 그것은 많은 면에서 빤두 가 편에 선 끄리슈나의 역할과 동일합니다.

---

26 2016년 9월 18일 인도 잠무-카슈미르의 우리(Uri) 마을 인근에서 파키스탄의 테러리스트들이 인도군 여단 본부를 공격했다. 이 공격으로 인도 군인 19명이 사망하고 수십 명이 다쳤다.

27 2019년 2월 26일 인도 전투기가 파키스탄 발라꼬뜨의 테러 단체 훈련 캠프로 추정되는 곳을 공습한 사건이다.

규범으로부터의 일탈은 그렇게 많이 드문 건 아니고, 차라리 더 복잡한 문제는 기만(deception)에 있습니다. 외교정책과 국가 안보 영역에서의 행위들이 모든 면에서 투명해야 한다는 것은, 절대로 있을 수 없는 일입니다. 무엇보다도 인센티브, 공포, 그리고 조작은 인간 본성의 일부지요. 인도의 전략에 관한 사상을 가장 잘 보여주는 까우띨리야의 글(《아르타샤스뜨라》)은 정치의 여러 문제에 접근하는 방법으로서 사마(sama, 동맹), 다나(dana, 선물), 단다(danda, 몽둥이), 베다(bheda, 속임수)의 중요성을 강조합니다. 전술의 복잡성은 상황의 중대성에 비례하여 증가합니다. 우리는 《마하바라따》를 통해 윤리적으로 논쟁의 여지가 있는 둘로 나뉜 상황에서 그것을 봅니다.

전장에서 절체절명의 순간에 유디슈티라왕은 위험천만한 상대 드로나짜리야의 사기를 떨어뜨리기 위해 거짓 공개선언할 것을 설득당합니다. 앞서, 정해놓은 마감일까지 적을 죽이겠다는 아르주나의 맹세가 시험대에 오르고, 끄리슈나는 안전하다고 거짓으로 환상을 만들었고, 그에 속아 쫓기는 전사인 자야드라타(Jayadratha)가 자기 모습을 드러냄으로써 치명적인 결과를 맞이하는 일이 벌어졌습니다. 두 경우 모두 행동강령의 정신을 위반한 것이죠. 하지만 이런 것보다 훨씬 더 노골적인 상황이 현실에서 발생했습니다. 근대 세계에서 가장 운명적인 여러 전투, 예컨대 영국의 보스워스 필드 전투,[28] 일본의 세키가하라 전투,[29] 인도의 쁠랏시(Plassey) 전

---

[28] 보스워스 필드 전투는 1485년 8월 22일 잉글랜드에서 발생한 장미전쟁의 마지막 주요 전투로, 헨리 튜더(이후 헨리 7세)가 리처드 3세를 물리치고 왕위에 오르면서 튜더 왕조의 시작을 알렸다.

[29] 세키가하라 전투는 1600년 10월 21일 혼슈 중부 세키가하라 지역에서 도쿠가와 이에야스 중심의 동군과 이시다 미쓰나리 중심의 서군이 벌인 대규모 전투로, 도

투[30] 등은 결국 배신에 의해 그 운명이 결정됐습니다. 때때로 기만은 심지어 명예를 위한 것으로 정당화되기도 했는데, 그 좋은 예가 〈47 로닌〉[31]이지요.

그렇더라도 어쨌든 세계는 규칙에 따를 것을 추구하고 규범을 지킬 것을 장려합니다. 그런 이유로, 일본은 진주만을 공격하기 직전에 공식적으로 전쟁을 선포하려고 했던 거지요. 도덕적으로나 기술적으로 그게 옳은 방향이었으니까요. 그런데 일본은 결국 전쟁 선포를 하지 않았고, 이는 루스벨트 대통령이 정치적 지지를 동원하는 데 엄청난 도움이 되었습니다. 이탈과 위반을 정당화하기 위해서는 서사가 필요하고, 각각의 정치 문화는 자신만의 논리를 만들어냅니다. 근대사에서 아마도 이 분야 최고는 영국인들이었을 겁니다. 인도에 대한 그들의 이야기는 그들이 인도를 억압한 것은, 마치 피해자의 이익을 위해서였다고 암시할 정도입니다! 다른 사람들은 의도와 정당화를 자신들만의 방식으로 선택합니다. 높은 도덕적 기반을 유지하는 것은 여러 면에서 현실 정치의 궁극적인 시험대입니다.

전략에 따라 상대를 속이는 일은, 바로 그 정의가 말하듯, 성공하기 위해 많은 걸 걸어야 하는, 어떤 각오가 필요한 매우 중차대한 계획입니다. 보통 더 많은 수의 선수와 더 긴 시간이 소요되는

요토미 히데요시 사후 권력 다툼의 결과로 일어났으며, 일본 역사에서 중요한 전환점이 된 전투로 평가받고 있다. 전투 결과 도쿠가와 이에야스가 승리하면서 에도 막부가 성립되었으며, 장기간의 평화 시기가 이어졌다.

30 영국의 동인도회사가 인도의 벵갈과 싸워 이겨 영국의 식민 지배가 시작되는 계기가 된 1757년의 전투.
31 1994년 일본에서 개봉한 영화 〈47 로닌〉은 에도막부 시대 쇼군에 의해 할복당한 영주의 가신 47명이 복수극을 완성한다는 이야기로, 2013년 키아누 리브스 주연의 영화로 미국에서 리메이크되기도 했다.

일이기 때문에 내부 규율 없이는 수행하기 어려운 일이지요. 《마하바라따》에서 꾸루 가문은 빤두 가문을 상대로 세 번의 기만을 시도합니다. 첫 번째는 비마(Bheema)를 익사시키려 했고, 두 번째는 래커 칠을 한 집에서 빤두 사람들을 불태워 죽이려고 시도했고, 마지막으로 유디슈티라를 초대하여 조작된 주사위 게임을 하도록 했습니다. 이와 관련해 권위주의 사회가 본질적으로 훨씬 숙련되어 있고, 현대 세계에서도 국가주의와 전략적 기만 사이의 상관관계는 무시할 수 없는 수준입니다. 민주주의가 이 분야에서 무능하다는 건 아닙니다. 다만, 이를 효과적으로 실행하기 위해서는 강력하고 응집력 있는 여러 장치가 뒷받침되어야 하는 거지요.

서구의 경험을 통해서 우리는 이러한 계획은 목적이 통일될 때 더 쉽게 실행해낼 수 있다는 걸 알 수 있습니다. 러시아, 유고슬라비아, 리비아 또는 시리아에 실제로 많은 일이 일어났지만, 언급할 수 없는 일들은 더 많습니다. 이와 대조적으로 이라크에 대해서는 매우 분열적인 논쟁이 드러났고, 그 때문에 너무 많은 사람이 죽어 나갔습니다. 심지어는 아프가니스탄에 관한 전략 문제에서도 그 차이가 표면으로 떠오른 적이 종종 있었습니다. 인도가 겪어야 할 도전 중 하나는 기득권 체제에 대한 감각이 전적으로 발달하지 못했다는 것입니다. 경쟁의 정치는 매우 본능적이어서 아마도 반대하는 사람은 계속 반대할 것이라는 점이 유일하게 지속될 겁니다. 이는 이야기와 의도 사이의 간격을 조정하는 것을 훨씬 더 어렵게 만듭니다.

시얌 사란(Shyam Saran)이 지적한 바와 같이,* 미신을 가장 높은

---

* Shyam Saran 'China in the 21st Century', Second Annual K. Subrahmanyam, Lecture, India International Centre, New Delhi, 2012.

수준의 국가 통치술로 끌어올린 사회는 중국이지요.《삼국지》에서 반복적으로 미덕으로 칭송되는바, 이 이야기에서 결정적인 결과의 상당수는 무력이 아닌 속임수로 얻어집니다.《남제서(南齊書)》에 포함된 '36계'는 그러한 접근법이 얼마나 대중적인 중국 사상에 깊이 스며들었는지를 보여주는 또 하나의 좋은 증거입니다. '만천과해(瞞天過海, 하늘을 속여 바다를 건너다)' 또는 '성동격서(聲東擊西, 동쪽에서 소리를 내고 서쪽을 치다)'는 가장 잘 알려진 격언 중 하나입니다. 이에 못지않은 또 하나의 속임수 계략은 '수상개화(樹上開花, 나무에 거짓 꽃을 피우다)' 또는 '공성계(空城計, 요새를 비우다)' 전략도 있습니다. 중국에서는 인도와 달리 규범을 해체하는 것에 죄책감도 의심도 없습니다. 아니, 사실은 예술로 미화되기까지 하지요.《백년의 마라톤》의 작가 마이클 필스버리 같은 학자*는 심지어 중국의 놀라운 성장이 이러한 그 나라의 문화적인 속성들을 많이 끌어들였기 때문이라고까지 암시하기도 합니다.

    이에 비해 인도는 선언된 정책과 실제 목표 사이의 간극에서 상당한 곤란을 겪었습니다. 1950년대에는 효율적인 국경 방어책을 마련하는 과정이었는데, 여기에서 중국과 아시아의 형제애라는 의미의 관계를 지속하기 어려웠습니다. 그리고 파키스탄과는 분단된 나라의 국민이 헤어 나오기 어려운 적대적 현실로 끊임없이 갈등했습니다. 스리랑카에서도 평화 유지의 의무와 무력 사용의 현실을 조화시키기가 어려웠습니다. 모순이 공공연히 제기되는 상황에서 실제 목표와 제시된 입장이 서로 다른 이중 노선 정책 서사를 끌고 나가기란 어려운 일이지요. 이를 극복하면서 전략적으로 속임수를 성공적으로 구사하려면 큰 응집력을 갖춘 엘리트가 꼭 필

---

*   Michael Pillsbury, *The Hundred-Year Marathon* (New York: Henry Holt, 2015).

요합니다. 능력이 부족하여 제약을 상당히 받은 사람들은 그저 우연히 얻어걸린 평판에서 위안을 얻을 뿐입니다.

마하바라따 전쟁에 첨여한 여러 세력 가운데 수사르마(Susarma)가 이끄는 오늘날의 뻰잡에서 세력권을 형성한 뜨리가르따(Trigarta) 전사들은 자기 공을 제대로 평가받지 못했지요. 그래서 꾸루 가와 동맹관계에 있던 그들은 유디슈티라의 대관식을 준비하던 중 자신들을 패배시킨 아르주나에게 특별한 적개심을 품고 있었습니다. 그들의 일편단심 적개심은 빤두 가 사람들에게 매우 소중한 것이었습니다. 그들은 끊임없이 꾸루 가의 불에 기름을 붓고, 빤두 가 사람들이 유배당하는 동안 그들을 비라따 왕국에서 쫓아내기 위해 크게 협조했습니다. 그들은 목숨 걸고 아르주나에게 도전하였습니다. 그런데 사실은 그런 행동이 역으로 아르주나로 하여금 제일 중요한 전장에서 한 발 벗어나, 꾸루 가 사람들이 아르주나의 형 유디슈티라를 사로잡으려고 했던 걸 무력화시켜, 결과적으로 그를 살렸다는 사실이 더 중요합니다. 아르주나는 승리를 거두지만, 그의 아들인 아비마뉴는 홀로 꾸루 가의 공격에 맞서 싸우다가 전사를 하지요. 여기에서의 교훈은 약한 적대 세력이 상대에게 치명타를 입혀야겠다는 생각에 스스로 파멸하는 데까지 나아가려는 일편단심 적개심은 매우 치명적이라는 사실입니다.

그렇지만 자멸적 수준은 아니더라도 커다란 비극에 이르게 만들 상대의 잠재력까지 과소평가해선 안 됩니다. 이와 관련된 또 다른 이야기로 신두(Sindhu)왕 자야드라타의 경우를 들 수 있습니다. 자야드라타는 예전에 빤두 가 사람들과 아주 힘든 싸움을 벌였는데, 아르주나를 제외한 나머지 사람들과는 대적할 만한 능력을 가졌습니다. 그래서 그는 적장 아비마뉴가 자신이 적진으로 먼저 치고 들어가고 이후 지원병이 합세할 것을 기대하고 싸움을 벌였을 때, 자야드라타 혼자서 그 지원병을 모두 차단해버렸습니다. 현실에서 보면, 그렇게 홀로 싸움을 이끌어가는 적군은 거의 없지만, 현실에서 이런 일이 발생하면 특별한 주의를 기울일 필요가 있습니다. 이러한 상황은 오늘날 파키스탄과 대적하는 인도의 곤경을 잘 보여줍니다.

1971년 이래로 파키스탄은 설사 자국 시스템이 망가지더라도 인도를 해치기 위해서라면 국력을 키워 그 힘으로 인도를 망가지게 하는 극단적 방향으로 나아갔습니다. 이에 대해 인도가 아르주나의 해결책을 복제할 수는 없지만, 몇 가지 적절한 교훈을 도출할 필요는 있습니다. 우선, 파키스탄에 대한 전략적 명확성은 좋은 출발점이 될 수 있습니다. 적대자가 지닌 그런 본능적인 감정을 반드시 깨달아야 합니다. 동시에, 이웃 나라는 선택의 문제가 아닙니다. 이건 마하바라따 때에는 없었던 거지요. 이 딜레마를 인도는 어떻게 헤쳐 나갈 수 있을까요?

일회성 해결책이란 있을 수 없습니다. 그리고 인도가 하는 어떤 대응도 불가능한 잣대로 평가해서는 안 됩니다. 따라서 파키스탄은 그 나라 나름대로 해결책을 마련해야 할 것입니다. 테러범의 안전 보장을 더 이상 하지 않는 것도 그러한 조치 중 하나이며, 테러 행위에 대한 책임을 강화하는 것도 또 하나의 조치가 되겠지요. 개입 자체가 해결책이라는 순진한 기대는 접어야 합니다. 과정이 행위를 치료하는 게 될 수는 없지요. 파키스탄이 정상적인 거래를 거부하거나, 연결성을 허용하지 않는 것은 파키스탄의 진짜 의도가 뭔지를 우리에게 모두 말해줍니다. 지금으로선 파키스탄이 취하는 그러한 태도에 대해 할 수 있는 실질적인 대응은, 평판에 손상을 입히는 것도 있지만, 그러한 태도를 유지하는 데 상당한 비용이 들게 만드는 것입니다. 파키스탄의 행동이 정상적으로 호응하는 것이 될 때만, 파키스탄은 평범한 이웃으로 취급될 겁니다. 그렇게 될 때까지, 인도는 아르주나에게조차도 깊은 인상을 줄 수 있는 정도의 투지와 창의력과 인내심을 겸비한 모습을 보여주어야 할 것입니다.

여러 다른 성격의 선택이 각각의 비용을 치러야 한다면, 우유부단함, 양면성, 무관심도 마찬가지입니다. 이 이야기에는 주인공들이 확실하게 보여주는 세 가지 대조적인 접근법이 있습니다.

첫 번째는 빤두 가문의 외삼촌인 샬리아(Shalya)인데, 그는 거짓 깃발 작전에 속아서 꾸루 가문 쪽 편을 듭니다. 하지만 속임수는 양날의 칼이었으니, 그 양면성은 결국 중요한 전투에서 꾸루 가문 쪽 장군 까르나의 사기를 크게 떨어뜨리는데, 그 전투에서 샬리야가 바로 까르나의 전차 마부였습니다. 끄리슈나의 형 발라라마(Balarama)는 양측 모두에게 진정한 중립을 지켰습니다. 그는 양측 모두에 싸움을 가르쳤고, 전쟁이 벌어지자 긴 순례를 떠남으로써 싸움에서 벗어나는 길을 선택했기 때문입니다. 그는 전쟁이라는 결과에 분노했으나, 어떤 식으로든 전쟁에 영향을 끼칠 수는 없었습니다. 비다르바(Vidharba)의 루끄미(Rukmi)는 전쟁에 참여하지 않았지만 주목할 만한 전사입니다. 그런데 그 이유는 매우 다릅니다. 그는 자신의 가치를 양측 모두에게 과장해서 전달했고, 결국 양쪽 누구도 그를 받아들이지 않았습니다.

이 각각의 사례는 현대 정치, 특히 세계 차원의 큰 분열로 인한 위험을 무릅쓴 국가와 상당한 관련이 있습니다. 인도의 비동맹 정책은 여러 시기에 걸쳐 다양한 양상을 보였는데, 거기에는 이러한 상황들이 섞여 나타납니다. 그런데 우리가 개입하지 않았음에도 그 결과에 부닥쳐야 하는 상황도 종종 발생했습니다. 몇 가지 질문에 대해 말하자면, 우리는 모든 당사자를 불쾌하게 할 위험을 무릅쓰게 됩니다. 더 큰 모순 위에서 각 나라들이 각자의 진영에 따라

줄을 서온 곳에서, 우리는 그렇게 하는 걸 거부했으니, 그에 따른 비용은 만만치 않았겠지요.

레짐 체인지는 국가가 존재한 이래로 있었던 일이지만, 2003년 이라크 전쟁을 통해 우리 세대의 인식에 각인되었습니다. 정당성이 약하고, 그 결과가 어지럽게 나타나기 때문에, 레짐 체인지라는 용어는 부정적인 의미가 함축되어 있지만, 그걸 실천하는 건 윤리적인 측면에서는 정당화되어온 게 보통입니다. 《마하바라따》에서 가장 눈에 띄는 레짐 체인지의 사례는 끄리슈나가 마가다(Magadha)의 자라산다(Jarasandha)왕을 살해한 일입니다. 그를 제거한 것은, 당면한 도전을 꺾어버리는 게 되기도 하지만, 유디슈티라가 황제에 오르는 일에 반대하는 구심점을 없애기 위해서도 필요했던 겁니다. 끄리슈나의 입장에서 볼 때, 그것은 오랫동안 미결 상태로 있던 과제를 해결한 것이기도 했습니다. 이 과업을 해결하려 그가 경주한 노력에서 주목할 만한 표면적인 이유가 있습니다. 다름 아닌 자라산다왕이 부당하게 억류한 98명의 왕자를 석방한 것이지요. 그때는 억류된 적군 왕자의 숫자가 백 명에 이르면 그 인질들을 다 죽이겠다고까지 으름장을 놓는 등 '임박한 위험' 상황까지 벌어졌습니다.

이는 오늘날 우리가 남남 협력이라 부르는 주류 세력에 대항해 연대의 가치를 보여주는 것이기도 합니다. 집단 정치에서 취약한 약자를 돕는 것은 분명히 큰 가치가 있습니다. 그리고 그와 마찬가지로 중요한 것은, 글로벌 선(善)의 이름으로 자기 국가의 목표를 달성한 사실이 있다는 것입니다. 국제 관계에서 레짐 체인지는 논쟁의 여지가 많은데, 가장 주된 이유는 그것이 명백하게 주권을 침해하는 행위이기 때문이지요. 하지만 이것이 반드시 해야 할 과업이라면, 신뢰할 수 있는 윤리적 설명이 반드시 뒤따라야 합니다. 특별한 경우에는 그게 나름의 정당성을 확보할 수도 있었겠지만, 적어도 이라크 같은 최근의 사례들은 진실에 대한 확신이 크게 부족합니다.

레짐 체인지라는 동전의 이면은 외부 환경을 지렛대로 활용하는 것입니다. 여기서 약자는 더 강한 세력을 자신에게 유리한 쪽으로 유인하거나 조종합니다. 《마하바라따》에서도 이런 상황이 무르익었으니, 그건 빤두 쪽이 군사적 균형의 면에서 7대 11로 열세에 놓였었기 때문이지요. 이 상황에서 빤두 가 사람들은 강력한 무기와 특이한 능력을 확보하도록 신을 소환합니다. 동맹을 맺고 그 관계를 유지하는 것도 영향력을 행사하는 하나의 경로일 수 있지만, 기술에 접근하고 상대의 지식을 활용하는 것도 그 못지않게 더욱 효과적입니다. 특히 더 강한 상대와 맞붙어야 하는 경우, 오늘날의 인도는 더욱 많은 고민을 해야 하는 전략적 곤경에 처합니다. 포괄적 국력 강화를 주장하는 사람들의 말은 옳으면서도 너무나 자명한 정답입니다. 그렇다 하더라도, 다른 세력들의 영향력과 힘을 활용하는 기술이 절대로 소홀히 취급되어서는 안 됩니다.

근대사를 보면 이런 이유로 실패한 강대국들의 사례가 여럿 있습니다. 예를 들어, 독일의 빌헬름 제국기(Wilhelmine Germany)는 형편없는 외교로 그때까지 이어져온 권력의 균형이 망가지는 것을 보여줍니다. 그런 실력은 단지 약자이거나 위로 치고 올라가고자 하는 세력에게만 필요한 사항만은 아닙니다. 강력한 힘을 가진 세력도 지지 세력을 유지하고 집단적 반응을 억제해야 하니 그게 필요한 거지요. 실수가 반복되지 않도록 오류로부터 배우는 것도, 이와 연관된 실력입니다. 《마하바라따》에 나오는 이야기 가운데 가장 큰 아이러니 중 하나는 주사위 게임[32]에서 왕국을 잃는 그 유디

---

32 《마하바라따》에 나오는 주사위 던지기 게임. 빤두 가의 유디슈티라는 함정이 숨

슈티라가 나중에 가서 비라따(Virata)왕 밑에서 이런 일을 맡아 능수능란하게 처리했다는 사실일 겁니다.

  빤두 사람들이 그 사촌 꾸루 사람들을 제치고 일관되게 더 우월한 부분은 바로 서사를 형성하고 통제할 수 있는 능력이었습니다. 그렇게 된 것은 그들이 더 우월한 윤리적 위치를 차지하고 있는 것이 핵심이었지요. 용감무쌍함, 고결함, 그리고 관대함을 통해 그들은 전체적으로 훨씬 더 뛰어난 자리를 차지했습니다. 누구나 인정하듯, 그들은 많은 경우에 희생자였습니다. 하지만 그 희생을 수행하는 그들의 능력이 이에 못지않게 뛰어났다는 겁니다. 우선, 숲에서 오랜 시간을 보냄으로써 그들은 여론으로부터 우위를 차지합니다. 래커 칠을 한 집에서 살해당할 뻔했을 때 그들이 크게 상처받은 사람들이라는 걸 잘 보여줍니다. 또, 왕국이 불공정하게 쪼개질 때 그것을 받아들임으로써 억울한 희생자로서의 이미지를 강화합니다. 그리고 그들이 인드라쁘라스타(Indraprastha)[33]에 자리를 잡아 새로이 왕국을 세우고 성공적으로 운영하는 것은 그들에게 엄청난 빛을 더해줍니다. 그들 공통의 아내 드라우빠디[34]를 모욕적으로 취급한 것은 결국 꺾일 수 없는 개전(開戰)의 이유를 제공했습니다. 최고의 걸작은 받아들일 수 있는 합의를 제안하고, 전쟁이 터지기 직전, 딱 다섯 개의 마을을 받아들인 것이었지요. 그로 인해 주의의 여론이 그들에게 유리하게 바뀌었던 겁니다.

    어 있는 주사위 게임에 참여해 왕국, 형제들, 그리고 형제 공통의 아내인 드라우빠디(Draupadi)까지 잃는 굴욕을 당한다.
33 《마하바라따》에 나타난 빤두 가가 이끄는 왕국의 도읍. 현재의 뉴델리 지역, 특히 뿌라나 낄라(Purana Qila)에 위치하는 것으로 보는 게 일반적이다.
34 빤두 가 다섯 형제인 유디슈티라, 비마, 아르주나, 나꿀라(Nakula), 사하데와(Sahadeva)의 공통 아내. 아르주나는 그녀의 청혼을 받았지만, 시어머니의 오해로 인해 다섯 형제와 결혼하게 된다.

높은 도덕적 지위를 차지하는 것과 서사를 만들어내는 것 사이에는 폭넓은 상관관계가 있습니다. 냉전 시대에 양 진영은 각자 자신들의 주장을 강력하게 내세웠지요. 한쪽은 민주주의, 개인의 자유, 시장경제를 강조했고, 다른 한쪽은 사회정의, 공동선, 집단복지를 강조했습니다. 중국이 부상하면서 중국은 평화적 성격을 강조했고, 더 큰 번영을 함축된 의미에 주안점을 두었습니다. 개발도상국들은 아주 폭넓은 활동에서 긍정적 차별을 주장하는 설득력 있는 주장을 내세움으로써 협상에서 더 유리하고 개선된 입지를 차지했습니다. 대체로 서구 세계, 더 구체적으로 말하면 유럽연합은 글로벌 이슈를 옹호하고 그 보호 책임을 강조했으니, 유럽연합의 탄생이 그 위에서 고안된 겁니다. 그 가운데 상당 부분이 후퇴하는데, 그것은 오늘날에는 이해관계가 협소해지면서 경제적 포퓰리즘이 두각을 나타내기 때문입니다. 중국의 역량이 커지면 글로벌에서 세계 보편으로 나아가는 도전을 끌어낼 수도 있습니다. 오히려 미국은 동맹의 의무를 희석하는 중이고, 국제적 의무에 역행하는 등 반대 방향을 향하고 있습니다. 인도 역시 강한 여러 국가 정체성의 분위기에서 스스로 서사를 모색해야 할 것입니다. 머지않아 최대 인구 대국이면서 눈부신 경제 규모를 드러내는 사회라면 그런 메시지 없이 존재하기 어렵습니다. 지금보다 국력이 더 약했던 시절에는 집단 정신과 비개입으로 위안을 삼을 수 있었습니다. 그렇지만 시간이 가면서 어려움은 훨씬 가중되었을 테지요.

《마하바라따》를 관통하는 여러 텍스트는 고대인도에 존재했던 여러 왕국 간의 힘의 균형입니다. 이들 간의 연대는 종종 친족관계로 설명되지만, 사실 그것 자체가 국가 이익의 결과인 게 많습니다. 빤두 가와 친연 관계인 두 동맹국, 빤짤라(Panchala) 왕국과 맛씨야(Matsya) 왕국이 좋은 사례입니다. 압박을 받으면 내재적 성향이 드러나게 마련입니다. 빤두 사람들은 유배 13년 차에 더 깊이 숨어버릴 계획을 세우면서 이 두 왕국이 자신들에게 아주 우호적임을 확인합니다. 마찬가지로 끄리슈나가 자라산다왕을 제거하기 위해 전략을 세울 때 자신이 꾸루 가문과 가깝다는 걸 부각시켰으며, 나아가 만약 자신을 없애면, 관계가 약해질 수 있는 동맹국들의 이름을 나열하지요. 여러 면에서 볼 때, 꾸루끄셰뜨라 전쟁터의 전열은 바로 그 복합적 매트릭스의 복잡함을 보여줍니다.

오늘날 우리 인도에서는 균형을 만들고 유지하려는 직관적인 감각이 아마도 줄어들었을 것입니다. 이를 실행에 옮기려면 세계 정치에 깊이 빠져들어야 하는데, 몇 가지 다양한 요인 때문에 그렇지 못합니다. 우리 능력의 한계가 반영되었을 수도 있습니다. 그 능력이 향상되면, 자연히 신뢰 수준도 향상되어야겠지요. 힘의 균형에 의구심을 가졌던 이유는 그 힘의 균형이 제2차 세계대전으로 이어진 시기에 통제되지 않는 경쟁으로 변질했기 때문입니다. 냉전의 규율은 경직성을 만들어내면서 그러한 가능성의 중요성을 최소화했습니다. 냉전 종식 후에는 상호의존성과 세계화에 대한 신뢰가 확산하면서 이전 시대의 균형에 대한 사고가 제거되었습니다. 하지만 이제 다시 국가주의가 강화하는 시대가 도래하여 모든 것이 바뀌면서, 세계는 평평해지는 모습이고 동맹은 희석되는 중입니다.

현실 정치로의 변화 또한 정책 처방의 비용과 정당성을 전면에 내세웁니다. 비록 아비마니유의 죽음이 비극적이었지만, 더 크게 보면, 그것은 그의 왕을 보호하려는 노력의 부수적 피해였습니다. 나아가 아마 이보다 더 신중한 일은 래커 칠을 해놓은 집에 불을 지르기 전에 자기 가족을 손님으로 바꿔치기한 그의 할머니 꾼띠(Kunti)의 행동이었을 겁니다. 또는 전쟁이 시작되었을 때 승리에 대한 대가로 아르주나의 아들 이라완(Iravan)을 희생시킨 것일 수도 있습니다. 아마도 전투 중에 조카 가또뜨까차(Ghatotkacha)가 까르나의 천하무적 병장기인 샤띠(shakti)에 맞아 죽은 걸 제대로 알아차리지 못해서, 그 무기가 그의 삼촌 아르주나에게 사용되지 못했을 수도 있습니다. 국익에는 그에 따르는 비용이 있습니다. 그래서 어떤 결정을 내리는 것은 종종 지도자가 감당해야 하는 가장 어려운 책임입니다.

빤두 가는 통합을 보여주는 뛰어난 예입니다. 서로 다른 어머니들에게서 각각 태어난 복잡한 부계 혈통 가족임에도 그들은 내부 긴장을 극복하는 팀으로서 매우 좋은 기능을 수행합니다. 이들은 상호 보완적 기술을 가지고 있어 특히 효과적으로 단합합니다. 하나의 모델로서, 그들은 효율적으로 함께 일하는 데서 오는 어려움에 대해 더 많이 심사숙고해야 합니다. 인도는 사회적 다원주의와 극단적인 개인주의의 세례를 받아 문제가 더욱 심각합니다. 행정 개혁의 한계라는 현실과 겹쳐, 더 큰 통합에 대한 필요성은 정말로 매우 강하지요. 합동성, 조정 및 공유는 모든 대규모 조직의 공통된 과제입니다. 그들은 정해진 습관, 주어진 이해관계, 뚜렷한 정체성 등과 씨름합니다. 어떤 문제가 언론의 헤드라인 수준에서 합의 해결되었다고 해서, 그 합의가 자동으로 작동하여 최종적으로 문제가 해결되는 경우는 거의 없습니다. 일부는 의식적으로 그럴 수도 있지만, 역사와 경험이라는 것이 반대 방향으로 작동하는 경우가 많습니다. 실제로 역량을 배가시킨다는 원론을 제외하면, 칸막이를 부수는 것(breaking silos)이 정책 집행 영역에서의 가장 쉬운 해결책(silver bullet)입니다.

만약 인도는 차선의 땜질로 작동하는 나라라는 평판을 얻었다면, 그것은 우리의 역사가 엄청난 대가를 치른 그러한 사례들로 가득 차 있기 때문입니다. 결핍으로 소유욕이 치솟아 개인주의가 악화할 수 있습니다. 관료주의 또한 우리 사회에 너무 단단하게 뿌리내려 있습니다. 어쩌면 이런 것들 외에 더 큰 영향을 미치는 것은 결과에 대한 관심보다 과정에 초점을 맞추는 것입니다. 통합의 부재는 다양한 형태로 나타나겠지요. 하지만 이러한 모든 양상의 문제들에 대해 신랄하게 공격하지 않으면, 인도 외교정책은 진정한 변화를 이룰 수 없습니다.

《마하바라따》는 수없이 많은 접근 방법과 선택지로 구성된 한 편의 대서사시로, 그 축적된 영향력은 정치를 특정 방향으로 이끌 만큼의 영향력을 가지고 있습니다. 그 각각에는 지금 우리가 사는 이 시대에 대한 교훈이 담겨 있습니다. 꾸루 가 사람들은 경쟁을 극단적 한계까지 밀어붙여 혐오스러운 전술로 서로 싸우는 것조차 정당화함으로써 반발을 일으킵니다. 이에 반해 빤두 가문 사람들은 브랜드를 구축하고 전략적 인내심을 발휘합니다. 그 결과 그들은 자신들보다 훨씬 우월한 상대를 물리칠 수 있었는데, 그 승리의 요인들 가운데 일부는 그들의 전술과 대칭하지 않는 것들입니다. 까르나는 동맹의 규율을 최고로 강조하면서 양극화의 영향력을 매우 강조합니다. 비슈마와 드로나는 양강 구조 쪽에 설 수도 있지만, 양면성을 통해 자기들에게 엄청난 대가를 치르게 합니다. 이는 일편단심으로 동맹으로서의 가치를 높인 드루빠다(Drupada)왕과는 전적으로 다릅니다. 앞서 언급했듯이, 뜨리가르따는 더 극단적인 버전입니다. 샬리아, 발라라마, 루끄마(Rukma)는 비동맹에서부터 비개입에 이르기까지의 다양한 스펙트럼을 보여줍니다. 그리고 꾼띠의 경우, 그녀가 보여준 감성의 헌신이 성공에 드는 기꺼운 비용이라는 사실을 들지 않을 수도 없습니다

우리 모두 알고 있듯, 결정적 요인은 끄리슈나 신입니다. 그는 큰 그림을 이해하고, 그에 따라 전략을 수립하고 결정적 순간에 전

략적 해결책을 가지고 나타납니다. 그의 선택은 구조의 이동을 일으키든, 감정을 만들어내든, 브랜드를 강화하든, 서사를 창조하든, 어떤 방법을 통해서든 바로 그 방향을 설정합니다. 자라산다를 몰락시킴으로써, 그는 아주 유리한 세력 균형을 확보할 수 있었습니다. 그는 자신의 존재를 통해서든, 현명한 조언을 통해서든, 빤두가 사람들에게 결정적인 의견으로 도움을 줍니다. 그의 외교적 접근은 합리적인 세력의 메시지를 강조하고, 그로 인해 그의 편이 피해를 크게 당한 당사자로 보이게 만듭니다. 중요한 순간, 즉 자야드라타, 까르나 또는 두리요다나를 죽이는 데에 결정적인 동기를 부여하는 자이자 정당화를 하는 자입니다. 또한 그는 빤두 가문 사람들을 절제시키는 일을 옹호하는 자이며, 그들이 시간을 견디고 피할 수 없는 분쟁에 꼭 필요한 능력을 갖추도록 독려하는 자이기도 합니다. 그는 합리의 목소리이자 경계의 말씀이기도 하며, 마찬가지로 필요할 때는 행동을 촉구합니다. 그는 헤매는 사람들에게 길을 보여주는 것에 머물지 않습니다. 무엇보다 중요한 것은, 그가 모든 책임을 지고 옳은 일을 한다는 것입니다.

《마하바라따》는 권력만큼이나 윤리에 관한 이야기입니다. 이 두 가지 의무를 조화시키는 것은 바로 주(主) 끄리슈나의 선택입니다. 인도인들이 세계에서 더 큰 기여를 준비 중이라면, 당면한 격동의 세계에 대처하기 위해 스스로의 전통에 더 의존해야 합니다. 그것은 분명히 가능한 일입니다. 인디아(India) 안에서가 아니고, 바라뜨(Bharat) 안에서 말입니다.[35] 만인에 맞서는 세계에서 우리의 선

---

[35] 인디아는 '인도'의 영어 이름이고, 바라뜨는 '인도'의 힌디어 이름이다. 인도 헌법 제1항은 다음과 같다. "1. 연방의 이름과 영토 - (1) 인디아, 즉 바라뜨는 주 연방의 이름이 된다." 2023년 4월 뉴델리에서 열린 G20 회의의 만찬 초대장에서 인도 대통령을 'President of Bharat'라고 기재한 것을 두고 모디 정부가 국호

택을 할 때, 이제는 우리 자신의 답을 가지고 나아가야 할 때입니다. 윤리적 강국이 되는 것은 인도의 길의 한 측면입니다.

를 '인디아'에서 '바라뜨'로 고치려 한다는 비판을 받았고, 인도국민회의는 힌두 국수주의를 저지하고자 국호 'India'를 지켜야 한다는 의미로 야당 연합 세력의 명칭을 I.N.D.I.A.(Indian National Developmental Inclusive Alliance)로 정하면서 총선에 임했다.

4

델리의 도그마

역사의 망설임 극복하기

"역사는 사람들이 동의하기로 정한 사건의 과거 버전입니다."
— 나폴레옹 보나파르트

알버트 아인슈타인은 상대성 이론으로 가장 잘 알려져 있습니다. 만약 그가 정치학을 연구했다면 그는 정신 이상(異常) 이론으로 쉽게 유명해질 수 있었을 것입니다. 정신 상태에 대한 그의 정의에 따르면, 정신 이상은 같은 일을 반복하면서 다른 결과를 기대하는 것입니다. 달리 표현하면 상황이 다른데 같은 일을 하고서 같은 결과를 기대하는 것을 말합니다. 이것은 세계 정치에서 우리가 오랫동안 기다려온 많은 믿음이 더 이상 참이라고 생각하지 않는 때를 깨닫는 것이 중요하다는 의미입니다. 세상이 이전과 다르다면, 우리는 그에 맞춰 생각하고, 말하고, 행해야 합니다. 단지 과거로 되돌아가는 것은 미래를 준비하는 데 아무런 도움이 되지 않습니다.

세계는 그저 달라졌다는 것 그 이상입니다. 국제 질서의 구조 자체가 엄청난 전환을 겪고 있습니다. 미국의 국가주의, 중국의 부상, 브렉시트 사건, 세계 경제의 재균형 등이 더 극적인 변화의 사례로 자주 인용됩니다. 사실, 현상은 이런 단순한 몇몇 돌발 사건들보다 훨씬 더 깊숙이 퍼져 있습니다. 우리는 러시아, 이란 또는 튀르키예와 같은 옛 제국들이 인근 지역들에서 더 큰 에너지와 영향력을 통해 돌아오는 것을 목격했습니다. 서아시아는 유난히 불안정한 기준으로 인해 부글부글 끓는 중입니다. 아시아에서 아세안(ASEAN)의 중심성은 예전 같지 않습니다. 아프리카의 인구통계학적 및 경제적 추세를 보면, 이 대륙의 중요성도 더 부각됩니다. 남미는 또다시 다양한 발상들의 격전지입니다.

하지만 우리는 지금 지리학과 정통 정치를 넘어서는 이야기를 하고 있습니다. 권력을 정의하고 국가적 지위를 결정하는 것은 더 이상 과거와 같지 않습니다. 기술, 연결성 및 교역이 새로운 경쟁의 중심에 있습니다. 더 제한되고 상호의존적인 세계에서는 경쟁을 더욱 현명하게 추진해야 합니다. 글로벌 커먼즈(global commons)도 다자주의가 약화되면서 논쟁에 휩싸이고 있습니다. 북극 항로가 열리면서 기후 변화조차도 지정학에 어떤 역할을 하는 요인이 되었습니다. 그리고 코로나 팬데믹은 모든 예상을 뛰어넘는 와일드카드가 되어 있습니다. 요컨대 예전에 겪어보지 못한 수준의 변화가 우리에게 다가오고 있습니다.

오늘날 풍경이 매우 달라졌다면, 그건 인도의 주요 파트너들도 마찬가지로 달라졌습니다. 미국이나 중국의 관련성은 이전 어느 때보다 훨씬 높아졌습니다. 러시아 관계는 다른 나라의 예상을 뛰어넘어 믿을 수 없을 정도로 안정 상태를 유지 중입니다. 하지만 이는 예외이지 규칙이 아닙니다. 일본은 이제 우리의 계산에 아주 중요한 요소가 되었습니다. 유럽의 재발견도 진행되고 있지요. 이제 프랑스는 매우 중요한 전략적 파트너가 되었습니다. 걸프 지역은 매우 효과적인 방식으로 연결되었습니다. 아세안은 더 가까워졌고, 호주와의 관계는 더욱 분명해졌습니다. 이웃이 확장되었다는 강한 인식이 분명히 존재합니다. 아프리카는 개발 지원과 새로운 대사관 개설이 요체입니다. 그리고 우리가 한 외교 활동을 보면 알 수 있듯, 우리의 행동 범위는 남미와 카리브해에서 남태평양과 발트해까지 확장되었습니다. 인도 본국과 가까울수록 전례 없는 투자가 인근 지역에서 일어나고 있는데, 그 결과는 눈에 띄게 분명해지고 있습니다. 이 여러 현실을 한꺼번에 보면, 불과 몇 년 전만 해도 우리의 글로벌 참여 규모와 강도는 이를 다루는 사람들이 알아차리기 어려울 정도의 수준에 머물러 있었다고 봐야 합니다.

이슈와 관계가 달라지면 논쟁도 달라질 것입니다. 따라서 제가 드리는 첫 번째 경고는 일관성에 집착하지 말라는 것인데, 변화하는 상황에서는 그게 별 의미가 없기 때문입니다. 상수(常數)는 분명히 존재하지만 불변의 개념으로 끌어올리는 정도까지는 아닙니다. 오히려 변화를 인식함으로써만 우리는 기회를 이용할 수 있는 위치를 차지할 수 있습니다. 글로벌 역학 관계의 전환 국면에서는 목적의식적인 국익 추구가 쉽지 않지만, 이는 반드시 해야 하는 것입니다. 편견과 선입견이 이를 가로막도록 내버려둬서는 안 됩니다. 인도의 부상을 가로막는 진짜 장애물은 더 이상 세계의 장벽이 아니라 델리의 도그마입니다.

다양한 상황에 대응할 수 있는 능력은 모든 부상하는 국가의 요소입니다. 하지만 변화를 맞는 대부분의 행위 주체들은 고착된 시기에 축적된 '지혜', 즉 양극화 시기에 벌어진 열정적 논쟁을 마주할 뿐이지요. 인도의 경우, 우리는 말과 글에 대한 집착을 마주하기도 하고요. 형식과 과정이 결과보다 더 중요한 것이라 인식되는 경우가 상당히 있습니다. 다행히도 지금의 불연속적 정치는 과거의 관행과 고정된 서사에 도전하는 데 도움이 됩니다. 이는 어떤 정책의 꾸준한 요소들을 고려하는 걸 의미합니다. 즉, 인도의 경우, 공간과 선택지를 확장하려는 지속적인 노력을 의미하지요. 이는 그 자체로 목적이 아닙니다. 그것은 단지 국내의 더 큰 번영, 국경에서의 평화, 우리 국민의 보호, 해외에서의 영향력 강화를 보장하기 위한 것입니다.

분명히 말하건대, 진화하는 세계에서 더 지속적인 목표를 실현하려는 우리의 국가 전략은 정적(靜的)이어서는 안 됩니다. 세계가 양극화에서 단극화로, 그리고 이제는 다극화로 나아가는 것을 본 우리는 이를 잘 알고 있습니다. 하지만 전략의 변화는 더 큰 역량과 야망, 그리고 책임을 충족시킬 필요도 있습니다. 무엇보다도, 이는 변화된 상황에 대응하기 위한 것입니다. 이처럼 전환하는 세계에 접근하면서, 우리는 전제를 정기적으로 재검토하고 계산을 자주 수정해야 한다는 것을 반드시 깨달아야 합니다. 그러기 위해서는 최근 역사를 정확하게 읽는 것이 필수적입니다. 그것을 실천하는 것 자체는, 환경에 대응해야 하는 의무를 높게 평가하도록 격려하는 것일 겁니다. 교리와 개념을 기계적으로 적용하는 것이 아니라는 거지요.

현대 지정학을 냉정하게 평가할 때, 인도가 자국의 이익을 효과적으로 잘 취했다는 견해는 충분히 입증됩니다. 더 나아가 위협을 받았을 때, 주저하지 않고 자신의 과거와 결별할 때, 더욱 그러했다는 것은 분명합니다. 1971년 방글라데시 전쟁, 1992년 경제 및 정치적 위치의 재설정, 1998년 핵실험 또는 2005년 인도-미국 핵협상이 교훈을 주는 좋은 사례들입니다. 사실, 인도는 일련의 혼란을 겪으면서 자신에게 이익이 되도록 하는 결정적인 변화를 가져올 수 있었습니다. 이와는 대조적으로, 상황이 변했음에도 불구하고 겉으로 보기에 일관된 길을 추구하다가 큰 것을 놓치기도 했습니다. 1950년대 중국과의 관계에서 식민 시기 이후의 전선이 오히려 확대된 것이 하나의 사례입니다. 정치적 차이가 국경 분쟁 문제를 첨예하게 만들었고, 티베트 문제로 갈등이 복잡하게 될 때 그러했습니다. 파키스탄이 점차 테러에 더 많이 의존하는 쪽으로 나아갔음에도 불구하고, 파키스탄과의 경험도 비슷했습니다. 어떻게 보면, 이 문제는 현실주의와 강한 안보에 대한 논쟁입니다. 하지만 이것이 실제로 시사하는 바는 인도의 외교정책에 대한 감정적이지 않은 냉정한 평가를 해봐야 할 필요가 있다는 사실일 겁니다.

    인도의 과거 기록은 1962년 중국과의 전쟁처럼 암흑 같은 순간들을 포함하고 있습니다. 또한 1965년 파키스탄과의 전쟁처럼 긴장된 것도 있었는데, 그때는 마지막까지 결과가 팽팽했었지요. 그리고 우리가 큰 승리를 거둔 것도 있는데, 1971년 방글라데시를 만든 전쟁 승리가 그런 예지요. 우리의 과거에는 성공과 실패에 대한 열정적인 논쟁을 불러일으키기에 충분한 상충하는 역사적 경험이 존재합니다. 1991년까지의 지정학과 경제에 대한 오판은 그 직후 개혁주의 정책과 대조됩니다. 그리고 20년간의 핵 개발 유예는 1998년에 실험을 완료함으로써 극적으로 끝납니다. 마찬가지로 11/26 사태[36]에 대한 정부 대응의 부재는 이후 우리와 발라꼬뜨에서의 작전과는 전적으로 다릅니다.

    그게 사건이든 동향이든, 그것들 모두가 가진 교훈에 대해 우리는 철저한 검토를 거쳐야 합니다. 독립 이후 인도의 여정을 되돌아보면, 인도의 역량과 영향력 안에서의 성장 기회를 놓쳐버렸는데, 그 근시안에 따른 결과를 감춰서는 안 될 것입니다. 가지 않은 길은 상상 속에서 하는 연습일 수 있지요. 하지만 마찬가지로, 그것은 하나의 정직한 성찰의 표시이기도 합니다. 자기 계발에 진지한

---

[36] 2008년 11월에 발생한 일련의 테러 공격으로, 파키스탄의 무장 이슬람주의 조직인 라쉬카르-에-타이바의 조직원 10명이 4일간 뭄바이 전역에서 12건의 조직적인 총격 및 폭탄 공격을 감행했다. 세계적인 비난을 받은 이 공격은 파키스탄에서 배를 타고 뭄바이 시내로 잠입해 11월 26일 수요일에 시작하여 2008년 11월 29일 토요일까지 지속되었는데, 마지막까지 거점으로 삼은 따즈 마할 펠리스(Taj Mahal Palace) 호텔에서 가장 크고 긴 점거 테러가 일어났다. 공격자 9명을 포함해 총 175명이 사망하고 300명 이상이 다쳤다. 당시 인도국민회의 정부는 파키스탄에 즉각 보복 공습을 하지 않고 외교전으로 돌입해 그들의 만행을 수년에 걸쳐 전 세계에 알리는 데 주력하였다. 나중에 이 사건은 〈호텔 뭄바이〉라는 영화로 만들어졌다.

세력은 과거에 잘못을 감행하는 것에서 위축되어서는 안 된다는 말이기도 합니다.

독립 이후 인도의 외교정책이 어떻게 전개해왔는지 한번 살펴봅시다. 이는 여섯 단계로 나뉘는데, 각각의 서로 다른 세계 전략적 환경에 대한 대응으로 잘 이루어져왔다고 이해하면 되겠습니다. 첫 번째 단계인 1946년부터 1962년까지는 낙관적인 비동맹의 시대라고 성격 규정할 수 있습니다. 인도가 처한 환경은 미국과 소련이 주도한 두 진영으로 이루어진 양극화 세계 그 자체였습니다. 인도의 목표는 경제를 재건하고 통합을 공고히 하면서, 선택 제한과 주권 약화에 저항하는 것이었습니다. 식민 이후 국가 중 큰형님으로 그것과 함께 가는 인도의 목표는 좀 더 평등한 세계 질서를 추구하기 위해 아시아와 아프리카를 이끄는 것이었습니다. 이 시기는 제3세계 연대의 절정을 보인 반둥과 베오그라드에서 전성기를 구가했습니다. 한국과 베트남에서부터 수에즈와 헝가리에 이르기까지 활발한 인도 외교를 볼 수 있었습니다. 몇 년 동안 세계 무대에서 우리의 입지는 확고해 보였습니다. 그러다 1962년 중국과의 갈등으로 인해 이 시기를 끝냈는데, 이는 인도의 위상에 심각한 손상을 가져다주었습니다.

두 번째 단계는 1962년부터 1971년까지로, 10년 동안의 현실주의와 회복의 시기입니다. 인도는 자원 부족 문제에 접근하면서 안보와 정치적 도전에 대해 좀 더 실용적인 길을 선택했습니다. 이때의 외교는 국가 안보 차원에서는 비동맹을 넘어선 것이었으니, 지금은 대부분이 잊고 있지만, 1964년에 미국과의 국방 협정으로 귀결이 됩니다. 이 취약한 시기에 카슈미르에 대한 외부의 압력, 특히 미국과 영국의 압력이 더욱 커졌습니다. 지구적 상황은 양극화가 여전히 지속됐지만, 미·소 간에 제한적인 수준의 협력이 등장하기도 했습니다. 1966년 타슈켄트 합의[37]처럼 남아시아는 갈등이 수렴되는 특정 지역이 되었으니, 인도는 이 지역에서 양대 강국을 마주쳐야 했습니다. 이때는 국내에서 정치적 혼란과 경제적 난관이 특히 첨예했던 시기이기도 합니다. 하지만 우리에게 중요한 것은, 스트레스 수준은 이전에 비해 더 높았지만 큰 피해 없이 그 불안한 시기를 뚫고 나왔다는 사실입니다.

세 번째 국면인 1971년부터 1991년까지는 인도가 지역 문제에서 좀 더 강하게 주장을 한 시기입니다. 방글라데시를 만들어 독립시킴으로써 인도-파키스탄이라는 균형을 결정적으로 폐기해버린 것에서 시작해, 스리랑카에 인도평화유지군(IPKF) 파견[38]이라는 잘못된 시행으로 끝이 났습니다. 전략적 지형을 뒤집은 1971년의 중국과 미국의 화해는 지금까지 영향을 미치는 더 큰 글로벌 환경을 극적으로 바꾸어놓았습니다. 이 새로운 도전에 대해 인도는 인-소 조약을 체결하는 것으로 국제 문제에서 더욱 친소적인 입장을 채택하게 되었습니다. 그러자 미국-중국-파키스탄의 축이 새로 형성되었고, 그것은 인도의 전망을 심각하게 위협하였으니, 실로 복잡한 국면이 되었습니다. 그로 인해 장기적으로 영향이 많았지만, 다른 여러 가지 요인들로부터 인도의 태도 변화가 훨씬 많이

---

37 1965년에 벌어진 인도-파키스탄 전쟁을 해결하기 위해 1966년 1월 10일 인도와 파키스탄이 오늘날 우즈베키스탄의 수도인 타슈켄트에서 휴전 평화 합의 선언에 서명한 것을 일컫는다.

38 인도평화유지군(IPKF)은 1987년부터 1990년까지 스리랑카에서 평화 유지 작전을 수행한 인도군이다. 1987년 인도-스리랑카 협정에 따라 따밀엘람해방호랑이(LTTE)와 스리랑카 군대 간에 벌어진 장기 내전을 종식하기 위해 당시 인도 수상 라지브 간디(Rajiv Gandhi)가 스리랑카 정부의 요청에 응하여 군대를 투입하였다. 라지브 간디는 이후 정권을 잃고 야당 지도자가 된 후 스리랑카 따밀 반군의 보복 자살 폭탄 테러로 폭사하였다.

발생하지 않을 수 없었습니다. 1991년에 터진 소련과 그 동맹국의 붕괴, 그리고 그 변화와 연결되지 않을 수 없는 경제 위기로 인해 우리는 국내외 정책의 기본을 다시 들여다볼 수밖에 없었습니다.

네 번째 국면은 소련의 해체와 '단극' 세계의 등장으로 특징지어지는 시기입니다. 이 현상은 인도를 광범위한 문제에 대한 근본적인 재고로 몰아갔습니다. 그러고서는 전략적 자율성을 보장하는 쪽으로 그 초점을 옮겼습니다. 인도는 세계에 경제적으로 더 많이 개방했는데, 이는 주로 외교적으로 새로운 우선순위와 접근 방식에 분명하게 드러났습니다. '룩 이스트(Look East) 정책'은 세계 문제에 대한 인도의 변화된 접근 방식을 가장 잘 요약한 것이라 할 수 있으며, 같은 맥락에서 이스라엘에 대한 태도도 변화했습니다.

이 시기는 인도가 미국을 더 집중적으로 개입시키기 위해 손을 뻗은 때이지만, 결정적인 분야에서는 자국의 지분을 지키면서 미국을 끌어들인 시기였습니다. 이러한 전략적 자율성 추구는 특히 핵무기 옵션 확보에 큰 중점을 두었고, 무역 협상에서도 마찬가지로 집중했지요. 세기가 바뀌면서 인도는 이제 다시 한 단계 더 높은 단계로 나아갈 수 있을 만큼 충분히 큰 진전을 이루었습니다. 인도는 1998년 이후 핵무기 보유국임을 선포하였고, 1999년에는 까르길(Kargil)[39]에서 파키스탄의 군사적 모험을 다시 패퇴시켰고, 무엇보다도 세계적인 관심을 끌만큼 충분한 경제 성장을 이룩했으며, 아시아 여러 국가의 발전과 이슬람 근본주의가 끼치는 결과에 아주 집중하는 미국과의 관계를 그런대로 잘 유지해왔습니다.

---

39   1999년 5월부터 7월까지 잠무-카슈미르의 까르길 지역과 부근 통제선(LoC) 부근에서 인도와 파키스탄 간에 분쟁이 일어났는데, 인도가 파키스탄을 물리쳤다. 인도에서는 이 분쟁을 '비자이(Vijay, 승리) 작전'이라 부르는데, 비자이는 당시 암호명이기도 하다.

이후 경쟁이 더 치열해진 환경은 인도에 새로운 기회의 창을 열어주었는데, 이는 특히 미국이 일정한 정도로 단극성을 유지하는 것이 어렵다는 것을 알아차렸기 때문입니다. 그 결과 인도는 다양한 문제에서 다른 강대국과 협력함으로써 얻을 수 있는 여러 혜택을 찾게 되었습니다. 이 다섯 번째 단계는 인도가 점차 균형 잡힌 강대국의 속성을 갖게 되는 단계입니다. 세계와의 관련성을 높이게 되었으니, 그 결과를 도출해내는 능력만큼이나 향상된 것이죠. 이는 인도와 미국의 핵 협상 그리고 서방과의 상호 이해에 잘 반영되어 있습니다. 동시에 인도는 브릭스(BRICS)를 세계의 주요 포럼으로 만드는 데 도움을 주면서 기후 변화와 무역에 대해서도 중국과 공동의 대의를 세우고 러시아와의 관계를 공고히 할 수 있었습니다. 결국, 이 시기는 어떤 의미에서는 인도가 새로운 위치를 차지함으로써 세계의 시침(時針)을 움직이는 기회의 시기였다는 겁니다.

2014년까지 세계에서 여러 발전이 일어났고, 그것들이 모여 지금까지 통용됐던 계산법을 바꾸더니, 여섯 번째 단계가 시작되었습니다. 우선 중국은 더 많은 추진력을 확보하면서, 중국이 세계에 제공하는 참여 조건들이 점차 굳어졌습니다. 여러 사안에서 균형을 맞추는 것은 전환기에 가장 효과적이었고, 따라서 새로운 현실이 뿌리를 내리면서 여러 가지 갈등 사항이 어쩔 수 없이 완화되었습니다. 다른 한편, 미국이 불어대는 승리의 나팔 소리는 점점 의심스럽게 들렸습니다. 이라크 전쟁의 여파로 위험 회피를 하다 보니 미국의 가용 자원 제약도 점점 더 악화되었습니다. 아프가니스탄 철수를 선언하고 아시아-태평양에서 점점 더 미지근한 태도를 보이는 것은 당면한 문제를 훨씬 넘어서는 메시지를 보낸 겁니다. 변화는 다른 곳에서도 이어집니다. 유럽으로서는 정치적 불가지론이 나름의 대가를 치르게 될 것이라는 점을 인식하지 못한 채 점점 더 내부 문제로 침잠해갔습니다. 더 큰 발언권을 얻기 위한 일본의 노력만 계속해서 점진적으로 전개되었습니다. 2008년 금융 위기와 세계 경제 재균형의 본격적인 영향도 다양한 방식으로 나타났습니다. 세계가 더 광범위한 힘의 분산과 더 많은 지역화된 방정식을 목격하게 되면서, 이제 다극화가 우리에게 심각하게 다가오고 있다는 사실이 분명해졌습니다. 분명히 말하건대, 이것은 더 제한된 주요 강대국들과 함께 정치를 실천하던 때와는 매우 다른 접근 방식을 요구했습니다.

이러한 상황에 직면하고 글로벌 체제와 연합체의 상태를 평가하면서 인도는 더 활발한 외교를 선택하는 쪽으로 나아가기로 했습니다. 인도가 그렇게 하게 된 것은, 이제 융합과 이슈에 기초한 합의의 세계로 진입하고 있다는 걸 인식하면서부터였습니다. 이러한 사실을 알게 된 것은, 자기 능력을 깨닫는 힘이 동반되면서였습니다. 인도가 끌어낸 것은 다른 나라의 한계뿐만 아니라 세계가 인도에 대해 갖는 기대이기까지도 합니다. 물론 다들 인정하듯, 가장 중요한 것은 우리가 세계 주요 경제권 중 하나로 부상했다는 사실입니다. 글로벌 기술력에 대한 우리의 실력이 어떤 관련성을 갖느냐는 또 다른 문제지요. 앞으로 성장할 가능성이 큰 문제라는 겁니다. 세계가 말을 아끼고 있는 상황에서 우리가 더 큰 책임을 질 수 있는 능력 역시 분명합니다. 이에 못지않게 중요한 것은 기후 변화에 관한 파리 협정과 같은 주요 글로벌 협상을 주도하려는 의지입니다. 남반구와의 개발 협력에 더 많은 자원을 투자하는 것도 주목할 만한 일입니다. 그리고 우리가 우리 지역과 더 확장된 이웃 지역에 접근하는 방식은 예상 너머의 반향을 일으켰다는 사실도 절대로 간과할 사항이 아닙니다.

여섯 단계는 모두 각각 최고점과 최저점을 가지고 있습니다. 하나의 결말은 또 다른 것의 시작이 될 수도 있습니다. 1971년 방글라데시 전쟁이나 1998년 핵실험은 긍정적인 측면에서 두드러집니다만, 부정적인 측면이 더 직접적으로 구체적 변화의 원인이 되었을 수도 있습니다. 1962년 중국에 역전당하던 것이 한 예지요. 1991년에는 걸프전, 소련의 해체, 경기 침체와 국내의 소요와 같은 다양한 사건이 복합적으로 발생한 것도 또 다른 예가 됩니다. 따라서 과거에 대해 도그마로 접근하지 않으면서도 그것을 무시하지 않는 것도 중요합니다. 우리 정책에는 연속성과 변화의 두 유형이 있으니, 이 점을 높이 평가하는 게 결정적으로 중요합니다. 개념적으로 볼 때, 각 시기는 이전 시기를 부정하거나 외삽된 것이 아닌, 이전 시기에 중첩된 것으로 볼 수 있습니다. 따라서 비동맹을 추진했고, 그러고 나서는 우리의 전략적 동등함을 옹호하던 그 독자적인 사고방식이 오늘날 복합적 파트너십을 통해 더 잘 표현될 수 있게 된 겁니다.

우리가 앞으로 도전해나가야 할 길을 생각해보면, 지난 70년간의 외교정책은 우리에게 분명히 많은 교훈을 줍니다. 그것들은 시기적으로나 결과적으로 폭넓게 걸쳐 있습니다. 우리의 성과에 대해 냉정한 평가를 해보면, 일부 경쟁자들이 더 잘하기는 했지만, 우리 자신이 아주 잘못하지는 않았다는 것을 주목할 것입니다. 인도는 많은 도전을 극복하면서 국가적 단일성과 통합을 공고히 했습니다. 소련과 유고슬라비아 같은 다른 다양한 사회들은 성공하지 못했다는 점을 주목해보면, 우리의 성과가 그저 주어진 것은 아니었습니다. 산업 능력을 갖춘 현대 경제가 시간이 흐르면서 발전했고, 농업에서 자연에 대한 의존이 점차 줄어들었습니다. 국방 준비력이 향상되었고, 외교의 중요한 업적 중 하나로 다양한 장비와 기술 원천에 접근할 수 있었습니다.

하지만 70년의 독립에도 불구하고, 국경의 많은 부분에서 문제가 여전히 해결되지 않은 채 남아 있습니다. 경제적인 측면에서는, 우리 과거를 되돌아 비교해보면 좋아 보일 수 있으나, 중국이나 동남아시아와 비교했을 때 조금 다르게 보일 수도 있습니다. 여기에서 정말 중요한 것은 우리 자신의 성과에 대해 냉정한 인식을 지니는 것입니다. 평가는 그것을 발전시키는 데 도움이 되면서, 어쨌든 간에 반드시 냉정히 그 시대의 맥락과 대조할 때, 우리에게 유익한 것입니다.

치열하게 싸워 독립한 것은 우리의 정책 진화에 실타래처럼 작용합니다. 그래서 비동맹이란 도대체 무엇인지에 대해 그 이해를 업데이트해야 하고, 그런 이해 위에서 시작하는 것이 유용할 것입니다. 1962년이 될 때까지, 인도의 노력은 냉전이 창조해놓은 두 진영으로부터 최고의 이익을 뽑아내는 것이었습니다. 서방으로부터 경제적 지원을 확보하고 식량 원조를 받는 데 성공했고, 동시에 소련 블록으로부터 산업화에 대한 협력도 모색했습니다. 안보상의 필요를 위해서는 인도는 두 진영 모두에 접근하는 데 상당한 성공을 거두었고, 궁극적으로는 소련으로부터 적절한 역량을 확보했습니다.

중국도 다른 방식으로 같은 시도를 이행했습니다. 야망은 더 컸고, 일관성은 더 떨어졌습니다. 사실, 한 진영의 꾸준함과 다른 진영의 혼란스러운 전환은 대조적입니다. 각자가 상대의 접근 방식을 채택할 수 있었을지는 모두가 다 품는 의문입니다. 어쩌면 각자가 택한 그 방식들은 각자의 성격을 그대로 드러낸 것일지도 모릅니다. 중도는 단지 인도를 위한 정책적 선택이었던 것은 아닙니다. 그것은 모순된 구조에서 끌어낸 것이기도 합니다. 인도는 식민지 이후 경제, 사회, 정치적으로 광범한 네트워크가 서구와 함께 연결되어 있었지만, 냉전의 압력으로 그에 대한 과도한 밀착은 막혔습니다. 소련과는 계획 경제 모델과 산업의 열망이 다원적인 정치적 신념과 균형을 이루는 열정을 만들어냈지요. 인도가 국가 통합을 강화하는 과제를 수행하면서 두 진영은 서로 다른 시점에서 인도의 이익에 이바지했습니다. 가장 중요한 것은 많은 여러 국가가 자유를 되찾고 있는 시점에서 그들이 인도가 정치적 공간을 확장하는 데 도움을 줬다는 것입니다. 이로써 1950년대까지 인도는 독자적인 지지층과 브랜드를 구축할 수 있는 리더십 기회를 제공했습니다.

폭넓은 개념이 항상 정책, 이해관계, 결과로 쉽게 연결되는 건 아닙니다. 비동맹도 예외가 아니었습니다. 인도가 서구와 관계한 것의 상당 부분은 유럽 중심적이었으니, 미국의 새로운 우위에 충분히 부응하지 못한 것이었습니다. 이는 파키스탄의 엘리트들이 새로운 초강대국과 결정적인 관계를 키워내는 것과 대조되었습니다. 더 큰 글로벌 무대에서 우리가 미국과의 거리를 두는 것은 파키스탄에 대한 미국의 지지를 공고히 하는 데 도움이 되었고, 결국 1965년 파키스탄이 전술적으로 우월한 위치에 도달하게 되었습니다. 다른 한편으로는 소련과 공개리에 같은 정치를 한 것은 때 이른 결실을 수확하게 했으니, 유엔의 잠무-카슈미르 문제에 대한 지원도 이에 포함됩니다. 국방에 관한 여러 차원은 더 많은 시간이 걸렸습니다. 하지만 소련의 중국에 대한 이념적 연계는 압박받는 상황에서조차도 계속되었으니, 결국 1962년 중국-인도 전쟁에서 소련의 역할은 매우 제한적이었습니다.

비동맹 외교가 인도 외교의 양자-다자 균형에도 영향을 미쳤다는 사실은 상당히 흥미롭습니다. 글로벌 위상을 추구한 것은 때로는 국가 이익을 좁히는 대가를 치르기도 했습니다. 명백하게 국제적 영향력은 커졌으나, 결국에 가서는 치명적인 전환으로 귀결된 것이죠. 1960년 네루의 파키스탄 방문과 1962년 중국 전선이 악화될 당시, 인도의 주요 인사들이 유엔의 의무에 몰두한 것은 인도의 외교 우선순위에 대한 많은 것을 말해줍니다. 물론 진실의 순간은 1962년 분쟁 그 자체였지요. 인도가 권력에 대해 이해가 부족하다는 것은 그 준비와 실제 행동 양쪽을 통해 확인되었습니다.

우리는 1962년 이전까지 마치 여러 사건이 미리 정해져 있었다고 생각하는 경향이 있습니다. 사실 중국의 '배신' 서사는 정책 결정의 최고위 수준에서 맞아야 할 처참한 실패에 대해 져야 할 책임을 완화하기 위해 고안된 것이었지요. 그 서사는 뿌리를 깊이 내렸고, 이후 중국의 악마화는 이 시기 인도-중국 관계를 객관적으로 분석하는 데 방해가 되었습니다. 국경 주장의 정당성과는 별개로, 인도로서는 자국의 큰 부분을 차지하는 중국에 대해, 마땅히 다루어야 할 문제가 상당히 있다는 겁니다.

1950년 중국의 티베트 진출 이후 인도 시스템 내부에서는 현재의 공통 국경이 된 것을, 확정하는 모종의 조치를 취했어야 하는 시에 대한 진지한 논의가 있었습니다. 이 목적을 위해 진지하게 뭔가를 제안하는 일은 정책결정자들의 몫이었기 때문에, 이 문제를 전적으로 가설에 근거한 것일 뿐이라고 할 수만은 없습니다. 이러한 내부 담론은 사르다르 빠뗄(Sardar Patel)[40]이 네루 수상에게 보낸 유명한 편지에 들어 있었습니다. 그런데도 뭔가의 조치를 하지 않

---

40 본명은 발랍브바이 빠뗄(Vallabhbhai Patel). 인도 민족운동을 이끈 지도자 가운데 한 사람. 독립 후 1947년부터 1950년까지 인도 최초의 부총리 겸 내부부 장관을 역임한 정치인. 독립 후 국가건설 과정에서 많은 토후국을 인도 연방 안으로 통합시키는 데 큰 공을 세웠다.

았던 것은, 아마도 일단 마찰을 피하고 싶은 마음에서, 이런 문제를 꺼내는 것을 뒤로 미루고 싶어서였겠지요. 당시 중국은 사실 국제적으로 아주 고립되어 있었고, 티베트에 관한 입장은 1959년 이후처럼 굳어진 상태가 아니었습니다. 어려운 이슈를 앞두고, 심각한 건 그 문제 자체보다 일단 결정을 뒤로 미루는 경향입니다. 핵 문제와 관련해서도 마찬가지였으니, 결정권자들은 어려운 선택을 회피하였지요. 1962년 중국과의 전쟁 당시에도 이러한 태도로 의사 결정에 있어서 군 지도부의 개입이 제한되었던 겁니다. 오히려 실패라는 신호를 처음 받았을 때, 우리는 당사자가 아닌 다른 사람에게 도움과 조언을 구했으니까요.

1962년부터 10년 동안, 인도는 비록 일부 땅밖에 되찾지 못했지만, 냉정하게 볼 때 재기에 성공했습니다. 국내적으로 인도는 패배의 충격을 극복하려 애썼고, 서방의 지원에 대한 대가를 지급하면서까지 잠무-카슈미르 영토를 파키스탄에 넘기는 것에 저항했습니다. 승계 과정에서 정치적 불안이 드러났고, 몬순에 기댄 농업이 몬순이 제때 오지 않아 크게 곤욕을 치렀으며, 그로 인해 발생한 경제적 고통이 더욱 가중되었습니다. 이 시기 따밀나두에서 뻔잡에 이르기까지, 국내의 많은 지역에서 발생한 정치적 동요는 독립 첫해에 달성한 안정의 메시지를 무색하게 만들었습니다. 완전히 잘못된 것이라고는 할 수 없지만, 인도는 '위험한 10년'에 접어들었던 겁니다. 세계 자체는 여전히 양극화가 심했지만, 두 초강대국은 이제 중국을 견제하기 위해 노력하는 데 공동의 관심을 쏟고 있었습니다. 강대국들이 쏟은 바로 이 공동 노력의 핵심 중 한 곳이 바로 인도라는 사실은 매우 의미 있습니다. 중국 전선이 비교적 안정적으로 유지되는 동안, 중국은 문화대혁명으로 인해 미끄러져 있었고, 파키스탄 전선은 점점 더 위험해지다가 1965년에 급기야 분쟁이 터졌습니다. 결국, 초강대국들은 하나같이 타슈켄트에서 인도에 어려운 타협을 받아들이라고 강요하는 데 큰 역할을 했습니다. 경제적 어려움이 심화되고 미국의 베트남 문제에 대한 압력이 가중되는 가운데, 인도는 소련이 파키스탄에 교섭을 제안한 것을 목격하게 됩니다. 이는 당시 아대륙의 현실을 어떻게 읽어내야 할 것인지를 보여줍니다. 이 시기에는 하나는 원인으로 또 다른 하나는 결과로 나타난 현실주의의 두 가지 놀라운 사건이 있었습니다.

첫 번째 파키스탄의 중재로 이루어진 1971년 중국-미국 화해는 세계의 전략 시나리오에 근본적인 변화를 가져왔습니다. 그리고 두 번째는 인도-소련 조약이라는 형식으로 도출된 두 직접 당사자의 대응이었습니다. 이러한 선택은 인도 입장에서 비동맹과 전략적 안보 사이의 타협을 의미합니다. 물론, 촉발 요인은 결국 인도와의 갈등으로 이어진 파키스탄 지도부의 결정이었습니다. 이와 관련하여 인도가 국제 외교에서 그렇게 의기양양하던 시절에 그렇게 강경한 요구가 있었다면, 그것을 인도가 받아들였을지 어떨지 깊게 생각해보고 싶은 욕망이 듭니다. 어쨌든, 우리는 알 수 없지만, 사실로 나타난 것은, 1971년 방글라데시 전쟁에서 거둔 승리는 1962년의 패배를 역전한 것이고 이것이 국가의 부분 회복을 의미한다는 것입니다. 더 중요한 것은 인도가 파키스탄과 팽팽함을 깨버리고 더 큰 지역주의 국면을 열었다는 점입니다.

사실 이 시기는 1962년 이전의 경향에 역행하는 것이었고, 어쩌면 결과 그 자체보다 더 중요한 의미를 지닌 시기로 평가되어야 합니다. 1965년 분쟁 초기 잠무-카슈미르 너머로 확대하려는 강한 의지가 한 예입니다. 이는 파키스탄이 오랫동안 준비한 시나리오는 아니었습니다. 우월한 무기를 가진 파키스탄 군에 맞서 인도의 입장을 고수했던 것은 또 다른 문제입니다. 1965년과 1971년 모두

군부는 더 많은 발언권과 여지를 부여받았고, 그 결과 두 경우 모두 더 나은 결과를 만들어냈습니다. 1967년의 나투 라(Nathu La) 분쟁[41]에 대한 대응도 이에 해당합니다. 1971년에는 소련과의 조약 체결이라는 급진적인 조치를 포함해 무력 사용에 대비한 훨씬 더 나은 전략이 수립되어 있었습니다. 오늘날 대조적인 두 시기의 교훈이 있는데, 그 가운데 하나는 인도 국가 안보 시스템 안에서의 더 큰 수평적 통합에 관한 것이고, 또 하나는 피할 수 없는 도전에 대한 대응을 겪으면서 도달한 생각에 관한 것입니다.

그다음 국면은 1971년 전쟁에서 결정적인 성과를 낸 것을 기점으로 시작합니다. 파키스탄을 쪼개버린 것, 그 자체는 중대한 결과를 낳았는데, 그건 남아시아의 다른 지역에서는 그 어떤 것도 잃은 바가 없는 것이었습니다. 전쟁 중 미국과 중국은 파키스탄을 지원하려는 어설픈 시도를 한 바 있는데, 그건 의도하지 않은 방식으로 인도의 위상을 드높인 것이 되었을 뿐입니다. 꾸준히 지평을 확대하는 것은 강대국의 본질이고, 인도가 그 여파로 해낸 것이 바로 그것입니다. 그래서 짧은 시간 안에 미국과의 관계 개선을 위한 시도가 있었고, 이는 1973년 헨리 키신저의 방문으로 이어졌습니다. 키신저 자신도 이것이 1971년 사건 이후 균형을 회복하려는 시도라는 것을 알고 있었습니다. 따라서 1974년 인도의 핵실험에 대한 미국의 반응은 놀랄 정도로 냉철했습니다. 1976년 인도가 중국과의 관계를 정상화하고 15년 만에 대사를 다시 파견하기로 결

---

41 나투 라는 중국 티베트와 인도 시킴주 사이의 히말라야 동캬산맥에 있는 고개[嶺]다. 중국이 1950년 티베트를 장악하고 1959년 티베트 봉기를 진압한 후 시킴으로 가는 이 고개는 티베트 난민이 인도로 가는 통로가 되었고, 1962년 중국-인도 전쟁 중 이 고개에서 양국의 교전이 발생했다. 1965년 이후 일촉즉발의 상태에 놓여 있다.

정한 것은 사실 인도에 더 어려운 일이었습니다. 두 가지 모두 선택의 폭을 넓힌 것으로 볼 수 있습니다. 나아가 유럽에서 제3의 옵션을 계발하려는 노력에서도 찾아볼 수 있으니, 재규어, 미라주, HDW 잠수함을 인수한 것이 이러한 헤징의 증거입니다. 1982년과 1985년 인도 수상의 미국 방문, 그리고 경전투기를 포함한 국방협력의 잠정적 재개가 또 하나의 징후였습니다. 중국과 국경협상이 1981년 재개되었고, 1988년 지도부 차원의 논의 시점에 이르게 되었습니다.

인도의 위상이 높아진 데 따른 실질적인 영향은 바로 이웃 지역에서 가장 크게 느껴졌습니다. 가장 중요한 도전은 파키스탄이었는데, 1972년 시믈라(Shimla)에서 인도는 관용을 선택했습니다.[42] 소련을 포함한 국제 사회의 압력이 없었던 것은 아니었습니다. 파키스탄 정치의 방향을 설정하려는 자연스러운 바람도 있었습니다. 하지만 주어진 선택의 폭에서 나온 그 결과에 대해 당대의 관찰자들조차 놀랐습니다. 부정적인 영향이 나타나기까지는 시간이 좀 걸렸지만, 그렇다고 해도 인도가 자국의 이익을 주장하는 것은 과거에 했던 것보다 더 강력했습니다. 결정적으로 시아첸(Siachen) 빙하 문제[43]로 사안을 옮긴 것은, 더욱 커지는 우려를 다룬 것이었습니다. 스리랑카에서는 민족 분규에 대한 불안감을 인도가 보장하는 해결책으로 전환하고자 했습니다. 주도권이 잘못되었다는 것은 또 다른 문제입니다. 그것을 떠맡는 것 자체가 아무런 확신도

---

[42] 1971년 방글라데시 해방 전쟁에서 인도가 개입하여 파키스탄과 전쟁을 치른 후 1972년 7월 2일 인도의 북부 도시 시믈라에서 평화조약을 체결했다. 이후 동파키스탄이 방글라데시로 독립하였다.

[43] 시아첸 빙하는 히말라야 동부 카라코람산맥의 빙하로, 파키스탄이 시아첸 빙하에 대한 영유권을 주장하고 있으나 1984년부터 인도 관리하에 있다.

없이 한 행동이었습니다. 인도는 몰디브가 용병들의 공격을 받았을 때 다른 강대국들과 협의하여 군대를 보내는 방식을 택했습니다.[44] 인도는 남아시아든 중국이든 상관없이 국가 안보에서 자국의 지분을 지키려는 움직임을 보였습니다. 인도양에서 역외 해군의 존재를 제한하는 외교전도 펼쳤지요. 전반적인 상황을 개괄하면, 자국의 이익을 보호하는 지역 세력이 커지는 모습이 펼쳐지지만, 그와 마찬가지로 즉각 호응하는 이웃 공동체를 만드는 데 더 많은 희망을 품게 되었습니다.

그렇다고 해서 이 시기 내내 인도가 선택한 길을 따라 일이 진전되었다고 주장하는 것은 아닙니다. 1975년 8월 다카에서 발생한 셰이크 무지브(Sheikh Mujib) 암살 사건[45]으로 인해 인도는 1971년에 얻은 이익을 상당히 까먹어버렸습니다. 냉전 시기의 정치는 1975년 UN 안보리 선거에서 파키스탄이 이슬람 세계를 동원해 인도를 봉쇄한 것과 엮이기도 했습니다. 1979년 중국의 베트남 공격으로 인해 인도는 정책 수정을 잠정 중단했는데, 아마도 인도 정책을 만들어가는 길에 심각한 타격을 주었을 것입니다. 그리고 소련의 아프가니스탄 점령은 파키스탄에 대한 미국의 군사적 지원을 다시 시작하도록 만들었고, 그로 인해 일은 더욱 복잡해졌습니다. 사실 이 판은 더 큰 이슬람 근본주의의 부활을 가져왔기 때문

---

[44] 1988년 일군의 몰디브 사업가들이 스리랑카의 따밀 엘람 인민해방기구의 무장 용병들의 도움을 받아 몰디브 정부를 전복하기 위해 쿠데타를 시도했다. 이때 인도에서 특수부대원을 파견해 몰디브 대통령을 구출하고 쿠데타를 진압한 후 정부를 복원했다.

[45] 방글라데시 초대 대통령 셰이크 무지브와 그의 가족 대부분이 1975년 8월 15일 새벽 군부 쿠데타 세력에 의해 암살당한다. 이 암살은 방글라데시의 민간 행정 중심 정치에 군이 직접 개입한 최초의 사건이었고, 이후 8월 15일은 방글라데시의 공식 공휴일인 국가 애도의 날로 지정되었다.

에, 특히나 사태를 악화시켰습니다. 중국이 문화대혁명에 허덕일 때 뒤로 물러나 있던 중국-파키스탄 협력도 다시 활발해졌습니다. 중국-파키스탄 협력이 갖는 세 가지의 핵심 요소는 1979년 카라코람 도로를 통한 양국 간의 물리적 연계, 강력한 핵과 미사일 협력, 아프가니스탄에서의 작전과 관련된 협력입니다. 이 모두는 오늘날의 인도의 외교정책에 영향을 미치고 있습니다.

중국이 인도 국경의 동부지구와 관련하여 협상 태도를 바꾼 것도 그 못지않은 중요한 일이었습니다. 또, 파키스탄에 관한 새로운 적대감이 아프간 문제에 대한 서방의 적대감과 섞이면서 칼리스탄 운동[46]이 대외적으로 커지는 비옥한 토양을 제공했습니다. 지원의 근거라는 관점에서 보면, 인도는 소련의 아프가니스탄 주둔에 발목이 잡혀버렸으니, 이로써 모든 상황에서 이길 수 없게 되어버렸습니다. 인도와 마찬가지로 소련도 동시에 압박을 받게 되면서 양국은 한층 더 가까워졌습니다. 인도 입장에서 세계적 차원의 모순을 효과적으로 이용하려 시작한 일이 결과적으로 교착 상태에 빠져버렸습니다.

1980년대는 아마도 1960년대보다 훨씬 더 많은 통찰력을 제공했을 것입니다. 그건 이 시기가 그야말로 전환기이기 때문이지요. 그중 세 가지는 특별한 관심을 기울일 가치가 있습니다. 세계 정치의 판도를 읽을 수 있었던 아프가니스탄 문제, 스리랑카에 지상군을 파견했던 것, 그리고 중국이 모순을 즐기며 이익을 얻었던 것입

---

[46] 시크 분리주의자들이 추진하는 시크 독립국 건설 운동. 그들은 시크가 다수인 뻔잡주에 시크 공동체인 '칼사의 땅' 즉 칼리스탄을 건국하고자 한다. 이들 분리주의 무장 반란은 1980년대 초에 본격화되었고, 인디라 간디 수상이 벌인 무장 반란군 소탕 작전과 1984년 델리에서 벌어진 시크교도 학살에 대한 보복 차원으로 국내외에서 극심한 테러를 통한 독립 운동을 벌였다.

니다. 의심의 여지없이 가장 의미가 큰 것은 아프가니스탄의 지하드였습니다. 돌이켜 보면, 인도는 서방국가들이 소련에 피해를 끼치기 위해 아프간을 어느 정도까지 이용할 수 있는지에 대해 잘못 판단했습니다. 더 중요하게, 서방의 지원으로 파키스탄이 자국의 핵 개발 프로그램을 관철할 수 있는 여지를 만들어주었다는 점입니다. 하긴 인도가 상황을 좀 더 제대로 파악했더라도, 그 문제에서 선택의 여지가 별로 없었다는 주장도 얼마든지 가능합니다. 하지만 이 사건들의 결과를 극복하는 데는 한 세대가 족히 걸렸습니다. 오늘날 그 첫 지하드가 다시 서방국가들을 괴롭혔다는 사실은 대리만족을 불러일으킬 수 있습니다. 하지만 설사 그렇다 하더라도, 이 시기에 입은 우리의 전략적 피해 역시 아무리 강조해도 지나치지 않습니다. 소련에 미친 재앙스런 영향에 대해서는, 그 당시 경험 많은 분석가들도 이를 전혀 예측하지 못했던 일종의 블랙 스완이었습니다.

마땅히 받아야 할 관심보다 덜 주목을 받은 두 번째 문제는 스리랑카에서의 평화 유지를 위한 개입 문제였습니다. 미국은 불과 몇 년 전 레바논에서도 이와 비슷한 경험을 했습니다. 문제는 해외에 지상군을 파견하는 것과 관련된 것입니다. 현지 주민의 태도 및 이해관계에 대한 제한된 이해, 준비 부족, 정보 부족 및 대게릴라전 전술 등 지적할 것이 여럿입니다. 흥미로운 것은, 같은 시기 인도군은 뻔잡과 잠무-카슈미르에서 분리주의 세력과 싸우는 데 엄청난 투지와 결의를 보였다는 사실입니다. 이러한 자신들의 기억이 사라지고 해외 주둔군 파병 요구가 수시로 반복되기 때문에, 인도가 지급해야 할 대가라는 의무를 신중히 따져봐야 합니다.

특히 중국의 부상은 인도에 큰 시사점을 줍니다. 1970년대 말부터 인도는 외교적으로 소련에 대항하는 연합전선을 구축하려는 노력을 추진하고 있었습니다. 이는 닉슨 행정부가 1971년 방글라데시 전쟁에 개입하려는 요구에도 불구하고, 간접적이라도 개입을 꺼렸던 것과는 사뭇 대조적입니다. 이 시기에 변한 것은 인도가 미국과 소련 사이에서 협력 관계의 연결을 끊겠다는 의지가 강해졌다는 것인데, 이는 중국의 전략적 공간을 위축시키려는 의도였습니다. 이를 위해 베트남과 아프가니스탄 전쟁을 모두 활용했습니다. 그래서 서방 투자의 흐름에 유리한 정치적 환경이 조성되었습니다. 그랬던 것만큼 톈안먼 사태 당시에조차도 해외에서는 그 피해를 줄일 수 있는 지지 세력이 충분히 존재했습니다. 소련이 해체되면서 중국은 전략적 목표 이상을 달성한 상태에서 방향을 바꾸었고, 급기야 압박받는 러시아와 화해했습니다. 이 시기를 인도 입장에서 평가하자면 우리의 경쟁자는 더 큰 위험을 감수하고 전략적 명확성을 추구하려는 경제 성장의 면에서 10년이나 앞서 나갔을 뿐 아니라 지정학적 힘의 균형의 면에서 매우 유리하게 되었다는 사실을 직시해야 합니다.

1960년대는 정치적 불확실성과 국가적 취약성 때문에 위험한 10년이라고 불렸지만, 이 용어는 1990년대에도 적용될 수 있습니다. 1991년 국제수지 위기는 이전 세대의 정책 성과가 누적된 결과의 정점을 찍었을 뿐입니다. 그로부터 사반세기가 지난 지금, 이 사건에 관한 문헌은 대부분 국내 문제에 큰 초점을 맞추고 있습니다. 그러나 외교정책 상황도 그에 못지않게 충격적이었고, 회복의 길을 모색하는 데는 상당한 실력과 용기가 필요했습니다. 소련의 해체는 1971년 이후, 어쩌면 1955년 이후 지속된 인도 외교정책의 기본 전제를 끊어버렸습니다. 설상가상으로 해체 직후 러시아는 거의 전적으로 서방에 집중하면서 인도와의 관계를 간단하게 격하시켜버렸습니다. 이러한 상황에서 인도의 대응은 매우 성숙했습니다다. 러시아의 중요성을 유지하면서 미국과 훨씬 더 집중적으로 관여하는 동시에 중국과도 손을 내밀었습니다. 이 시기에 인도 경제가 개방된 것도 이러한 관계에 분명 도움이 되었습니다.

이러한 변화의 시기에 아세안은 인도와 아시아 경제 간의 교류를 촉진하고, 불안정한 외교정책의 새로운 구심점 역할을 하는 데 매우 중요한 역할을 했습니다. 아세안과의 협력 관계 확대와 인도의 아세안지역안보포럼(ARF)[47] 가입의 중요성은 그 당시에 예견될 수 없었던 장기적인 의미를 지니고 있었습니다. 그것은 인도의 사고를 변화시켰을 뿐만 아니라 일본과 한국의 관계 발전을 위한 길을 열었습니다. 여러 면에서 이 조정의 시기는 인도가 국제 문제에서 더 큰 편안함으로 여러 축으로 운영될 수 있는 기반을 마련했습니다.

이 국면은 인도의 외교정책이 상정해놓은 주요 기준에 의문이 제기되었을 때, 그 어려운 상황에서 탈출할 길을 모색하면서 전개되었을 수 있습니다. 그렇지만 그것은 적절한 시기에 전략적 자율성에 대한 더 큰 방어로 발전했습니다. 흥미로운 건, 내부적으로도 그 한계선이 명확하게 된 것은 외교가 실질적인 스트레스를 받았을 때였습니다. 첫 번째 압박 포인트는 핵무기 옵션이었으니, 초기 도전 과제는 공개적 대립 없이 그것을 계속 발전시키는 것이었습니다. 포괄적핵실험금지조약의 틀이 잡힌 방식은 마침내 인도가 무기 옵션을 행사할 수밖에 없었다는 겁니다.

이와 유사한 도전이 있었으니, TRIPS(무역 관련 지적 재산권에

---

[47] 1994년 공식 출범한 아세안지역안보포럼(ARF)은 아세안의 역내 안보정세와 초국적 안보위협을 주로 논의하는 아태 지역 유일의 다자안보협의체다. 아세안 10개국 등 27개국이 참여하는 국제회의체로, 인도는 1996년 대화상대국 자격으로 참여하였다.

관한 협정)와 교토의정서(기후변화협약의 수정안) 협상에서도 서방의 요구에 직면해 경제개발 이익을 보호하는 데 어려움을 겪은 겁니다. 바로 이 교차로에서 인도가 한층 더 취약하게 된 이슈가 있었으니, 잠무-카슈미르의 정세 악화라는 국내 문제였습니다. 이를 국제 문제로 삼으려는 시도와 오래 유지되어왔던 미국의 입장이 위협적으로 바뀌면서 심각한 우려를 낳았습니다. 이 난관 상황을 상당히 능숙하게 해결한 건 해당 세대의 리더십 덕분입니다. 어떤 경우에는, 이스라엘과의 관계 개선 같은 오랜 현안 해결책이 도움이 된 것도 있었습니다. 인도는 그 10년 동안의 끝 무렵에 경제가 눈에 띄게 성장했듯이, 때로는 조정하고 때로는 주도하면서 둘을 결합해 입지를 괄목할 만큼 개선했습니다. 1998년 핵실험과 핵무기 보유 선언은 계속 이어져온 딜레마를 완전히 해소했을 뿐 아니라 이후 강대국으로의 성격을 확실하게 보여주었습니다. 이는 실로 획기적인 사건으로 자리매김합니다.

파키스탄이 인도와 동등한 대우를 받게 되는 국제 사회의 허가는 지연되었습니다. 그 결과 파키스탄이 달성한 정치적, 경제적 결과는 자신들이 취한 조치의 가치를 크게 떨어뜨렸습니다. 핵무기 생산 1년 후 터진 까르길 분쟁은 파키스탄 문제를 다시 해결하는 쪽으로 방향을 잡았고, 인도는 그를 통해 자국의 책임감을 무겁게 보여주는 계기로 삼았습니다. 같은 시기 인터넷 경제의 확산은 미국과 새로운 밀착 관계를 형성했고, 인도는 세계적인 기술 강국으로 확고히 자리매김했습니다. 푸틴 대통령의 취임과 함께 나타난 러시아 부활의 약속은 인도에 희망의 언약 메시지로 한 세기를 마무리했습니다.

21세기 초 국제정세는 문제의 조짐들이 수면 위로 드러나기 시작했지만 초기에는 미국 중심의 단극 체제가 계속되었습니다. 미국의 기술 우위는 신흥국의 꾸준한 성장을 덮어버렸습니다. 아마도 이 때문에 미국은 중국의 급속한 경제 성장과 엄청난 무역 기회의 싹쓸이 가능성을 과소평가했습니다. 유고슬라비아에서의 분쟁은 곧 닥칠 장기적 위협을 의식하지 않은 채 서구 강대국의 권위를 다시 한번 확실하게 입증하는 계기가 되었습니다. 그러니, 이 시기 인도와 미국의 관계가 크게 발전하고, 성장을 제약하는 여러 문제를 뒤로 미루고자 한 것도 그리 놀라운 일이 아닙니다.

까르길에서의 경험은 미국과의 신뢰 수준을 높였고, 2004년에는 '전략적 파트너십 차후 단계(Next Steps in Strategic Partnership (NSSP)'[48]라는 다소 어색한 제목으로 양국은 수출 통제 규제를 더 적극적으로 해결했습니다. 2005년 인도-미국 핵 합의 이후는 당시보다 덜 대담해진 걸로 보입니다. 하지만 핵 문제에서 좀 더 큰 돌파구를 마련하는 데 중요한 발걸음을 내디뎠다는 게 중요합니다. 그사이 9·11 테러와 미국이 다시 아프가니스탄으로 돌아가는 국제 정세의 상전벽해와 같은 변화가 있었습니다. 인도는 이 기회에 능숙하게 대처했고, 인도를 미국을 위로할 만하고 기꺼이 협력할 수 있는 이해심을 가진 파트너로 자리매김했습니다. H-1B 프로그램[49]을 도입한 결과 미국 내 인도인 공동체가 안정적으로 성장했고, 미국 정치에서 자신들의 이해관계에 대한 적극적인 관심을 지니도록 하는 능력을 확보했습니다. 인도-미국 관계의 변화를 주도한 두 가지 요인은 테러와 기술이었고, 이는 이번에는 인도에 새로운 전

---

[48] 2004년 1월 미국과 인도가 핵, 우주, 미사일 방어, 첨단 무역 및 상업, 군사 등 전략 분야에서의 협력을 위해 발표한 외교 이니셔티브.
[49] 미국 영토 내 위치한 특정 규모 이상 사업장의 지원(Sponsorship)을 통해 신청할 수 있는 미국의 단기취업비자 카테고리 중 하나로, 미국에서 외국인 노동자로 일할 수 있게 하는 비자.

망을 열어주었습니다. 두 경우 모두에서 사건 자체의 중요성만큼 인도 정부가 기회를 포착하는 데 능숙했다는 점을 중요하게 인식해야 합니다.

미국과 획기적인 관계 개선을 시작하면서도, 인도는 다른 중요한 측면에 있어서 진전을 가져오는 균형을 이루고자 했습니다. 그런 과정 중 하나가 2001년부터 브릭스에 핵심적 위치를 제공하게 될 러시아-인도-중국 그룹 짓기(RIC)를 시작한 것입니다. 또 하나는 2003년 중국과의 국경협상에 있어서 특별 대표부(Special Representative) 체제를 고안해낸 것입니다. 이는 2005년에 이룬 국경 문제에서의 정치적 매개변수와 지도에 관한 원칙에 관한 합의(Agreement on Political Parameters and Guiding Principles)를 통해 진전된 것인데, 이로써 향후 더욱 전진할 것을 약속한 것입니다. 중국과의 자유무역협정(FTA)에 대해서도 잠시 그러나 진지한 이야기가 오가기도 했습니다. 안보리 상임이사국 다섯 가운데 다른 국가들보다 인도의 핵실험에 대한 이해도가 높았던 프랑스와의 관계는 국방, 핵, 우주의 세 분야에서 급속히 강화되었습니다. 이 모든 흐름은 인도가 다양한 이슈에 대해 다양한 방향으로 무게중심을 옮기면서 세계 차원에서 성과를 창출하고자 노력하는 가운데 나온 것으로, 이는 이후 15년 동안 지속되었습니다. 이때는 세계가 미국의 우위를 바탕으로 한 안정적 균형이 이루어졌고, 다른 강대국들은 상대적으로 그 영향력을 상실했기 때문에, 충분히 긴 시간 동안 작동되었습니다. 하지만 미국의 지배력이 약해지고 중국의 힘이 급격히 커지면서 변화된 풍경은 기존의 계산법으로 실행하는 것을 점차 어렵게 만들었습니다.

인도가 진행되던 상황을 역동적으로 균형 잡아가던 그 시기에, 특별히 언급할 만한 진전이 하나 있습니다. 2005년에 이룬 인도-

미국 간의 핵 합의입니다. 이 합의는 두 나라의 관계 발전에 주요 장애물을 제거하고, 오늘날과 같은 수준에 이를 수 있도록 했기 때문입니다. 그뿐만 아니라 지금과 같은 인도에 대한 세계의 인식을 형성하는 데도 도움을 주었고, 인도가 현재 누리고 있는 위상을 높이는 데도 분명히 크게 이바지했습니다. 이 합의의 본질은 국방, 이중 용도 기술, 우주 협력 등의 파급효과를 미치는 핵 협력에 대한 금지를 일단 미뤄두고자 한 것입니다. 예외를 두어 이룬 이 합의는 인도의 미국에 대한 정서를 실질적으로 변화시켰습니다.

미국 입장에서 보면, 아시아와 관련하여 민주적이고 시장 중심적인 인도와 더 강한 관계를 형성하는 게 핵심적인 요소라는 데 의심의 여지가 없었습니다. 이 문제에 대한 인도 내부의 논쟁은 잘 알려져 있는데, 그것은 미국의 정치적 의혹, 핵 개발 프로그램에 대한 시사점, 이란과의 관계에 대한 압박을 중심으로 전개되고 있었습니다. 인도는 이니셔티브 자체의 급진적 속성과 입법을 전제로 한 협력으로 인해 발생한 매우 복잡한 협상에도 불구하고, 결국 성공적인 결과를 낼 수 있었습니다. 또한 핵공급그룹(Nuclear Suppliers Group)에서 인도를 예외로 인정하는 길을 열어줌으로써 인도가 중요한 분야에서 예외라는 인식을 불식시키는 데 기여했습니다. 이처럼 최강국과의 관계에서 이룬 가시적 급상승은 자연스럽게 다른 유대관계의 성장에도 영향을 미쳤습니다. 유럽의 핵심 강대국들과 러시아가 나름대로의 이유를 들어 이를 지지했고, 그로써 인도는 즉각적인 이득을 얻었습니다. 당시 중국은 인도 및 미국과의 관계가 핵공급국그룹의 포기 결정을 지지할 정도로 충분히 협력적이었습니다. 그리고 몇 년 후, 변화된 글로벌 차원의 방정식은 매우 다른 결과를 낳게 됩니다.

핵 협상이 힘의 균형으로부터 얻는 이득을 강조했다면, 이후로는 그걸 실천하는 데 따른 어려움들이 나타났습니다. 균형을 맞추려면 모든 주요 관계가 긍정적으로 작용해서 서로 이익을 창출할 수 있어야 하지요. 그렇지 않고 균형이 깨지는 순간, 서로를 옭아매게 됩니다. 2005년, 핵 협상의 우호적인 분위기가 야심 찬 국방 기본 틀(Defence Framework)과 영공 자유화(Open Skies) 협정, 그리고 강력한 비즈니스 정서를 통해 신중하게 만들어졌습니다. 핵 협상 이후 민간의 핵 책임 문제, 국방에 대한 과도한 기대, 그리고 무역 방면에서 일어나는 마찰 등의 문제를 구체적으로 다루면서 그때까지의 낙관론의 기류가 사라졌습니다. 오바마 행정부의 아프간-파키스탄 무대[50] 접근법과 인도 외교관의 부당한 체포로 인한 논란까지 겹치면서 양국 관계는 이제 크게 짜증스럽게 변했습니다. 2013년 12월, 대사 업무 수행을 위해 미국에 도착한 저는 돌파구를 마련하는 일보다는 피해를 어떻게 컨트롤하느냐는 문제에 더 많이 몰두했습니다. 그러다 뉴델리에서 정권이 바뀌었고, 이에 분위기도 바뀌었습니다.[51] 하지만 진정으로 양국 모두 관계 개선을 추진해야 한다는 것을 중요시하는 움직임이 생겼다는 좋은 교훈을 얻었습니다.

2014년까지 힘의 균형을 이루려 하는 데 상황을 어렵게 만든 것은 미국과의 정서가 나빠져서만은 아니었습니다. 2008-09년의 글로벌 금융 위기가 매우 심각한 구조의 이동을 가져왔지요. 벼락 오

---

50 아프가니스탄과 파키스탄을 대테러 군사 대응 작전 지역으로 지정하기 위해 미 외교가에서 만든 신조어. 파키스탄의 강력한 비판에 미국은 2010년에 이 신조어 사용을 중단했다.
51 2014년 나렌드라 모디가 연방 정부의 수상이 되는데, 힌두 민족주의와 신자유주의 경제정책을 중심으로 강력한 국가주의를 표방하면서 인도 정치와 외교의 일대 전환을 이룬다.

바마의 당선으로 희망이 생겼지만, 이라크에서의 철수와 아프가니스탄에서의 철수 약속으로 미국의 권력 약화는 시작되었습니다. 시간이 흐르면서 미국은 더 이상 과거처럼 글로벌 차원의 도전에 깊이 상대하지 않으려는 경향이 뚜렷해졌습니다. 무엇보다도 아시아-태평양 지역에서 그런 성격이 뚜렷했습니다. 저는 2009년부터 베이징 대사로서, 당시 중국 지도부가 자신의 부상 속도에 대해 점점 더 확신하는 것을 직접 목격했습니다. 중국은 경계 태세를 전환함으로써 세계와의 관계에서 다른 시대를 예고했습니다. 바로 이 시기에 인도와 중국의 관계가 더욱 복잡해졌습니다. 비자 문제, 군사 접촉, 국경 침입 등에 대한 논란은 모두 새로운 국면의 징후로 나타났습니다. 이 시기는 인도의 가장 가까운 주변국에서 중국의 존재가 눈에 띄게 드러나던 시기이기도 합니다. 미국-중국이 G2가 될 수 있겠는지에 대한 고민은 여전했지만, 현실은 이제 미국의 요구는 더 줄어들고 중국의 요구가 훨씬 늘어나게 되었습니다. 여러 사건이 전개되면서 인도의 정치적 변화도 새로운 요인으로 작용하게 되었습니다.

2014년에 이르러서 글로벌 상황은 인도가 외교정책의 목표를 다른 방식으로 개념화하도록 만들었습니다. 우선 국제 문제의 성격을 규정하는 더 큰 다극성과 불확실성을 인식해야 했습니다. 국가들은 광범위한 접근이 아닌 더 좁은 문제들에서 서로 조합하는 중이었습니다. 이제 상당 부분 세계 문제는 선입견은 줄고 거래는 더 많아진 글로벌 시장처럼 보였습니다.

이러한 배경에서 인도는 의도적으로 국제적 인지도를 올리고, 국제적 회합과 협상에 의식적으로 영향력을 미치며, 목표한 바에 맞춰 고위급 접촉을 늘리고, 연계와 연결성 구축에 야심차게 투자하기 시작했습니다. 우선 목표는 아시아에서 자신의 위치를 공고히 하는 것이었습니다. 그러면서 인도는 그 이상을 생각하는 노력을 기울이기도 했습니다. 분명히 아시아 내에서는 이웃이 우선이었고, 2014년 취임 선서 당시 이웃 국가 지도자들을 한자리에 초대함으로써 분명한 변화의 메시지를 보냈습니다. 남아시아에서 인도는 이제 지역주의의 적극적 수호자가 되었으니, 이를 연결성과 개발 프로젝트의 확장된 실천을 통해 보여주었습니다. 뿌리 깊은 정체성 정치를 주변부 나라들에 적용할까를 고려했지만, 장기적으로는 구조적 연계가 더 나은 결과를 보완하리라고 최종 계산했습니다. 이 나라들 대부분이 민주국가라는 점을 감안할 때, 선거 주기와 경쟁 정치의 압력도 관리해야 했던 것이죠.

누구나 쉽게 예상하듯, 파키스탄은 국경을 넘은 테러를 끊임없이 벌이고 있다는 점에서 특별한 도전 상대였습니다. 이 나라는 연결성에 대한 저항으로 남아시아의 다른 국가들과는 전혀 다른 위치를 드러냅니다. 이에 대해 매우 확고한 입장을 가진 인도는 두 가지 방법을 통해 담대함을 보여주었습니다. 하나는 수상이 라호르(Lahore) 방문 때 강조한 것처럼,[52] 이 문제에 대한 더 적극적인 개입의 의지를 보여주었고, 또 다른 하나는 통제선(LoC)과 국경을 넘는 공격을 감행할 수 있다는 의지도 보여주었습니다. 아프가니스탄이 정치적으로나 심리적으로나 이전보다 훨씬 더 가까워졌습니다. 이란의 차바하르(Chabahar) 항구 개발 프로젝트의 실행과 안보를 위한 아프가니스탄 군대 지원은 이러한 새로운 접근 방식을

---

[52] 2015년 12월 25일 나렌드라 모디 수상이 아프가니스탄 방문을 마치고 귀국 길에 파키스탄의 라호르를 방문하여 형식적으로는 샤리프 파키스탄 수상의 생일을 축하하는 차담을 가졌으나, 실제로는 강력한 테러 응징의 의사를 표명했다. 하지만 2016년과 2019년, 그리고 2025년에 잇달아 테러 공격이 일어났고, 인도는 곧바로 응징에 들어갔다.

반영하는 겁니다.

동남아시아에 대한 관심과 열망이 높아지면서 이제는 확장된 이웃에 대한 느낌도 더 강해지고 있습니다. 동남아시아에 관한 한, 이전의 룩 이스트 정책은 더 강력한 프로젝트 수행을 중심으로 더 큰 위력을 가진 액트 이스트(Act East) 정책으로 바뀌었습니다. 이는 인도 동북부 주와의 더 큰 발전과 안성맞춤 격이 되었고, 방글라데시와의 더 큰 접근성과 연결성으로 조정되었습니다. 동남아시아와의 관계는 2018년 인도 공화국의 날 기념식에 아세안의 모든 지도자가 참석함으로써 안보 차원의 관계는 강화되고 정치적 위상을 높일 수 있었습니다. 이전에는 주로 에너지와 지역사회에 초점을 맞추었던 걸프 지역 국가들과의 상대적으로 소원했던 관계도 이와 비슷하게 안보적 측면과 정치적 측면에서의 상당한 진전을 보게 되었습니다. 걸프 지역 국가 간의 분열과 이란과의 문제를 고려해보면, 우리는 향후 실력을 더 갖추어야 합니다.

2015년 3월 사가르(SAGAR)[53] 독트린에 따라 제시된 바로 이 목적의식은 해양 분야에 대한 통합적 접근을 이끌어왔고, 이는 인도양의 여러 도서 국가들 및 그 너머의 이웃 국가들과 강력한 협력의 기반이 되었습니다.

최근 인도는 17개 국가와 백색 해운(White Shipping) 협정 체결 이후, 그중 8개 국가에 연안 감시 레이더를 제공하고, 6개 국가에 역량 강화를 위해 해군을 제공했으며, 해상 영역 인지를 위한 통합

---

[53] 사가르(SAGAR)는 Security and Growth for All in the Region의 약자이면서 힌디어로 바다를 의미한다. 이는 바다를 중심으로 하는 경제, 협력, 해양 감시, 인도 연안 국가 간의 정보 교환 등의 역량 구축을 위한 전략적 이니셔티브다. 2015년 3월 모디 수상이 처음 고안했으며, 이 정책의 목적은 2018년 6월 싱가포르에서 모디가 한 연설에서 드러났다.

융합 센터를 설립하기도 했습니다. 인도는 국방 분야 차관 관계를 11개국으로 확대했고 훈련팀도 11개국에 배치했으며, 많은 외국 군대의 역량 강화를 지원했습니다. 인도의 수로협력은 인도양의 5개국을 커버합니다. 그리고 세 차례의 연례 인도적 지원 및 재난 구호(Humanitarian Assistance and Disaster Relief) 훈련을 통해 인도는 지난 5년 동안 피지에서 예멘과 모잠비크에 이르는 국가에서 7개의 주요 작전을 수행할 수 있었습니다. 현실은 인도가 해양상 정책에서도 적은 비용으로 더 많은 일을 하는 데 성공할 수 있다는 걸 보여줍니다. 더 가벼운 개입, 기술의 적용, 파트너십의 포용, 비용 절약 추구가 모두 결합한 것입니다. 이 모든 것의 순효과는 훨씬 더 커졌는데, 이는 국제 파트너들과 협력하는 것이 승수 효과를 제공했기 때문이지요.

아프리카 또한 수평선 너머의 이웃으로 취급되기 시작했습니다. 2015년 10월 인도-아프리카 포럼 정상회의에는 54개국 모두가 전례 없는 수준으로 참석했으며, 그중 41개국이 정상급으로 참석했습니다. 인도 고위 지도부의 아프리카 방문이 대폭 강화되었으며, 개발 지원 및 훈련이 더욱 견고한 궤도에 올랐습니다. 아프리카 18개국에 새로운 대사관을 개설하기로 한 결정은 이 지역이 현재 얼마나 우선순위를 차지하는지를 말해줍니다. 라틴아메리카, 카리브해, 태평양 도서 및 오세아니아에 대한 더 많은 지원도 이제 눈에 띄게 드러나는 중입니다. 인도가 앞으로 다가올 기회를 얼마나 활용할 수 있는지는 이러한 광범위한 참여에 크게 달려 있습니다.

다른 강대국들과 마찬가지로 인도 또한 중요한 외교 수단으로서 개발 파트너십에 의존하는 쪽으로 방향을 잡았습니다. 인도는 자신만의 독특한 방식으로 그렇게 해왔습니다. 크게 보아, 인도는 644개국에 540개의 프로젝트 관련 300개의 차관을 제공했습니다.

대부분의 차관과 프로젝트는 아프리카를 향하는데, 현재 205개의 차관과 관련된 321개의 프로젝트가 진행 중입니다. 이것 말고도 인도는 현재 아시아에서 181개, 중남미와 카리브해에 32개, 중앙아시아와 오세아니아에 각각 3개의 프로젝트를 추진 중에 있습니다. 이러한 이니셔티브는 최근 몇 년 동안, 특히 차관의 규모와 프로젝트의 복잡성 측면에서 질적으로 확장되었습니다. 그들의 계획과 실행 또한 더욱 통합적인 접근 방식과 더 강력한 감독에 의해 큰 효율성을 낳았습니다. 무상원조의 분산도는 차관보다 훨씬 더 넓어 사실상 세계의 거의 모든 개발도상국을 포괄합니다. 아프리카는 특히 관심의 초점이 되고 있는데, 여기에는 부분적으로 우리와 함께 투쟁했던 과거의 연대가 반영되었습니다. 하지만 아프리카의 부상은 세계의 다극화를 가중할 것이기 때문에 이런 연대는 전략의 한 측면이기도 하지요. 다른 나라가 이전에 발견했듯이 그러한 개발 협력의 관계는 오래 지속 발전하는 관계를 위한 기반을 제공합니다.

인도가 지원하는 주요 프로젝트는 수단, 르완다, 짐바브웨, 말라위에서의 전력 부문, 모잠비크, 탄자니아, 기니의 상수도 부문, 코트디부아르, 기니, 잠비아의 보건 부문, 에티오피아와 가나의 설탕 공장, 지부티와 콩고공화국의 시멘트 공장, 그리고 감비아와 부룬디의 정부 청사 건축 등입니다. 사실 몇몇 아프리카 국가들에서, 우리가 설립한 제조 공장 중 일부는 그런 종류의 공장 중 첫 번째 것입니다. 아프리카에 대한 인도의 관심이 꾸준히 성장하면서 협력 국가가 확대되고 참여도는 깊어졌습니다. 아프리카 대륙의 54개국 중 51개국에서 그러한 개발 프로젝트가 진행 중이며, 매년 1만 명의 아프리카인을 대상으로 초청 교육 훈련이 이루어집니다. 오늘날 아프리카에서 두 가지 디지털 이니셔티브가 시범 운영되고 있는데, e-비디야 바라띠(Vidya Bharati 지식 인도)라는 이름의 원격 교육과 e-아로기야 바라띠(Aarogya Bharati 보건 인도)라는 이름의 원격 보건이 바로 그것입니다. 인도 외교정책의 이러한 측면은 협력 그 자체보다 세계 무대에서 인도가 얼마나 점진적으로 부상하는지를 강조합니다.

과거의 교훈은 다섯 바구니에 담긴 이슈로 정리할 수 있습니다. 첫째는 정책에서 현실성을 높여야 한다는 것입니다. 특히 낙관적인 비동맹 국면과 어쩌면 더 나중까지 이어졌듯이 외교적 가시성에 초점을 맞추다 보니 강경한 안보 현실을 간과하는 경우가 있었습니다. 초기에 파키스탄의 의도를 잘못 간파한 것은 경험 부족 때문일 수 있습니다. 하지만 10년이 지난 지금도 국경 안보에 최우선 순위를 두지 않으려는 것은 정당성을 부여받기가 훨씬 더 어렵습니다. 그리고 1962년 중국의 전쟁 도발은 예상치 못한 것이 아니었습니다. 이 점에서는 세계 정치에 초점을 맞춘 외교에 대해 마땅한 우선권이 주어지지 못했다는 것이 더 큰 의미가 있습니다. 세계 문제에서 인도의 높은 지위가 세계적 혼란과 경쟁 정치를 충분히 방어할 수 있다는 암묵적이지만 고착화한 믿음이 어딘가에 있었다는 게 문제였습니다. 결국, 우리는 어떤 대가를 치르더라도 회담에서만큼 현장에서도 결과가 결정될 수 있다는 사실을 뒤늦게라도 알게 되었습니다. 보다 제약이 많은 세계로 진입한 지금 이러한 시사점은 여전히 유효합니다.

사실 흥미롭게도 인도는 필요할 때 무력을 사용하는 데 주저하지 않았습니다. 1948년의 하이드라바드(Hyderabad)[54]와 1961년의

---

[54] 토후국 하이드라바드는 인도 독립 후 인도 연방에 편입되는 것을 거부했다. 이 왕국은 군주는 무슬림이고 주민은 힌두가 압도적 다수였다.

고아(Goa)[55]가 대표적인 예이고, 카슈미르가 파키스탄의 공격을 받았을 때도 마찬가지입니다. 하지만 우리는 주저하는 강대국이라는 이미지를 너무 강하게 쌓았는데, 결국 우리 스스로의 서사에 영향을 받고야 말았습니다.

그 때문에 많은 경쟁국이 사명감을 갖고 안보 상황에 대비했던 일도 우리는 거의 하지 않았습니다. 군부와의 충분한 협의 부족으로 인해 하드 파워에 대한 불편한 관계로 나타난 거지요. 가장 좋은 예가 1962년 전쟁 때 나타났습니다. 반세기 후에야 국방참모총장(Chief of Defence Staff)이 탄생한 걸 보면 우리가 얼마나 많이 이동해왔는지를 잘 알 수 있습니다. 안보의 의미를 간과한 과거의 판단들에 관해서도 연구할 가치가 있습니다. 외교를 지나치게 강조하다 보니 다른 정치체의 행동에 대한 이해가 부족했습니다. 현실은 냉혹한 힘의 행사였음에도, 우리는 냉전을 그저 논쟁거리로 여겼습니다. 1950년대에는 우리의 머리 위에 전쟁으로 단련된 다루기 힘든 이웃이 있다는 인식도 거의 없었습니다. 그래서 당시에는 파키스탄이 점령한 카슈미르의 전략적 중요성에 대한 인식도 별로 없었던 거지요.

세계정세에 대한 이러한 접근은 그 이후에도 계속되었습니다. 인도가 1972년 시믈라에서 파키스탄에 대해 낙관적인 전망을 선택지로 삼은 것도 이런 인식의 연장선 위에서였지요. 그 결과 파키스탄의 영토 회복 시도도, 잠무-카슈미르 문제도 계속되었습니다. 파키스탄의 테러 중단과 대화 개시가 연계되기까지 오랜 시간이 걸렸다

---

[55] 인도 서부에 있는 해안 도시 고아는 1510년 포르투갈 식민지가 되었고, 독립 후 인도 연방에 편입되는 것을 거부했다가 1961년 인도 정부에 의해 무력으로 합병되었다.

는 사실 자체가 잘 말해줍니다. 논쟁을 과장하지 않으면, 인도의 국제 관계에 대한 좀 더 근거 있는 접근을 제시할 수 있을 것입니다.

두 번째 바구니는 이러한 우려에 대한 경제적 대응은 어떻게 나타나느냐로 채워져 있습니다. 1945년 이후의 주요 국가들의 성장 스토리를 모두 고려해보면, 공통적인 특징으로 국가 발전을 위해 글로벌 환경을 지렛대로 삼는 데 특별히 집중했다는 사실을 들 수 있습니다. 중국은 처음에는 소련, 그 이후에는 미국, 서방과 손잡고 그렇게 함으로써 큰 효과를 냈습니다. 아시아의 '호랑이 경제'들도 일본, 미국, 그리고 이제는 중국을 차례대로 활용해 이를 실천해왔습니다. 인도 역시 지난 70년 동안 다양한 관계에 접근했지만, 항상 단일한 사고방식으로 해온 것은 아닙니다. 어찌 되었든 간에, 다른 영역에서의 인도의 산업화와 역량은 대부분 외교에 의해 가능하게 된 협력의 직접적인 성과였습니다. 철강, 원자력 산업, 고등교육 및 컴퓨터 활성화가 그 예입니다. 1991년 이후의 개혁 기간과 인도 경제의 무게중심이 동쪽으로 이동한 시기에는 더욱 그러했습니다.

하지만 외교, 전략 및 경제 역량의 상호 연관이 항상 분명하게 드러난 건 아닙니다. 안보와 관련해서는 무엇보다도 원인과 결과를 구분하는 것이 중요하지요. 경제가 외교를 주도하는 것이지 그 반대로 외교가 경제를 주도하는 건 아닙니다. 1990년대의 개혁과 개방 확대가 있고 나서, 그것이 몇 년 동안 우리에게 도움이 되었다고 주장하는 사람은 거의 없을 것입니다. 하지만 우리가 이를 동남아시아 및 동아시아와의 자유무역협정으로 접목하면서, 이 제안은 더욱 해볼 만한 도전이 되었습니다. 구조의 경직성, 제한된 경쟁력, 부적절한 기회 활용 또는 불공정한 관행에 책임을 물을 수 있습니다. 적자폭 확대는 엄연한 현실이었습니다. 더 중요한 것은,

그들이 국내 산업에 미치는 부정적인 영향을 부인할 수 없다는 것입니다. 그리고 중국이 심지어 FTA조차 없는 상태임에도 무역에 관한 특별한 도전을 제기하고 있는 건 두말할 필요가 없습니다.

옵션을 극대화하고 공간을 확대하려는 모든 노력은 당연히 여러 당사자를 참여시켜야 합니다. 개념적으로 보면, 세 번째 바구니는 인도 외교정책에서 우리의 독립성을 육성하는 것에 관한 기본적인 합의가 있어서 주어진 것입니다. 양극화 세계 첫 10년 동안은 잘 해내긴 했지만, 모든 부문에서 부족할 수 있다는 위험도 다수 발견했습니다. 인도가 1962년에 보았던 것처럼, 양쪽 세계에서의 최고점은 현실화하는 것보다, 상상하는 게 더 쉬웠습니다. 그 이후의 기간에는 한쪽 극으로부터의 거리가 다른 쪽 극에 의해 자동으로 보상되지는 않았습니다. 때때로 세계적 상황들은, 마치 중국이 1950년과 1971년에 그랬던 것처럼, 그리고 우리가 1971년에 그랬던 것처럼, 한쪽에 기울어질 것을 요구합니다. 일반적 규칙에 따르면, 국제 체제에서 더 많은 것을 얻어내는 것은 큰 그림에 달려 있으니, 제로섬 게임이라는 가정은 성립될 수 없습니다. 실제로 인도와 중국과 같은 나라들이 1960년대에 직면했던 아주 복잡 미묘한 시나리오는 초강대국들이 뭔가의 공통 기반을 찾을 것이라는 전망이었습니다. 그래서 심지어는 수십 년이 지난 후에도, G2에 관한 말이 그렇게 많은 부분에서 다시 깊은 불안감을 조성했던 겁니다. 헤징 전술은 이전 시기의 비동맹 전술에 따른 것이든, 아니면 전략적 자율성에 따른 것이든, 미래의 복합적인 참여든 간에, 하나의 미묘한 실천입니다. 어쨌든 간에 다극화된 세계에서는 거기에서 벗어날 수는 없습니다. 이것은 하나의 게임입니다. 한 전선에서의 발전이 다른 모든 전선의 발전을 강화한다는 점을 크게 평가하면서 전면에 나서서 벌이는 하나의 게임이라는 말입니다.

시작해보지 않았거나 시대착오적인 사람들에게는, 명백하게 모순된 접근법을 추구하는 것이 당황스러울 수 있습니다. 하우디 모디(Howdy Modi) 행사[56]와 마말라뿌람(Mamallapuram) 정상회담[57] 또는 블라디보스토크 정상회담[58]을 어떻게 조화시킬 수 있을까? 아니면 RIC(러시아-인도-중국)와 JAI(일본-미국-인도)를 어떻게? 아니면 쿼드와 SCO(상하이협력기구)를 어떻게? 아니면 이란과 사우디, 아니면 이스라엘과 팔레스타인과 어떻게 함께 가능할 수 있다는 말인가? 정답은 도그마 너머를 바라보고 융합의 현실 세계로 들어가려는 의지에 달려 있습니다. 그것을 산술적인 것만 아니라 미적분학적인 것으로 생각해야지요. 이 새로운 버전의 세계정세는 실무자들과 분석가들 모두에게 하나의 도전이지만, 앞서 나가기 위해서는 반드시 숙달되어야만 합니다.

위험을 감수하는 것은 외교의 본질적인 측면입니다. 대부분의 정책 판단은 그 역학을 중심으로 이루어집니다. 그것은 헤징에 자연스럽게 동반하는 것이기도 하고요. 바로 이 네 번째 바구니를 살펴보면, 위험이 적은 외교정책은 한정된 보상밖에 얻을 수 없었다는 사실을 분명히 알 수 있습니다. 인도가 이 방식에서 벗어났을 때, 어떤 위험 감수는 성과를 거둔 반면 그렇지 못한 경우도 있었습니다. 우리는 일찍이 1946년에 자체의 광범위한 접근법을 마련했고, 시간이 흐르면서 그 틀을 발전시켜왔습니다. 인도는 1962년과 1971년에 커다란 압력에 놓였지만, 할 수 있는 한, 그리고 가능

---

[56] 2019년 9월 22일 미국 휴스턴에서 약 5만 명의 인도계 사람들이 모여 모디 수상과 트럼프 대통령의 연대를 확인한 역대급 규모의 행사.
[57] 2018년 중국 우한에서 열린 인도-중국 비공식 정상회담에 이어 인도 남부 따밀나두 주의 마말라뿌람에서 열린 모디와 시진핑 간의 2차 인도-중국 비공식 정상회담.
[58] 2019년 9월 4일 러시아 블라디보스토크에서 열린 모디와 푸틴 간의 정상회담.

할 때 그 이전의 자세로 돌아가려 노력했습니다. 인도는 높이 부상하는 과정에서 그 부상과 관련한 여러 이슈를 다루면서 많은 새로운 개념과 관계를 도입했습니다. 그렇다고 이전의 문제들을 포기할 필요는 없었습니다. 그러다 보니, 인도의 영향력이 커지면서 더 큰 실질을 모으는, 꾸준하면서 중도에 위치하는 접근이 차곡차곡 쌓인 인도의 인상을 이룬 겁니다. 이러한 사실을 주목하면서 알게 되는 것은 사실은 글로벌 사다리를 타고 올라가기 위해서는 재래식 무기든, 핵이든, 정치적이든, 경제적이든, 큰 위험을 감수할 필요가 있었습니다. 모든 위험이 반드시 극적일 필요는 없지요. 많은 사람이 그저 자신감 있게 계산하고, 일상적 정책 관리에 단호한 후속 조치를 하면 되는 겁니다. 이러한 위험의 총체적인 영향력은 글로벌 위상에서 비약적인 도약을 가져올 수 있습니다. 우리는 오늘날 그런 일이 어느 정도 일어나고 있음을 알고 있습니다.

다섯 번째 바구니는 기본 지침으로 돌아가는 것입니다. '점을 제대로 치는 것'[59]이라는 거지요. 모든 국가의 외교정책은 세계의 모순을 배경으로 설정됩니다. 이러한 모순들은 기회와 의무, 위험과 보상에 대한 평가를 반영하지요. 우리가 어떤 당면한 상황을 바로잡으려 할지라도, 더 큰 환경을 잘못 이해하면 훨씬 큰 비용이 들 수 있습니다. 우리의 경우, 잠무-카슈미르 문제를 유엔으로 가져가는 것은 영국-미국 동맹의 의도와 냉전의 심각성을 분명히 잘못 읽어낸 겁니다. 몇 년이 지난 지금, 커지는 중국-소련 차이에 대한 우리의 초기 인식은 우리가 예상했던 시간표 안에서 무르익은 게

---

[59] 원문은 "reading the global tea leaves right"로, 직역하면 "찻잎으로 치는 점을 제대로 읽는 것"인데, 실제 의미는 '세계정세를 잘 예측하거나 분석하는' 혹은 '글로벌 흐름을 정확히 파악하는'의 뜻이다.

아니었습니다. 1960년대와 1980년대, 그리고 2001년 이후에도, 우리는 미국과 중국의 글로벌 전략과 파키스탄의 관련성을 과소평가했던 겁니다.

그렇다고 해서 인도가 성공하지 못했다는 뜻은 아닙니다. 인도-소련 및 이후의 인도-러시아 관계는 우리의 글로벌 전략 짜기의 산물입니다. 1991년 이후에는 미국에 대한 우리의 정책 변화도 있었습니다. 인도-소련 조약과 인도-미국 핵 합의는 모두 세계정세를 더 크게 읽어낸 결과입니다. 1971년의 양극화를 극복하기 위해 1973년 미국과, 그리고 1976년 중국과 관련하여 도입한 시정조치가 모두 그러합니다. 세계 정치의 구조에 의해 던져진 기회들을 확인하는 것 또한 위험을 완화하는 데 도움이 될 수 있습니다. 우리는 예컨대 1998년 핵실험 이후 프랑스와 관련하여 이를 확인하였습니다. 오늘날 세계 정치를 이해하려면 중국-미국의 반목, 커지는 다극화, 약화된 다자주의, 더 커진 경제 및 정치의 재균형, 지역 강대국들에 주어진 더 큰 공간, 그리고 융합의 세계에 대한 제대로 된 이해가 반드시 포함되어야 합니다. 그 각각은 현재 시대의 정책 이니셔티브를 주도하는 하나의 요인이 됩니다. 그것이 걸프 지역에 대한 우리의 지원이든, 인도-태평양 정책에 대한 옹호든, 유럽과의 더 적극적인 관여든 간에, 그것들은 더 큰 위치 재설정의 한 측면을 나타냅니다.

그렇다면 현재 진행 중인 제6단계는 어떻게 전망할 수 있겠습니까? 변화하는 세계에서 뒤처지고 싶지 않은 나라는 분명히 더 적극적인 행동을 필요로 합니다. 우선, 그것은 시대에 발맞추는 사고를 필요로 하지요. 그리고 그다음 단계는 이해관계에 대한 더 명확한 규정을 하는 단계이고, 그러고서, 그 이후의 상황을 단호하게 헤쳐 나가는 겁니다. 예를 들어, 오늘날 우리는 우리의 해양 지리와 사가르 독트린을 더 중요하게 이해하고 있다는 걸 알고 있습니다. 안보 도전에 직면할 때, 지금의 인도 또한 새로운 투지로 대응해왔지요. 기후 변화, 테러, 연결성과 해양 안보에 관한 글로벌 대화를 주도하려는 인도의 열정은 이미 상당한 영향을 미치고 있습니다. 예멘, 네팔, 이라크, 스리랑카, 몰디브, 피지, 모잠비크에서 진행된 인도의 구호 활동은 책임 못지않은 어떤 능력을 보여주며, 여러 국제기구의 선거에서 승리한 기록도 또 다른 중요한 자료가 되고요. 개발 원조의 확대 제공은 프로젝트 실천 기록이 얼마나 개선되었는지를 보여주기도 합니다. 이웃 나라들, 그리고 아프리카가 이러한 변화를 증언할 것입니다. 그리고 국제 요가의 날(International Day of Yoga), 국제태양광동맹(International Solar Alliance) 또는 가장 최근의 재난복원인프라연합(Coalition for Disaster Resilient Infrastructure)을 통해 인도의 브랜드 가치가 훨씬 높아진 것도 주목할 만합니다.

   외교정책에 관한 이전 단계들은 각각이 깔끔하게 정리되지만, 현 단계의 외교정책을 그렇게 분류하기란 참으로 어렵습니다. 우리가 아직도 주요 전환의 초기 단계에 있다는 것은 풀어야 할 과제 가운데 일부입니다. 가까운 미래의 윤곽은 아직 명확하지 않습니다. 한 가지 해결책은 인도의 열망에 초점을 맞추고 선도적인 국가로 부상하겠다는 우리의 목표를 공언하는 것입니다. 문제는 다른 나라들이 그것을 다가올 목표가 아니라 이미 도달했다는 선언으로 받아들이는 경향이 있다는 것입니다. 비(非)동맹을 벗어남으로써, 때때로 다(多)동맹을 말하는 것이 더 유용합니다. 이전의 기권이나 비개입의 자세에 비해 더 에너지 넘치고 참여적으로 보일 것입니다. 문제는, 인도가 전술상의 편의보다는 전략적 융합을 추구하다 보니, 그것이 기회주의적으로도 보일 수도 있다는 것이죠. '인도 우선(India First)'을 내세우는 것은 강력하고 실용적인 정책 전망을 포착하는 또 다른 방법이기도 합니다. 이는 자기중심이기를 선택한 다른 나라들과의 비교 때문에 어려움을 겪습니다. 사실 인도의 경우 국가주의는 더 큰 국제주의로 이어졌습니다. 번영과 영향력을 발전시켜왔다는 것은 공정한 표현일 수 있지만, 정확한 의미를 잡아내는 어휘는 아닙니다. 어쩌면 우리는 세계적 불확실성 속에서 당분간은 어떤 한 구절로 우리를 이해시킬 수 없다는 사실을 받아들여야 할 것입니다.

인도가 다음 단계로 나아갈 태세를 갖춘 상황에서, 우리는 귀중한 시간을 낭비하고 있지는 않나요? 이러한 질문은 대개 결과론의 산물이며, 맥락을 고려하지 못한 것일 수 있습니다. 어쨌든 간에, 이런 의문들은 고민해볼 수 있는 것들이긴 한데, 특히 상황이 아니라 판단의 결과를 발표할 때 그렇습니다. 그러한 논의를 위한 자연스러운 시작으로 우리는 중국과의 연대를 들 수 있습니다. 예컨대 인도가 1950년에 국경 문제를 최우선 과제로 가져갔어야만 했나요? 1962년의 국경 분쟁은 저우언라이(周恩來)가 인도를 방문한 1960년에 타협을 통해 피할 수 있었을까요? 초기에 미국과의 문화적 반감이 거리감을 악화시켰나요? 경제 문제에 있어서, 인도가 경제 개방을 실천하기 10년 전에 아세안과 중국의 사례를 따라 개방했어야 했다는 데에 더 많은 공감대가 있을 것입니다. 전략적 측면에서, 1974년에서 1998년 사이에 핵무기 보유국으로서 선언이 지연된 것은 최악의 선택이었을지도 모릅니다. 2005년 핵 합의를 파기할 뻔했던 것은 우리가 문서의 포로였기 때문이었을까요? 우리가 잘 알아야 하는 파키스탄에 대한 우리의 대처도 수많은 의문을 제기합니다.

이는 이론적인 상황이 아니라는 건 분명하며, 강대국으로 부상하기 위해서는 거대한 실용주의가 필요하다는 주장을 강조하기 위해 인용되는 겁니다. 그래서 이것은 차이를 조정하는 데 도움되는 보다 정교한 서사에 의해 더욱 강화될 수 있습니다. 무엇보다도 주권에 대해 우리가 강조하는 것이 우리가 인접 지역의 인권 상황에 대응하는 것을 막을 수 없었다는 거지요. 마찬가지로 인도가 주권의 완전성을 보장하고 지역 안보를 증진하기 위해 취한 조치들은 그게 하이드라바드에서든, 고아에서든, 스리랑카 또는 몰디브에서든 간에, 우리를 다자주의로부터 멀어지도록 만들지도 않았습니다.

확고한 견해는 당연히 보다 고질적인 도전 과제에 대해 가장 강경합니다. 인도의 경우, 이는 무엇보다도 파키스탄과 관련이 있습니다. 사고의 변화가 논쟁을 촉발할 것이고, 그것이 지난 몇 년 동안 그러했습니다. 진짜 이슈는 국경을 넘어오는 테러를 중단시키는 것이었음에도, 우리는 오랜 기간 주로 대화에 초점을 둔 서사만을 허용해왔습니다. 도그마는 모든 새로운 접근법을 정당화되지 않은 일탈로 취급합니다. 하지만 지난 5년 동안, 그와 다른 정상적인 것이 발전했고, 그러면서 국경을 초월한 테러에 대한 글로벌 대화가 더욱 진지해졌습니다. 이러한 주장의 증거로 자금세탁방지금융대책기구(Financial Action Task Force on Money Laundering, FATF)를 보세요. 우리가 단호하게 잠무-카슈미르의 분리주의에 맞서 싸우기를 결정하면서, 그 문제를 국제화하고 파키스탄과의 연계에 관한 이야기들이 나오고 있습니다. 이는 인도의 힘이나 국가 분위기, 정부의 단호함을 전혀 반영하지 않은 과거의 사고방식입니다. 우리 내부 문제에 대한 정보에 근거하지 않은 해외의 발언은 국제화라고 보기 어렵습니다. 그리고 인도와 파키스탄 사이의 평판과 실제의 차이가 연계 노력에 힘을 싣는 겁니다. 실제로 이러한 두려움들은 단지 얄팍하게 위장된 행동하지 않는 것에 대한 옹호에 불과하지요. 의식하든 그렇지 않든, 그들의 의도는 역사가 이미 추월한 현상 유지를 정당화하려는 것입니다.

70년이 지난 인도의 외교정책에 대한 대차대조표는 마구 섞인 그림을 보여줍니다. 국가 발전은 모든 평가의 핵심이며, 중대한 진전이 있었지만 충분하지 않다는 견해와 논쟁하기는 어렵습니다. 중국이 같은 기간에 이룬 성취와 비교하면 정신이 번쩍 들지요. 큰 그림을 바로 읽고, 그리고 난 후 국제 상황 안에서 정책을 운영했다면, 결과가 더 나을 수도 있었다는 겁니다. 그렇지 못하고 변하지 않는 외교정책 원칙이라는 기도문은 우리의 실력을 정직하게 평가하지 못하게 하고 시의적절한 정책 교정을 좌절시켰습니다. 열심히 뛰려는 선수에게 근면과 토론은 마땅히 해야 하는 당위만큼 엄격하게 적용되지 않았습니다. 역사에서의 주저함과 결합할 때, 길은 개척되지 못하고, 결과는 실현되지 못하게 되는 겁니다.

지금 우리는 변화의 뾰족한 끝에 서 있습니다. 서로 다르게 보이는 목표들을 추구하고, 여러 모순을 흐트러뜨리는 일을 시도하고 있습니다. 야망을 실현하려면 위험을 감수해야 합니다. 언젠가 강대국이 되겠다는 열망을 가진 국가가 불안정한 국경, 통합되지 않은 지역, 그리고 기회 활용이 빈약한 상태로 계속 갈 수는 없는 일입니다. 무엇보다 변화하는 세계 질서에 도그마적 접근은 있어서는 안 됩니다. 우리를 기다리는 세계는 새로운 사고를 요구할 뿐만 아니라 결국 새로운 합의를 요구하기도 합니다. 도그마를 우리 뒤로 제쳐두고 가는 것이 그 여정의 출발점입니다.

5
중국과 대중에 관하여
여론과 서구

"어머니 인도는 많은 길에서 우리 모두의 어머니다."
— 윌 듀란트

외교관들이 이해하기는 힘들겠지만, 해외발(發) 기회와 위험을 평가하고자 할 때 종종 인도의 수도 델리(루티엔스 델리Lutyens' Delhi⁶⁰)보다 해외의 인도인 거리(Indian Street)⁶¹가 촉을 잘 드러냅니다. 인도 교민의 지정학적 이해는 형식적이지 않을 수 있습니다. 그들은 직관적으로 누구와 무역하고 어디로 여행할지를 알고 있습니다. 이민과 교육 분야에서 그들의 선택은 인도 외교의 정책 변화보다 훨씬 앞서서 이루어집니다. 그들은 9·11과 같은 판도를 바꾸는 사건을 목격할 수 있었습니다. 국가들에 대한 날카로운 대중적 이미지를 통해 외교의 복잡성을 포착하기도 합니다. 다들 말하겠지만, 해외 인도인들은 그들이 사는 곳이 러시아든 미국이든 중국이든 파키스탄이든 거기가 어디든지 간에 잘 발달한 촉을 갖추고 있습니다.

그렇다고 정부의 신중한 심사숙고가 사회의 열정보다 덜 중요하다고 말하려는 것은 아닙니다. 이제 정보, 기술의 수단, 문화의

---

60   영국 정부는 1911년까지 수도인 꼴까따가 남아시아 전체를 지휘하는 수도로서의 위치가 적합지 않다고 판단하여 1912년부터 1927년 사이에 당시 영국에서 가장 유명한 건축가인 에드윈 루티엔스(Edwin Lutyens)로 하여금 그의 총괄하에 제국의 수도를 설계하도록 하였다. '루티엔스 델리'는 이를 일컫는 말이다.
61   인도 외 여러 나라의 특정 도시나 지역에 인도인 커뮤니티가 형성되어 인도 문화와 관련된 상점, 음식점, 종교 시설 등이 밀집된 곳을 말한다. 리틀 인디아로 불리는 곳이 많을 정도로 인도 본국과 깊은 관련을 맺는다.

여러 정체성의 가용성이 동시대의 국가주의를 이끌어가는 달라진 새 시대로 접어들었다는 것 또한 분명한 사실입니다. 더 분명한 근거에 기반을 둔 정치를 전면에 내세우는 여러 사회의 민주화도 이러한 과정 전개에 이바지합니다. 따라서 특히 여론이 들끓는 이슈들에 대해서는 정책의 소용돌이와 경험의 축적된 무게가 치열하게 격돌하곤 합니다. 물론 사회의 요구를 충족시키기 위한 고군분투지요. 오늘날의 과제는 사회적 역동성과 정책 결정의 메커니즘 사이에서 올바른 균형을 맞추는 것입니다. 그런 점에서 중국은 더 이상 대중을 무시할 수 없습니다.

그 두 가지를 조정할 수 없다면 정치적 신뢰를 잃을 수밖에 없는데, 우리는 다른 많은 나라에서 이런 현상을 수없이 보았습니다. 인도 역시 이러한 패러다임 변화에서 자유롭지 못하지요. 그리고 그 변화된 담론은 자신이 가진 원동력을 가지고 더 새로운 시대를 반영하는 겁니다. 인도 국가주의를 정책적 차원에서 어떻게 포착할 것인가는, 역사, 정체성, 이해관계, 그리고 정치의 이슈들을 동시에 다루어야 하는 아주 복잡한 과제입니다. 디아스포라(해외 인도인)의 복지는 이 매트릭스와 무관하지 않습니다. 이 모든 것을 서구 및 구질서, 그리고 특히 현실에서 중국의 부상과 관련시키는 것도 모두 다 연계된 질문이지요.

맹목적 과신의 시대에 대한 아주 오만한 여러 주장 가운데 '역사의 종말'이라는 게 있습니다. 이는 아시아에서 동시에 일어나고 있는 것들을 무시하는 매우 안일한 진술인데, 유럽 중심적 분석으로 그 한계가 명확하지요. 하지만 어떻게 되었든지 간에 우리는 아마도 미국이 주도하는 보편적이면서 그 무엇도 대적하지 못하는 그런 세계화 질서를 응시하던 중이었겠지요. 하지만 그때 강하게 나타난 것은 미국 단극 체제의 일시적 순간이었으니, 사실 그것은 이미 이전 역사의 다른 강대국들이 그리했던 것과 같은 것입니다. 그러면서 더 큰 경쟁과 정치적 대립이 세계를 훨씬 자연스럽게 다양성으로 되돌리기 위해 지속되었습니다. 그 과정에서 정치의 세계도 유행과 같이 그 순환이 있다는 사실이 발견되었지요. 수십 년 동안 세계화가 정치적으로 올바르고 경제적으로 불가피한 것으로 핏대를 올린 후에, 여러 지역에서 국가주의가 극적으로 부활하는 것을 우리는 보고 있습니다. 어떤 국가주의는 더 미묘하고 점진적이었고, 또 어떤 경우는 예상치 못한 충격적인 형태로 나타났습니다. 그들은 각각 자신의 사회와 다르고 구체적이지만, 더 큰 문화적 신념의 일부이기도 합니다.

2018년 9월 도널드 트럼프가 유엔에서 애국심을 우선으로 한다며 글로벌리즘을 거부했을 때, 그는 매번 그렇듯 자신의 주장을 과장했을 겁니다. 사실, 그 저변에 깔린 실제는 이루어지기가 어렵습니다. 각 대륙에 걸쳐 행해진 선거 결과에서 확인하듯, 오늘날 추세의 흐름은 더 강력한 문화적 정체성과 더 많은 국가주의 서사들을 가리키고 있습니다. 열망에서 나온 것이든, 불안에서 나온 것이든 간에, 우리는 역사의 종말이 아니라 아니라 역사로의 회귀를 목격하는 중입니다. 중국의 경우, 국가주의는 역량 발전의 결과입니다. 그러나 우리는 러시아, 튀르키예 또는 이란과 같은 국가들이 각각의 상황에 객관적으로 나타나는 차이 없이 어떤 영향력을 행사하는 것 또한 목격합니다. 그러한 상황에서 민족주의는 X- 인자로 작동하는 것으로 보입니다. 이러한 세계적 추세는 코스모폴리타니즘이 먹고 사는 생계를 상실하게 하는 데 정체성만큼이나 책임이 있다는 논쟁이 개별 국가 안에서 활발하게 전개되는 중입니다. 그리고 실제로, 개념으로서의 국가주의가 어떻게 인식되는지는 우리에게 한 사회에 대한 많은 것을 알게 해줍니다.

크게 보아 서구는 아시아에 비해 국가주의로 인한 불편이 덜 발생했습니다. 사실, 아시아에서 그것은 경제적 진보의 당연한 귀결로 여겨졌지요. 물론, 이것은 트럼프의 등장으로 이제 바뀌기 시작했습니다. 그렇지만 독일과 일본은 그것을 왜 외면하는지, 그리고 러시아나 튀르키예는 왜 그것을 자랑하는지를 설명하는 특정한 여러 역사가 지금 작동 중입니다. 중국은 오랫동안 그것을 외교적 도구로 사용하다가 뒤늦게 그 게임에 참여했습니다. 그러나 많은 개발도상국, 특히 식민 지배로부터 독립한 여러 국가에서 민족주의란 독립을 주장하는 것과 동의어지요. 낙관적이든 아니든, 서로 다른 곤경에 처한 각 정치체는 이제 차이나 드림, 브렉시트 또는 미국 우선주의 등을 목격하는 길을 가고 있습니다. 세계화 및 체제 신뢰성과 역사로의 회귀 사이에 존재하는 연관성은 의심의 여지없이 명백한 겁니다.

국가주의의 부활에 대한 진실은 그것이 실제로 사회를 조직하는 데 매우 내구성이 강한 기반이었다는 점입니다. 국가주의는 여러 시기에 걸쳐 크고 작은 충성심에 호소하면서 서로 충돌하는 여러 이념을 패퇴시켰지요. 다민족 제국들은 민족주의 징시와 싸웠고 대체로 패배했습니다. 반면, 국가를 구성하는 여러 개의 준(準)민족적 단위로 분열하는 것과 싸운 국가적 주체들은 대개 승리했습니다. 서구 제국주의는 결국 이전의 식민지에서 민족주의적 정서가 깨어나면서 결국 해체되었습니다. 공산주의는 전 세계적인 규모의 초국적 이데올로기 중 하나였습니다. 하지만 현실 사회주의가 민족주의적 속성과 결합되면서 공산주의는 결국 좌초했습니다. 소련과 중국, 그리고 나중에 중국과 베트남 간의 분열은 민족주의가 여전히 매력적이라는 걸 확인시켜주었습니다.

신앙에 기반을 둔 운동들은 국가 간 분열을 뛰어넘으려 시도하기도 했습니다. 이런 현상들은 팔레스타인 건국의 여러 명분을 내세우거나 보스니아, 아프가니스탄 같은 특정 국가를 세우려는 노력이 될 수 있습니다. 이 모델을 개선한 것이 다에쉬-이슬람 국가[62]의 부상입니다. 민족주의는 고조된 감정과 예외적 상황의 결과로 출현하지만 이를 다시 평상시처럼 돌려놓기도 합니다.

우리 시대의 세계화는 근대 정치의 굳어버린 조직적 원리를 극복하려는 또 다른 노력을 보여줍니다. 하지만 그것은 더 깊은 기술 기반과 더 강력한 경제적 이해에 달려있어서 국가주의와의 긴장은 여전하고 가까운 미래에도 계속될 것입니다. 그러한 강력한 두 가지의 합리화 사이의 논쟁이 일어나는 건 전혀 부자연스럽지 않아요. 그래서 우리는 그중 어느 하나를 하나의 사건으로 시각화하기보다는 전체를 역사의 흐름으로 보아야 하는 겁니다.

국가주의란 다양한 크기와 형태로 나타나는데, 독단적이거나, 반응적이거나, 혹은 그저 표현일 뿐일 수도 있습니다. 그 범주가 세계 권력 계층 구조 변화의 실제적이고 심리적인 결과를 반영한다는 건 확실합니다. 이는 중국과 인도 같은 국가의 부상, 아시아 같은 대륙의 부상, 이에 따른 세계 질서의 재균형으로 나타나는 겁니다. 이는 국제 사회에서의 대화의 내용과 방향 모두에서 분명히 드러납니다. 이는 주요 회의 대부분과 협상에서도 볼 수 있습니다. 사실, 누가 주요 세계 지도자인지를 알아차리는 것 그리고 G20이나 브릭스(BRICS) 같은 좀 더 새로운 회합의 형식에 대해 인식하는 것이 바로 이러한 진화를 뒷받침하는 것이지요. 그뿐만 아니라,

---

[62] 이슬람 근본주의를 표방하는 초국가적 테러리스트 단체. 주로 이슬람 국가(IS) 혹은 이라크-시리아 이슬람 국가(ISIS)로 알려져 있는데, 이 명칭은 그들을 마치 하나의 국가로 오해하도록 하기 때문에 아랍어로 줄인 말인 다에쉬(Daesh)로 쓴다.

글로벌 의제 자체도 변화를 겪고 있으며, 이전보다 더 다양한 이해관계를 반영하고 있습니다. 파리 기후변화협약과 같은 주요 협상의 결과가 이러한 변화된 현실을 반영하지요. 중국이 주도하는 아시아인프라투자은행(Asian Infrastructure Investment Bank)이나 모디 수상이 제안한 국제태양광동맹(International Solar Alliance)과 같은 새로운 기관의 설립도 마찬가지입니다. IMF와 같은 기구에서 더 공정한 대표성을 요구하고 UN 개혁에 대한 지속적인 압력을 가하는 것도 같은 징후지요. 중국의 등장은 일본, 한국 또는 아세안과는 달리 이전의 틀과 전혀 부합할 수 없는 속성 때문에 큰 혼란을 유발합니다. 인도의 부상은 이러한 변화에 대한 압력을 더욱 강화할 것입니다. 다른 모든 차이에도 불구하고, 더 현대적인 세계 질서에 대한 요구는 인도와 중국을 같은 편에 놓이게 합니다.

더 큰 국가주의를 구동하는 두 번째 동인은 정반대 방향에 있는데, 바로 이 재균형에 대해 나타내는 기득권 국가의 반응입니다. 제조업의 오프쇼어링과 광범위한 글로벌 공급망의 창출은 필연적으로 서구에 영향을 미쳤습니다. 개발도상국의 일부가 글로벌 무역 시스템을 이용해 부당 이익을 취했다는 생각에 언이은 분노가 더욱 가중되고 있습니다. 이주민이 점점 더 많이 유입되면서 그들이 특정 소득집단의 권력 상실감 증가에 이바지하기도 하지요. 그런데 아이러니하게도 유럽의 당면한 위기는 이러한 사건들보다 분쟁상황에서 쏟아진 난민들에 의해 촉발되었는데, 그 분쟁의 책임은 서방 세계에게 있습니다.

세 번째 범주는 전 세계에 걸쳐 더 첨예해진 문화적 정체성이 서로에게 어떤 작용을 하는지 그 누적된 충격입니다. 그 진원지는 서아시아였으며, 시간이 지나면서 다른 지역들도 이에 반응하기 시작했습니다. 이 과정의 원인과 결과는 항상 논쟁적이지만 분명한 사실은 사람들이 자신을 정의하고 타인을 인식하는 방식에 변화가 생긴다는 것입니다. 그 결과, 더 넓은 정체성을 구성하는 많은 것들이 도전받게 되었습니다. 이러한 추세가 융합되면서 경제, 정치, 문화, 신앙 그리고 정체성 사이의 균형이 깨지고 있습니다. 균형 파괴의 양상은 분명히 나라마다 다르고 거기에 각자 고유한 역동성을 가질 것입니다. 세계주의 세력과 국가주의 세력 사이에 어떤 하나가 다른 하나를 압도할 수 없기에, 우리는 두 세력의 불안정한 공존과 변화하는 방정식을 예상해야 합니다. 그것이 만들어낼 세계는 매우 논쟁적이 될 것입니다.

인도도 국가주의를 강화하는 더 큰 추세에서 예외가 아닙니다. 일반인들은 국가 복지와 집단 전망에 대해 특정한 정서를 가지고 있지요. 그들은 우리(Uri)나 발라꼬뜨(Balakot)에서와 같은 외과수술식 정밀 타격이나 국경 대치뿐만 아니라 핵공급국그룹에 가입하는 것이나, 국제기구 선거와 같은 밝히기 매우 어려운 이슈들에조차도 민감하게 반응합니다. 인도 경제가 꾸준히 성장하고, 세계와 더 큰 연결성에 대한 열망을 가진 세대의 출현이 이 과정을 더욱 촉진합니다. 수년간 우리의 권력 구조가 더 많은 다양성을 포착하고 더 강력하게 뿌리를 반영하기 위해 확대되어감에 따라 활성화된 사회적 세력도 확대되었습니다.

감정적인 측면에서 보면, 국가주의는 분명히 더 강한 통합 정신에 이바지합니다. 정치적인 측면에서 보면, 그것은 준(準)국가 단위의 도전과 초(超)국가 단위의 도전 모두에 맞서 싸우겠다는 훨씬 강한 의지를 의미하는 겁니다. 정책적인 측면에서 보면, 이는 국가의 역량과 영향력을 어떻게 극대화할 것인가에 초점이 맞춰져 있습니다. 현재 인도의 상황에서 보면, 이는 안보 문제와 특별히 관련이 있습니다. 전체적으로 보면, 국가주의에 따른 외교정책 전망은 더 많은 확신과 더 큰 현실성을 가지고 세계에 접근하려 합니다. 인도가 다른 많은 강대국들과 다른 점이 있다면 그 국가주의 의식이 '우리 대 세계'의 사고방식으로 이어지지 않는다는 것입니다. 우리는 타고난 다원주의 덕분에 국가주의와 세계 참여를 조화시키는 전통이 있습니다. 인도의 국가주의는 희생자 의식으로 추동되지 않으며, 기존 질서와 새로 떠오르는 질서를 연결하는 가교 역할을 할 수 있는 잠재력을 가지고 있는 겁니다.

국가주의는 정치와 정체성의 산물이기 때문에 인도는 그 가까운 이웃 나라들과의 정치 및 정체성 문제와 씨름해야 했습니다. 국가주의에 끼친 문명적 영향력이 지금의 정치적 국경보다 훨씬 더 넓다는 건 분명하지요. 그러니 새로 등장한 국가주의는 오래된 관계들 위에서 세워진 구조물에 쉽게 적응하지 못할 수 있습니다. 그 결과, 인접 지역 및 확장된 이웃 국가들과의 접촉면이 만만찮게 희석되어버렸습니다. 따라서 이제 과제는 분열된 지역을 재건하는 동시에 그 이상의 연결 고리를 다시 구축하는 것입니다. 이 두 가지 목표는 두 과정이 잘 진행되면 스스로 해결할 수 있지만, 만약 비틀거리면 훨씬 더 어려워질 수 있습니다.

남아시아에 관한 한, 역사는 공유하지만 분단된 사회현실 때문에 자연스럽게 예민성이 커지지요. 그로 인한 경계심이 때때로 나타나는데, 특히 엘리트의 태도에서 그렇습니다. 인도는 전체로서의 사회에 대한 이해를 쌓아가면서 이 문제의 해결을 시도해야 합니다. 이는 더 큰 확신을 제공하는 것을 필요로 하는데, 이를 위해 긴밀한 협력에 대한 더 큰 인센티브를 제공할 때 가능하겠지요. 인도 정치는 국가의 번영을 남아시아 전체 지역을 위한 하나의 흐름으로 취급하는 지혜를 보여주어야 합니다. 이는 더 높은 수준으로 집중하면서 더 많은 자원을 할당해야 하는 것을 의미합니다. 이것이 다름 아닌, '이웃 우선'에 담긴 정책입니다.

이웃 국가들은 어디에서나 도전하게 되어 있으니, 인도는 공정한 몫을 받는 것을 피할 수 없는 겁니다. 이러한 관계를 안정적으로 유지하기 위해 인도는 더 큰 구조적 상호 연결에 투자해야 합니다. 이렇게 구축한 관계들이 시도 때도 없이 발생하는 피할 수 없는 상황을 안정시키는 데 도움을 줍니다. 이를 인식하고 나서, 진짜 문제가 생기면 그 문제를 회피하지 않는 것도 중요하지요. 관대함과 단호함은 반드시 함께 가야 합니다. 지난 몇 년간 인도는 자신의 이익을 명확하게 규정하고 자신의 본능을 신뢰하는 데 큰 성과를 거두었습니다. 또한 인도는 이 지역에 대한 전 세계 여론을 형성하는 자석 역할을 해왔습니다. 인도를 더 집중적으로 끌어들일 준비가 되어 있는 이웃 국가들에 긍정적인 반응을 보인 것 또한 환영할 만한 발전이기도 하지요.

많은 국가가 자신의 이익만을 속 좁게 추구하는 상황에서 인도가 더 확장된 세계관을 취하는 것은 인도에 이익이 됩니다. 어려운 상황에서 발 벗고 나서면, 더 큰 능력과 자신감을 강조할 수 있을 뿐만 아니라 관대한 국가로서 고유한 브랜드를 구축할 수 있기도 합니다. 이러한 이미지는 인도인의 사고방식에 내재한 세계에 대한 포용의 정신과 잘 부합하는 것으로, 분열을 해소하는 강대국으로서의 위치를 강화합니다.

지난 몇 년간 인도는 이러한 식으로 접근해왔습니다. 특히 자연재해에 대응하는 이니셔티브를 통해 잘 표현되었습니다. 이러한 활동은 인도가 더 넓은 지역에서 발생한 위기상황에서 가장 먼저 대응할 수 있도록 준비하는 데 큰 도움이 되었지요. 인도는 글로벌 커먼즈가 위기에 처했을 때 거기에 동조하고 확실한 지원을 꾸준하게 해왔습니다. 그런 부분에서 인도의 실질적 존재감은 국제법과 규범을 존중한다는 선언을 통해 뒷받침되는 겁니다. 이때 인도는 분쟁 해결에서 모범을 보임으로써 신뢰할 수 있는 위치에 서게 되는 거지요. 글로벌 공익에 이바지하는 국가주의는 국가 브랜드 구축에서 강력한 힘을 발휘합니다.

역사를 통해서 보면, 여러 지역에 보편적으로 나타나는 국가주의의 부상이 세계를 서구화하는 데 영향을 미치는 것은 당연한 일입니다. 우리의 세계는 주로 서구의 개념과 규범의 틀에서 기능하지요. 적어도 아시아에서는, 우리는 문화적 자부심에 동반한 경제적 부상에 대해 말할 수 있습니다. 반면, 다른 대륙들은 어디에서도 이런 상황과 거리가 멉니다. 심지어 아시아에서도 타협과 주장의 상황은 엇갈리게 드러납니다. 인도, 중국, 일본을 비교할 때, 이 사회들이 어디에서 적응했고, 어디에서 자기 자신을 고집스럽게 지켜왔는지를 구분하는 일은 매우 흥미롭습니다. 각국은 서양과의 관계를 쉽게 혹은 어렵게 묘사할 충분한 증거를 제시하지만, 결정적인 요소는 항상 당대의 정치였습니다.

각 나라는 자기 근대화의 모든 단계에서, 서양과의 방정식이 어떠한지 계산하고 또 계산하고 했습니다. 그러나 세계 무대에서 아시아의 영향력이 더 커지면서, 그들이 국가적으로 드러내는 것을 견제하는 게 어렵게 되어버렸습니다. 그들은 제한된 정치적 주장에서부터 더 넓은 사회적이고 역사적인 주장을 향해 앞으로 나아가고 있습니다. 이러한 브랜딩 활동들이 어디까지 발전하고, 그 영향이 세계 공통 기반에 어느 정도까지 영향을 미칠지는 알 수 없습니다.

서양과의 관계에 있어 중국인들은 종종 자신들이 처한 현재의 위치를 정당화하기 위해 한 세기 동안의 굴욕감을 되새김질합니다. 하지만 누군가가 불만을 터트려야 한다면, 인도야말로 유럽에 의한 강간과 약탈을 한 세기가 아니라 두 세기 동안 당했던 나라입니다. 당시에 세계를 이끌어가던 인도 경제를 파괴한 것은 아직도 더 알려질 필요가 있습니다. 2018년의 한 연구는 영국이 인도에서 빼돌린 자원만 현재 가치로 따지면 45조 달러에 달한다고 추정했습니다.

이 숫자는 그간 서구의 서사에서 그들이 행한 약탈을 체계적으로 과소평가했음을 잘 드러냅니다. 그에 대한 증거는 누구나 다 볼 수 있는데, 적어도 인도에서 직접 가져온 자산만 포함해도 충분한 거지요. 그런데도, 제국주의는 지금까지도 영국의 통치가 인도인들에게 어떤 식으로든 유익했다는 역사를 만들어냅니다. 두말할 것도 없이, 진짜 기록은 빈곤, 아편 무역, 노예제, 기근을 대규모로 만들어냈다는 것입니다. 그들은 이 어두운 역사의 장에 대해 지금도 거의 반성하지 않습니다. 대신, 박물관에서 자신들에게 소유권이 없는 유물을 자랑스럽게 전시함으로써 당시를 찬양하는 일만 계속해서 행할 뿐입니다. 미화는 그 시대에 대한 그들의 첫 번째 서사입니다.

이러한 침탈에 대한 의식이 나날이 커지고 있는데도 인도인들은 그들에 대해 원한을 거의 품지 않고 있다는 점은 참으로 주목할 만 한 일이지요. 인도를 1950-60년대의 중국이나 1930년대의 일본과 진정으로 구별되는 점은, 반서구 정서에 근거하여 국내에서 어떤 운동을 동원하는 데 의존하지 않았다는 것입니다. 이처럼 서구와 인도 관계의 대체로 마찰이 없었지만 그렇다고 항상 우호적인 것만도 아니라는 기록은 주목할 만합니다. 일단, 인도가 역사를 제쳐두고 정치가 역할을 하도록 내버려두자, 인도와 서구 간의 가치와 이해관계가 수렴하는 모양을 만들어가기 시작했습니다. 최종적으로, 자유민주주의 정치 모델, 유사한 통치 방식, 신뢰할 수 있는 시장경제, 법치의 의무 등 그들이 공유하는 많은 것을 갖게 되었지요. 독립 이후 인도가 영어를 말하는 세계와의 긴밀한 관계를 지속하는 걸로 결정 내린 것은 결코 그 의미가 작지 않습니다. 그 후 수년에 걸쳐 특히 미국 및 영국과의 정치, 안보, 무역, 투자, 서비스, 혁신, 교육 및 개발 원조를 포괄하는 매우 실질적인 관계가 구축되었습니다. 이는 시민 사회와 제도 간의 광범위한 접촉을 특징으로 합니다. 게다가, 많은 서구 사회에서의 대규모 인도 디아스포라는 양자 간의 유대감을 더욱 강화했습니다.

인도 현대사의 어려운 시기에 서방의 경제적, 군사적 지원은 중대한 차이를 만들어냈습니다. 특히 1960년대 중국과의 국경 분쟁 이후 그리고 기근이 닥쳐온 시기에 그러했습니다. 인도는 서방국가들과 그들이 통제하는 다자은행들로부터 개발 원조를 가장 많이 받은 나라였지요. 30년 전 개혁에 착수하고 더 높은 성장단계로 옮겨가면서 서방은 다시 이 궤도를 지지했습니다. 그들은 인도-미국 핵 합의 및 다양한 수출 통제 체제 가입을 포함하여 국제 체제에서 인도의 정치적 이익을 키우는 데 앞장섰습니다. 테러, 해양안보 또는 연결성과 같은 오늘날의 주요 국제 문제에 대한 상당한 공감대가 형성되었습니다. 이러한 관계는 특히 9·11 이후 국제 문제에서 스스로 느낄 수 있는 정도로 점점 더 커졌습니다.

유럽연합, 영국, 미국은 인도의 현대화에 필요한 자본, 기술, 모범 사례의 원천이자 최고의 경제 파트너입니다. 관계의 성숙도 또한 양방향 흐름 모두에 반영되고 있고, 인도 기업들은 현재 서구 경제에서 중요한 외국인 투자자로 부상하고 있습니다. 관계의 정치도 속도를 맞춰왔습니다. 특히 인도와 미국 관계가 최근 몇 년 동안 큰 진전을 이루는 동안, 전략 문제에서 유럽이 오랫동안 제시해온 '제3의 선택지'의 중요성이 더욱 커졌습니다. 이러한 관계가 쌓여 발전하면서, 오늘날 인도와 서구 사이에 높은 수준의 편안함이 만들어진 겁니다.

우리는 오늘날 우리가 도달한 이 지점을 높이 평가하는 동시에 이것이 항상 우리 관계 상태인 것만은 아니었다는 점도 인정해야 합니다. 인도의 영향력이 크게 약화한 것은 아대륙의 분할에서 시작했다고 진술하게 설명해야 한다는 겁니다. 인도와 파키스탄의 분단은 인위적이었고, 1971년에 가서는 파키스탄이 찢어졌습니다. 인도 사회 내부의 균열을 정치적으로 이용하려는 관심도 오래전부터 있었습니다. 오늘날에도 민주적 자유를 내세워 분리 운동을 벌이는 것까지 확장된 견해는 심각한 문제를 일으킵니다.

몇 년 전까지만 해도 인도의 이웃 국가들이 행한 서구와의 밀착은 인도와 거리를 더 두는 방향을 추구하는 정치 세력과 함께하는 차원에서 나온 것이었습니다. 현재 인도의 민주주의 가치는 높이 평가받고 있는데, 사실 이게 항상 그랬던 것만도 아니었습니다. 이와 반대로, 과거에는 아대륙 내의 군사 정권이 효율성의 좋은 사례로 인정받기도 했습니다. 인도를 통제에 두기도 하고 동시에 인도를 열심히 뛰게 풀어두는 좀 더 넓은 접근 방법이었다는 거지요. 불안정하거나 약한 인도는 강하고 횡포한 인도만큼이나 바람직하지 않았다는 게 사실입니다. 진실은 인도식으로 식은 죽 먹듯 골디락스 접근법에 있습니다. 너무 뜨겁지도 너무 차갑지도 않게, 적당한 온도를 맞추기 위해 일정한 노력을 필요로 하는 것인데, 그것을 바로잡기 위해선 상당한 노력이 필요했습니다. 그런데 이런 방식이 대부분의 서방 외교의 인도 정책이었습니다. 그래서 우리는 그들의 인도 지원에 관한 역설을 겪었던 겁니다. 1962년 분쟁 이후 인도가 심각하게 기울어갈 때 그들은 인도를 지원했지만, 1971년 방글라데시 탄생 때처럼 인도가 스스로 주장할 때 그들은 반대했습니다. 그사이에 꾸준하지만 신중한 규모의 개입의 단계들이 더 있습니다. 산업화, 국방력, 핵 또는 우주 능력을 구축하거나 국제적 영향력의 위치를 차지하려는 인도의 열망은 광범위한 지지를 받으면서도 아주 신중하게 다루어졌습니다.

이 주장 가운데 상당 부분은 비동맹 정책을 편 인도가 냉전 시대에 서구와 함께하지 않아서 그렇다는 주장으로 합리화됩니다. 인도의 서사가 매우 다르다는 건 누구나 알만한 것이고, 파키스탄에 대한 서구의 편애가 인도가 소비에트 블록에 더 가까이 다가가게 된 원인이 되었지요. 하지만 이 모든 것이 완전히 달라졌습니다. 그래서 실제로 인도와 서방국가들, 특히 주요 국가들과의 관계가 크게 달라졌습니다.

하지만 양쪽 모두에서 정책의 연속성을 대변하는 분절적인 이슈들이 여전히 있습니다. 인도와 서방의 이해관계는 경제와 사회에 관한 여러 질문에서 상당히 다릅니다. 그중에는 수백 수천만 명의 복지가 걸린 정책도 다수 포함됩니다. 인도는 형평과 공평에 관한 한 훨씬 더 크게 개발도상국 세계의 입장을 대표하기도 하지요. 이러한 차이는 무역, 기후 변화, 지적 재산권 문제에도 반영됩니다. 모든 국가는 자신에게 유리하게 문제를 프레임화하고 우선순위를 정하려고 노력하기 때문에, 이러한 모순은 지속될 것입니다. 인도는 글로벌 사우스에 강력한 지지 세력을 가지고 있습니다. 인도가 그곳에서 부상하고, 그들을 육성해야 하는 의무를 지니고 있기 때문이지요. 그러니 인도는 서방이 원하는 것보다 더 강력한 서남방의 강대국이 될 것입니다.

안보와 정치의 세계에서 인도는 때때로 서방의 이니셔티브로 인해 부수적인 피해를 보았습니다. 1980년대 잠무-카슈미르에서 발생한 테러를 부채질한 아프가니스탄의 지하드가 그 정확한 경우지요. 아프가니스탄과 서아시아에서의 상황 진행은 오늘날에도 여전히 우려의 대상입니다. 관점이 다르면 인식과 우선순위는 서로 다를 수 있습니다. 핵확산과 관련하여 서방이 이란과 북한에 초점을 맞춰 행한 건, 파키스탄의 눈가림이나 민간 조직 칸(A.Q.Khan) 네트워크[63]의 동화 같은 이야기와는 사뭇 대조적입니다. 주목해야 하는 건 시민의 자유와 인권 문제에 있어서 인도의 동쪽에 있는 미얀마의 군부는 제재를 크게 받았고, 인도의 서쪽에 있는 파키스탄의 군부는 동맹으로 환영받았다는 점입니다. 중국의 기근이든 방글라데시와 캄보디아의 대량 학살이든 우리 시대의 거대한 비극에 접근할 때, 서방이 취한 전략적 계산은 대중의 분노를 찍어 눌러 버렸다는 겁니다. 유엔 평화유지군에 상당히 이바지한 국가들이 반드시 행해야 할 의무에 대해서 아무 언급조차 하지 않는 이유가 뭔지는 오래된 습관이 설명해 줍니다. 아일랜드 밖 영공에서 터진 에어인디아 항공기 폭파사건이 4년 뒤 스코틀랜드 로커비 상공에서 발생한 팬암 항공기 폭파사건과 너무나 다른 대우를 받은 것도 있습니다. 우리는 언론의 자유라는 이름으로 테러를 옹호하다가 자국의 안보가 위험에 처했을 때 범죄자를 자국 송환하는 나라들을 똑똑히 봐왔습니다.

인도와 서구 모두가 이러한 사례들을 통해 교훈을 얻을 수 있습니다. 세계 곳곳에서 변화가 일어나지만, 인도는 여전히 서방이 보유하는 영향력을 과소평가해서는 안 됩니다. 마찬가지로, 서방은 인도가 다른 역사를 가진 나라로, 다른 곳에서 왔다는 사실을 반드

---

63 파키스탄 핵무기 아버지로 불리는 압둘 카디르 칸(Abdul Qadeer Khan)은 1970년대에 우라늄 농축 기술을 개발해 파키스탄이 핵무장을 할 수 있도록 했는데, 네트워크를 조직해 1980~1990년대부터 핵무기 제조 기술 및 장비를 이란, 리비아, 북한 등에 불법적으로 판매하거나 유출한 조직적인 핵확산 활동을 벌였다.

시 명심해야 합니다. 그들 사이에 공동의 기반이 확장되더라도, 상당한 차이가 있을 것은 피할 수 없는 사실일 겁니다.

서구가 이렇게 내구성을 유지하는 것의 핵심은 그들이 지배하는 시기에 진보적이면서 확고하게 자리 잡은 일련의 제도와 관행에 있습니다. 인류 활동의 어떤 형태로든 그것에 의해 형성되거나 규제되지 않는 부문은 사실상 존재하지 않습니다. 전 세계에 통용되는 규칙이 설정되었을 뿐 아니라, 글로벌 커먼즈도 마찬가지입니다. 이런 규칙들은 서구에 유리하게 작동하는 동시에 경쟁자들을 약화시키는 내러티브에 의해 뒷받침됩니다. 제도, 레짐, 법, 그리고 지식이 뒤섞인 복잡한 거미줄과 같은 것인데, 그 대안을 만드는 일이 만만치 않은 문제지요. 하지만 글로벌 권력 재분배가 진행되면 이런 일이 불가피하게 일어날 수밖에 없습니다.

기득권 세력이 신흥 세력과 타협해야 한다면, 문제는 그 정도와 성격에 관한 것만이 아닙니다. 더 중요한 것은, 누구와 그렇게 할 것인가 하는 것입니다. 중국에 대한 서구의 싸움 논리는 주로 서로의 경제적 이익을 위한 것이었습니다. 오늘날 어려움이 있다면, 그것은 그 상호성에 의문이 생겼기 때문입니다. 하지만 인도는 경우가 다릅니다. 경제 논리에 정치 문제가 중첩되기 때문입니다. 인도의 다원적 성격과 민주적 전망은 서구의 그것에 더 가깝습니다. 그 결과 오늘날 인도의 경제 성장과 정치 위상에는 훨씬 더 큰 의미가 배어 있는 거지요. 인도의 부상에 이바지하는 것은 새로운 세계 전략의 균형을 만들어가는 일부가 될 수 있습니다. 인도도 마찬가지로 일부 국가에 대한 더 복잡한 계산을 반영하여 다른 국가들과 파트너 관계를 맺어왔다는 역사적 사실을 상기하는 게 좋겠습니다.

변화하는 것은 인도의 역량뿐만 아니라 서방의 상대적 무게이기도 합니다. 미국이 그리고 서방이 대체적인 우위를 잃는다면, 이는 정치적으로 이슬람과 중국에 관한 잘못된 계산 때문입니다. 여기에 오랫동안 만들어져 온 경제, 사회, 인구 및 정치적 경향에서 나오는 문제들도 있을 테고요. 사회적 경향은 서구에서 더 큰 국가주의와 고립주의를 구동시켜가는 중입니다. 이민은 소득 불균형을 조장하는 정책과 결합하여 반(反)세계화 서사를 더욱 가열시켰습니다. 문화적 민족주의가 급증하면서 서방도 자기 쪽으로 등을 돌렸지요. 예컨대, 영국은 유럽에, 미국은 자기 동맹에 대한 약속 쪽으로 기운 겁니다.

유럽에 관한 한, 유로존 위기 이후 세계적 긴축이 꾸준히 지속돼 오고 있었습니다. 대체로, 유럽은 아시아에서 정치적으로 철수했고, 유럽의 이해관계는 주로 경제적 측면에서 규정했습니다. 하지만 지난 10년 동안의 변화 속도가 너무 빨라서 유럽은 곧 자기 집 마당에서조차도 수세에 몰린 것으로 나타났습니다. 대서양 동맹이 오랫동안 제공해온 편안함도 이제 의문의 대상이 되었습니다. 그래서 우리는 어떤 소란과 무질서의 그림을 갖게 된 겁니다. 수년간의 내부 통합을 몰아붙인 유럽이 그 자체로 분열되어 있기도 하지만, 미국과 유럽 사이에서 분명한 격차가 많은 문제에서 드러납니다. 지금은 단결된 서구 세계라는 개념이 더 이상 지속가능한지 의문을 제기할 상황에 이르렀습니다. 이 틀을 함께 묶은 접착제는 미국이었습니다. 그 나라가 이제 점점 더 내부 쪽으로 향하면서, 이 틀이 무너질 위기에 처하게 되었습니다. 따라서 우리는 서구 내부의 떠오르는 다극화를 지금 보고 있는지도 모릅니다. 그러한 서구가 인도와 결합하거나 아니면 다른 방향으로 갈 때, 그것은 서구의 결속력이 더 강했던 시절과는 분명히 다를 것입니다.

인도는 신흥 강대국일지는 모르겠지만, 아직도 여전히 갈 길이 먼 나라입니다. 그렇지만 여기에서 우리는 몇몇 근현대사의 교훈을 고려해봐야 합니다. 지난 150년 동안의 가장 인상 깊은 성장 이야기들은 모두 서구의 참여와 관련이 있다는 게 중요한 사실입니다. 이는 19세기와 1950년대 일본 경우가 그랬고, 1960년대 한국, 1970년대 아세안, 1980년대 중국이 모두 다 그랬습니다. 심지어 소련도 1920년대에 독일을 중요한 파트너로 삼으면서 빠르게 산업화했습니다. 중국의 경우, 1950년대에 먼저 소련과 함께 갔다가 1980년대에 서구로 방향을 바꾸는 이중의 위험을 무릅쓴 후 두 배의 이익을 얻었습니다. 물론 두말할 필요도 없이 그렇게 하는 데 있어서 서구는 그 자체의 의제를 가지고 있었지만, 그 파트너는 그 옵션을 활용하고 그 결과를 처리해야 하는 도전 과제를 풀어야 했던 게 사실입니다.

인도가 얻을 수 있는 것은 꽤 분명합니다. 서방과의 파트너십 강화는 상당한 정치적 이익과 경제적 이득을 가져올 게 분명하지만, 그건 그들과의 경쟁 속에서 인도의 지분과 균형을 맞춰야 하는 겁니다. 지평 너머로 보면 기술 응용과 인적 자원 최적화 측면에서도 활용이 가능한 기회가 엄청나게 많습니다. 세계화는 현재 약간의 왜곡으로 인해 상당한 곤란을 받고 있기에, 머지않아 수정된 형태로 그 스스로 드러낼 것입니다. 경제, 기술 그리고 인구 조합이 인도와 서구를 더욱 가깝게 만들 것이라고 상당히 확신할 수 있지만, 진정한 차이는 정치와 가치에 의해 만들어질 겁니다. 인도와 서구가 서로의 세계관에 부합하는 방향으로 나아가야만 성공적인 결과를 얻을 수 있을 겁니다. 여기에서 인도의 성장을 더 큰 서구의 이익을 위한 전략적 발전으로 간주하는 것이 그 출발점입니다. 이러한 사고는 미국과 일본에서 더 많이 받아들여지고 있습니다. 유럽에서는 여전히 더 많이 발전해야 합니다.

경제적인 관점에서 볼 때, 인도가 세계적으로 더 많은 수요와 공급의 원천으로 급부상함으로써 어느 한 지역에 대한 과도한 의존도를 줄이는 게 서구의 이익에 부합하기도 할 겁니다. 우리가 기술 의존도를 높이는 방향으로 나아갈 때, 이것은 특히 중요할 것입니다. 자원과 비용의 최적화가 비즈니스의 지침이 될 것이라는 사실을 감안하면, 인도의 인적 자원이 세계 경제에 미치는 비중은 시간이 지남에 따라, 더 커질 것입니다. 인도의 시장경제와 책임 있는 거버넌스는 인도를 설계 및 제조의 계약을 위한 더욱 안전한 파트너로 만듭니다.

서구 입장에서는 인도의 성공을 보장하는 데서 입증해야 할 좀 더 큰 원칙들도 있습니다. 민주 정치와 고도성장 경제가 상호 배타적이지 않다는 점을 확인할 겁니다. 인도의 다(多)종교 사회는 세계 안정에 엄청난 이바지를 하고 있습니다. 사실, 이것이 바로 인도의 서쪽에서 인도의 동쪽으로 근본주의와 급진주의가 확산하는 걸 막는 방화벽 역할을 하는 겁니다. 다른 한편 인도는 서구 세계에서 가치를 증대시키는 활동가와 같은 측면도 역시 가지고 있습니다. 인도양의 해양 안보나 아시아의 연결성 구축과 같은 분야에서 인도가 이바지한 건 이미 차이를 만들어내고 있습니다. 지난 몇 년 동안, 인도는 더 큰 '인도적 지원과 재난 대응(Humanitarian Assistance and Disaster Relief, HADR)' 책임을 지겠다는 의지를 표명했습니다. 인도의 참여는 민감한 기술을 다루는 수출 통제 체제를 강화합니다. 그리고 다양한 글로벌 이니셔티브와 협상의 신뢰성을 높이기도 하지요. 그뿐만 아니라 파리 기후변화협약에서처럼 결과를 도출해내는 데에 종종 도움이 됩니다. 서구 시스템이 계속 강하게 유지되려면 스스로를 재창조해야 하기 때문에, 인도의 행동은 파트너에게 좋은 옵션입니다.

이 모든 것이 제대로 작동하려면, 여러 중요한 관계들이 자립의 방식으로 모여야 합니다. 여기에는 인도가 미국, 영국, 유럽 및 일본과 맺는 관계가 포함되지요. 미국에 관해서는, 인도가 최근 역대 행정부와 꾸준히 관계를 공고히 했다는 점이 주목할 만합니다. 지금까지 공통점을 찾아 공감대를 형성해왔는데, 클린턴의 경우는 다원주의와 비즈니스, 부시의 경우는 민주주의와 세계 전략, 오바마의 경우는 기후 변화와 급진화였습니다. 트럼프의 당선 이후에는 양자주의, 무역과 안보의 융합입니다. 미국 대통령이 새로운 파트너와 함께 오랫동안 진전을 가로막았던 체제와 정통성의 포로가 되지 않았다는 점은 인도에 유리하지요. 트럼프의 세계관 속에서 동맹국들은 미국을 실망시켰고 경쟁국들은 미국을 속였던 겁니다. 인도는 두 경우가 다 아니어서 다행이지요.

서구에 대한 전반적 접근의 핵심은 분명히 인도-미국 관계입니다. 초기 단계에서 영국은 더 큰 정책을 수립하는 데 제대로 어울리는 역할을 하지 못했습니다. 이에 따라, 분단 이후의 많은 고려사항들이 외교정책의 입장으로 이행되었습니다. 반면, 시간이 지남에 따라 미국의 이익과 인도의 동쪽에 대한 지분 증가가 중첩되면서, 보다 자율적인 기반이 생기게 되었습니다. 오늘날 인도-동양 융합과 인도-서양 융합 간의 차이는 분명하게 드러납니다. 그 차이가 얼마나 줄어들지가 인도와 더 큰 서구가 얼마나 가까워지느냐를 보여줄 겁니다.

미국과의 골디락스 시대가 끝나면서 관계를 더 키우려는 노력이 결과를 맺었습니다. 지금과 같은 대화의 폭과 수월성은 15년 정도 전만 해도 상상조차 할 수 없었을 것입니다. 관계의 강도는 G2G(정부 대 정부), B2B(비즈니스 대 비즈니스), P2P(개인 대 개인) 또는 심지어 T2T(기술 대 기술) 용어로도 측정할 수 있습니다. 40년 동안 군사 장비를 하나도 사지 않았던 나라가 지금은 여러 플랫폼을 운영하고 있습니다. 인도 유학생들이 많이 모인 덕분에 특히 사회적 접촉이 강해졌습니다. 양국의 여론은 매우 긍정적이고, 인도인 디아스포라는 특히 미국 의회에 큰 영향을 미치는 아주 특별한 다리가 되었습니다.

이 관계가 우리 세대의 전환 스토리인 건 틀림없지만, 해결해야 할 어려움이 없는 건 아닙니다. 이는 국제 관계의 본질에 내재해 있는데, 어떤 건 지정학적 관점에서, 또 어떤 건 국내의 강압에서 비롯됩니다. 현재 가장 주목해야 할 것은, 무역에 관한 마찰과 이동 제한에 관한 우려입니다. 하지만 그 이상으로 관계를 꾸준히 관리해야 하는 더 큰 문제가 있습니다. 인도는 미국과 가치에 관한 서사를 계속 유지해야 하는데, 그것이 지정학적 측면으로든, 문제를 공유하는 것이든, 시장의 매력이든, 기술의 강점 또는 분담금 부담이든 무엇이든 관계없이 지속해야 한다는 겁니다. 그리고 그것은 오늘의 대통령을 위해 맞춤형으로 제작해야 합니다. 미국 정책의 불연속성이라는 점을 고려하여, 그들의 참여는 업데이트된 우선순위와 그로부터 발생하는 여러 문제에 대해 계속하여 영향을 미치는 것 또한 중요합니다.

세계는 실제로 매우 달라졌지만, 그 근본이 완전히 뒤집힌 건 아닙니다. 아시아가 인상 깊게 성장했는데, 서구가 경제적으로 그리고 정치적으로 공간을 내어준 것은 분명한 사실입니다. 그러니 미국은 말할 필요도 없이, 유럽을 깎아내리는 건 심하게 어리석은 짓일 겁니다. 그리고 성장하는 아시아의 **GDP**가 전략 문제에서 영향력으로 빠르게 바뀔 것이라고 주장하는 것은 그야말로 망상입니다. 경제적 결정론은 효과적인 동기 부여일 수는 있지만, 정책 결정의 근거로 작동할 수는 없습니다. 성장에 필요한 것은 곧 자본이라는 게 사실인 만큼, 현재의 주요 시장은 여전히 서구에 있다는 게 엄연한 사실이지요. 더 중요하게는, 서구의 주도권이 잠식되고 있다고 하더라도 서구는 여전히 기술과 혁신에 관한 기본 원천이 되고 있다는 것입니다. 글로벌 기관들은 대부분 표준이 정해져 있어서 이 분야에 기반을 두고 있습니다. 그것은 그 기준이 대부분 서구에 설정되어 있어서지요. 글로벌 커먼즈는 주로 서구에 의해 규제받고 있는데, 눈에 보이지 않는 영향력은 눈에 보이는 형태보다 훨씬 강력할 겁니다.

그러니 이제 끝이 임박했다고 선언하는 건, 아무리 봐도 시기상조입니다. 군사적 균형은 이러한 현실을 더욱 극명하게 드러냅니다. 세계의 국방예산은, 미국을 제외하더라도, 서방의 지출이 압도적으로 많습니다. 지난 25년간에 걸쳐 벌어진 전쟁을 한번 생각해보세요. 유고슬라비아, 아프가니스탄, 이라크, 리비아, 시리아 등. 이 전쟁들의 원인이나 결과가 무엇이든 간에, 이 전쟁 모두는 서방이 무력을 사용하겠다는 의지, 기술력과 적용력의 엄청난 개선 그리고 정치적 압력을 가할 수 있는 뚜렷한 능력을 보여주었습니다. 미국과 유럽은 군사 및 이중용도기술을 공급하는 주요 세력으로 여전히 위치를 구가하고 있습니다. 세계의 상당 부분은 서구의 존재력 아래 있으며, 그들은 자국의 이해관계가 개입되는 경우 통상 가장 먼저 대응합니다. 그리고 공교롭게도 이들은 어떤 지역에서의 협상이 벌어지면 주요 중재자 역할을 하지요.

인도가 서구에 대한 이해를 형성하는 과정에서 어려운 역사를 반영하는 우려의 목소리가 인도에 상당히 있는데, 충분히 이해할 수 있습니다. 최근의 사건들 예컨대, 2003년 이라크나 1979년 이후 아프가니스탄과 같은 게 이러한 요인으로 작용하는 것들인데, 그것들은 다름 아닌 우리 이웃에서 서방이 자행한 행동들에 대한 기억이라는 겁니다. 하지만 인도는 구조적으로 더 느슨한 세계에서 떠올랐으니, 이런 건 이제 점점 더 지나간 유산의 이슈들이 되는 거지요. 우려라는 건 인도가 약하고, 서방세계와의 격차가 아주 컸던 때 생긴 것일 뿐입니다. 다른 나라들은 세계 질서의 기둥이었고, 그 안에서 우리가 해야 하는 과제는 그 나라들로부터 피해를 최소화하면서 관리하는 것이었습니다. 그러니 인도가 비동맹국을 선택한 1950년대에는 사실로 받아들여졌을지 모르는 것이 오늘날은 그렇지 않을 수도 있다는 겁니다. 그 이후에도 위험은 변하시 않았다고 주장하는 것은 인도가 1990년대 이후 거둔 대단한 성과를 무시하는 것입니다. 그리고 그건 세계에서 눈에 띄게 향상된 인도의 위상을 과소평가하는 것이기도 합니다.

과거에 우리는 포괄적핵실험금지조약(CTBT)이나 무역관련지적재산권에관한협정(TRIPS)와 같은 이슈를 만들거나 해결할 때 선을 그었습니다. 오늘날 인도는 서방세계가 필요로 할 때 자신 있게 협력할 수 있는 능력은 물론이고, 우리의 이익을 요구할 때는 서방과 입장을 달리하는 능력 또한 가지고 있습니다. 아프가니스탄, 이란, 러시아, 기후 변화, 연결성 또는 테러가 좋은 예가 됩니다. 또한 인도는 아프리카와 같은 지역에서 어떤 상황이 발생했을 때 그 진로를 보여주는 것을 주저하지 않았습니다. 인도의 이웃 국가들에서는 어떤 위치를 취하는데 단호함뿐 아니라, 그렇게 함으로써 국제 사회에 영향을 미칠 수 있는 능력도 있었습니다. 이렇게 함으로써, 때로는 불편하게 독립적일 수도 있지만, 축(軸)이 여럿인 세계에서 가치를 창출하는 파트너가 될 수도 있습니다.

인도인들은 확신에 차 미래를 바라보지만, 앞으로 가는 여정에는 극복해야 할 역사의 장애물이 있다는 것을 잊지 말아야 합니다. 인도는 제1차 세계대전과 제2차 세계대전에서 상당한 공헌을 했지만, 1945년 당시에는 고위급 테이블에 오르지 못했고 그 이후에도 여전히 그 부재의 대가를 치르고 있습니다. 전쟁과 그 이후의 평화 유지 활동에서 인도가 희생을 보여야 한다고 강력하게 주장하는 것은 인도의 주장을 더욱 강력하게 만들기 위한 노력의 일환입니다. 현재와 더 가까운 시기의 세계 질서에 관한 모든 논의에 있어서 기득권 강대국들은 설사 국제 시스템이 더 심각한 기능 장애를 일으키더라도 쉽게 그 특권을 포기하지 않을 것임이 분명합니다. 핵확산금지조약(NPT)이든, 최근의 국제사법재판소에서의 대표성 문제든, 1945년에서 파생된 여러 관행과 체제는 인도에 부정적인 영향을 미칩니다. 1945 체제에 의문을 제기하는 것은 중요하지만 상당히 섬세하게 다뤄야 할 과제입니다. 역사의 결과를 뒤집는 후퇴하는 걸음으로 여겨지기보다는 식민 이후의 세계에 어필할 수 있는 미래지향적 관점으로 접근해야 합니다. 인도가 국제 질서에서 위상이 높아지기 때문에, 인도는 자신의 이야기를 진전시키고 때때로 서구가 만들어놓은 이야기에 의문을 제기할 것입니다.

　인도가 엄청난 도전의 조건 아래에서 민주주의를 작동하는 나라라는 사실을 이해하는 것은 그 나라의 고유 성격에 그 실마리를 두어야 할 것입니다. 인도의 다원주의가 근래에 들어 생긴 정치적 경험에서 비롯된 것인지 아니면 고유의 문화적 속성인지는 아무 상관없습니다. 규칙과 규범에 대한 뿌리 깊은 존중을 보여주는 기록은 얼마든지 있습니다. 그러니, 이것은 자기 이미지라는 게 확실하고, 나아가 그 자체가 강력한 동기입니다. 인도는 행동과 메시지를 통해 책임 있는 민주주의 국가의 서사를 끈기 있게 만들어 왔지요. 이것이 다름 아닌 미래의 방향이 불확실한 세계에 대한 순자산이라는 점에 이의를 제기할 사람은 거의 없을 것입니다. 하지만 인도 정책의 진화가 이전 어느 때보다 더 극명하게 사회적 특성을 드러냈다는 것 또한 분명한 사실입니다. 스스로에 관해 더 분명하게 규정하기 시작하면, 주장과 조정의 시기가 불가피해질 것입니다. 지난해(2019년)의 정치적 상황 변화가 유발한 논쟁은 이 과정이 쉽지 않을 것임을 시사합니다. 결국 글로벌 이슈에서 국가주의가 가속화하고 있는 것이므로, 이 모든 것은 재조정의 일환일 겁니다.

   서구와의 현대적 합의를 이루는 것의 핵심에 인도의 변화를 높이 평가해야 할 필요성이 있습니다. 이를 위해 서구의 틀에서 만들어진 엘리트가 더 이상 유효하지 않다는 사실을 인정해야 합니다. 오늘날 정통을 넘어서는 것이 아주 넓게 받아들여지고 있으니, 뮌헨안보회의 2020은 분명히 '서구의 부재(Westlessness)'[64]에 초점을 맞추고 있습니다. 그러니 인도는 서구 세계에 대한 미묘한 이해를 발전시키면서, 이러한 관심들을 최대한 만들어내야 하는 겁니다. 이제는 인도와 서구를 하나로 가져올 수 있는 것은 습관과 문화가 아니라 가치와 전략입니다. 그런 일이 얼마나 효과적으로 일어날 것인가가 세계의 지형을 만드는 여러 요인 가운데 하나가 될 것입니다.

---

64 2020년 뮌헨안보회의(Munich Security Conference)에서 사용되며 화제가 된 신조어. 이 어휘는 '서구의 부재'로 번역되지만, '서구의 혼란이나 자신감 상실'을 의미한다.

6
님조-인디언 디펜스[65]
중국의 부상을 관리하기

"현자는 싸우기 전에 이기지만, 무지한 자는 이기기 위해 싸운다."
— 제갈량

---

65 체스에서 첫 수를 놓는 방법의 하나로, 통상 흑을 쥔 기사가 취하는 인디언 디펜스의 변형 중 하나다.

인도와 중국이 협력하는 능력은 아시아의 세기를 결정할 수 있습니다. 마찬가지로, 그렇게 함께하는 데에서의 난관은 아시아의 세기를 훼손할 수도 있습니다. 이러한 약속과 도전의 조합을 고려할 때, 양국의 유대관계는 의심할 여지없이 우리 시대의 가장 중요한 관계 중 하나입니다. 세계의 나머지 국가들은 중국의 놀라운 부상을 높이 평가할지 모릅니다, 그런데 인도는 중국과 지척의 이웃으로 살고 있습니다. 중국은 오랫동안 전략 계산에서 큰 요인으로 작용해왔으며, 오늘날은 그 어느 때보다 더욱 그렇습니다. 이 두 나라는 현대 국가가 되기까지의 거의 평행선에 가까운 오랜 여정 동안 거의 마찰이 없었던 두 문명국입니다. 중국을 바르게 이해하는 건 인도의 전망을 내리는 데 매우 중요하지요. 그리고 그것이 바로 중국 관계에 대한 논의가 전통적 가정과 논리를 넘어서 세워져야 하는 이유입니다.

　인도와 중국의 역사와 지리는 양국관계를 여러 가지 현실들의 여러 복합적 조합과 씨름하게 만듭니다. 즉, 먼 과거와 가까운 과거, 근대사와 현대 정치, 쌍둥이처럼 닮은 듯 다른 부상, 그리고 떠오르는 미래와 같은 여러 현실입니다. 종합하면 양국은 세계가 점점 더 큰 관심을 키우는 아주 복잡한 매트릭스를 형성하지요. 관계의 여러 측면 사이에서 균형이 대체적인 성격을 결정할 겁니다.

　첫 번째 현실은 지난 수 세기 동안 이루어진 강력한 지적, 종교적, 상업적 접촉의 전통에 관한 것입니다. 이 시대는 서로 스며들면서 서로를 풍요롭게 만든 다원적 실크로드의 시대였습니다. 실크로드는 두 문명의 심장부를 연결하는 다양한 길을 포함했는데, 그것을 있게 한 원동력은 사상과 무역의 강력한 조합이었습니다. 이 기간의 대부분 동안, 불교는 그 길에 있는 모든 정거장을 통과하면서 수많은 승객을 실어 나르는 열차와 같은 것이었습니다. 오늘날 신장 지역의 쿠체(Kuche)와 호탄(Khotan)은 당시 중국과 인도의 중심부를 잇는 교역의 중심지였습니다. 그 길을 따라 존재한 이 왕국들의 통치자들은 산스끄리뜨 이름을 가지고 있었으니, 이것이 바로 인도와의 연결을 보여주는 좋은 증거지요. 3세기까지 아주 많은 인도 사람들이 둔황에 정착했고, 마찬가지로 가는 길목마다 아주 인상적인 사원들이 세워졌습니다. 카슈미르는 처음에는 지식을 공유하는 중심지였고, 나중에는 위대한 날란다(Nalanda) 대학[66]의 토대를 마련했습니다. 이것이 인도와 중국 사이의 주요 동맥이었지만, 유일한 건 아니었습니다. 브라흐마뿌뜨라(Brahmaputra), 찐드윈(Chindwin), 이라와디(Irrawaddy)와 같은 강들의 계곡은 동쪽으로의 연결이었고, 원정 장군 장건(張騫)의 연대기는 인도에서 쓰촨으로 이어지는 남방 실크로드의 증거입니다. 해상 실크로드도 있었으니, 처음에 만들어진 길은 반도부 인도에서 베트남의 통킹만을 거쳐 바로 광둥(廣東)으로 연결되는 길입니다. 대만 맞은편 푸젠(福建) 해안까지 동쪽 그 멀리까지 인도 사원들이 있다는 것은 중국과 우리의 접촉이 얼마나 넓고 깊었는지를 보여줍니다.

66 현 비하르(Bihar)주에 위치한 고대 및 중세 시기의 불교 수도원 및 대학. 5세기 굽따 왕조 때 세워져 주변의 많은 촌락으로부터 세금을 징수하는 토지를 하사받으면서 규모가 커져 세계 최고의 대학을 운영하여 중국, 한국, 일본 등 많은 나라들의 학승이 이곳에 와서 수행과 연구에 몰두하였다. 13세기에 투르크계 무슬림 장수에 의해 노략질당하면서 파괴되었다.

이 깊은 문화적 접촉은 둔황 석굴이나 뤄양의 백마 사원과 같은 중국의 주요 문화 유적지에 생생하게 반영되어 있습니다. 교류의 전통은 자연히 사람들의 작업으로 이루어졌으니, 뤄양에 경전을 가져온 승려 까시야빠마땅가(Kashyapamatanga)와 다르마락샤(Dharmaraksha)에서 많은 불교 경전을 중국어로 번역한 꾸마라지와(Kumarajiva), 소림사 전통과 관련된 담모/보디다르마(Dhammo/Bodhidharma)가 좋은 예입니다. 역사상 가장 유명한 두 중국인 여행자인 승 법현(法顯)과 승 현장(玄奘)이 모두 인도에 왔다는 것은 고대 중국에서 인도의 위치가 얼마나 두드러졌는지를 말해주지요. 이 시기의 거래는 광범위한 연구의 대상이 되어왔고, 일부 사람에게는 균형성에 관한 게 어떤 문제가 되었다는 사실이 위안이 되기도 했습니다. 6세기경에 인도 음악이 중국에서 아주 인기가 있었다고 추정하는데, 이는 황제의 칙령을 통해 그 음악을 그냥 금지하려고 했다는 사실을 통해서도 알 수 있지요. 두 나라 사이에 생산적인 접촉과 유익한 공존의 오랜 전통이 있었다고 주장하는 사람들에게, 이 기록은 확실한 근거입니다. 그러나 어떻게 이 문화들이 역사적으로 서로에게 영향을 미쳤는지에 관한 이야기는 지금 대중의 서사에서 완전히 사라져버렸습니다.

인도 쪽에서는, 중국에 대한 대중 정서도, 양국 관계의 연결고리에 대한 인식도 특별히 강하지는 않았습니다. 그리고 유대를 옹호하는 사람들의 목소리는 드물었습니다. 그렇게 된 이유 가운데 일부는 다른 나라와의 교류에 대한 기록을 거의 남기지 않는 인도의 구전 전통 때문일 수 있습니다. 마찬가지로 인도가 보다 자기중심의 사회라서 그랬던 것도 있습니다. 떠난 사람들은 사회에 별 의미를 부여하지 못했고, 인도에서 온 사람들은 결국 주변인밖에 되지 못했으니까요. 중국에 대한 이러한 인도의 태도는 세계의 많은 국가들과는 대조적인데, 특히 중국인들이 쉽게 이해하지 못하는 부분이지요. 오늘날 인도 영화의 인기나 관광의 활성화로 지금 단계의 연대에 관심을 끌 가능성은 있습니다.

가까운 과거, 근자에 들어서 처음에는 약간의 희망으로 시작했지요. 저명한 학자 바그치(P. C. Bagchi, 1898-1956)*는 이를 두고 기술하기를, 제2차 세계대전의 경험이 양국의 공통된 과거를 거의 잊은 두 민족을 하나로 다시 묶을 것이라고 했습니다. 흥미롭게도, 1949년 이후의 중국 엘리트들은 인도와의 역사에 대해 꽤 대화를 잘했습니다. 마오 주석 자신이 1950년 인도 대사에게 "이번 생에 선업을 쌓은 중국인은 다음 생에는 인도에서 환생할 것"이라고 말했다는 겁니다. 중국 사회는 서천(西天)이 부처님 오신 땅이라는 개념을 깊게 가지고 있었고, 승 현장이 서역 여행을 함으로써 그 명성이 자자하게 되었던 거지요. 이와 동시에 인도의 사회 시스템은 본질적으로 결함이 있고 사회적 통합성이 결여해 있다는 이야기도 중국에서 발달했습니다. 중국의 민족주의적 정서에서 보기에는 인도가 경쟁 이데올로기에서 자신들을 따라 하지 않고 서구 자유주의와 그저 타협하는 것으로 보았습니다.

그렇지만 당시 중국 지도부의 반식민지 감정은 인도 독립에 대한 강력하고 지속적인 옹호로 이어졌습니다. 그것은 영국과의 관계, 특히 윈스턴 처칠과의 관계를 해치는 수준까지 갔습니다. 인도가 제2차 세계대전 동안 후방 기지이자 히말라야산맥 위 보급로로서 역할하면서 양국 사이의 친연성은 더욱 높아졌습니다. 비록 이 측면은 1949년 이후에 그 중요성이 축소되었지만 억압받는 사

---

* P. C. Bagchi, *India and China: A Thousand Years of Cultural Relations* (New Delhi: Munshiram Manoharlal, 2008).

람들의 형제애라는 새로운 변형들이 등장해 관계를 진전시켰습니다. 제2차 세계대전 동안 의료인으로서 사명을 수행하다가 사망한 인도 좌파인 꼬뜨니스(Kotnis) 박사[67]의 이야기는 두 사회 모두에서 크게 감응되었습니다. 이에 더해 인도의 국민 시인인 라빈드라나트 타고르(Rabindranath Tagore)의 방문도 일본 군국주의에 대한 그의 반대 때문에 확실한 정치적 상징성을 얻었습니다. 현대의 기록은 사실 더 복잡한 반응을 나타낼 수 있지만, 그 당시 역사는 대체로 정치의 장식물로 인용되곤 하였습니다.

이 국면의 정점은 제3세계의 기초를 만들고 반둥회의를 밝힌 독립의 서광이었습니다. 이러한 서사는 양국이 형제애를 형성하는 것이 정치적으로 유리했기 때문에, 10년 내내 그 기조를 유지합니다. 인도의 반제국주의 메시지는 1955년 반둥회의가 서양과의 관련 속에서 입지를 강화하기 위해 추진했던 아프리카-아시아(Afro-Asia) 연대와 잘 맞아떨어졌습니다. 인도인들에게 마오주의 중국을 현실의 정당화보다 더 자유로운 관점에서 보도록 지지했던 양국 간의 담론도 마찬가지였습니다. 역사의 같은 편에 선다는 의식은 국제 포럼에서 서로 긴밀히 협력하고, 인도가 서양에 대항하여 중국을 지지하도록 하는 데 이바지했습니다. 그런데 이후에 인도가 UN에서 중국의 대표성에 대해 계속해서 주목할 만큼 옹호했음에도 중국이 인도의 안보리 상임이사국 지위 부여에 대해 호혜적인 지지를 해주지 않음으로써 아이러니한 상황이 벌어졌습니다. 인도는 한국전쟁과 베트남전쟁 모두에서 중국에 활용되었는데, 중

---

[67] 드와르까나뜨 산따람 꼬뜨니스(Dwarakanath Shantaram Kotnis)는 제2차 중일전쟁 당시 의료 지원을 위해 중국에 파견된 인도 의사 다섯 명 중 한 명으로, 전선에서 약 800명의 중국인 병사를 치료했다.

국이 한국전쟁 참전을 준비하던 때 중국 내 미국인들에 대한 경고는 베이징 주재 인도 대사를 통해 전해졌습니다. 일본 평화협정과 같은 세계 협상에서 인도는 중국에 관해 계산기를 두드렸습니다.

1950년대는 확실히 양국 간 동지애의 시기였고, 지도자들의 사진이 그것을 강력하게 전달합니다. 물론 중국에 도움이 되는 관계였으니, 그건 중국이 두 나라 중에서 외교적으로 더 고립되었기 때문이지요. 전반적으로는 국경 문제의 차가 커졌지만, 인도는 이 단계에서의 관계에 진정한 믿음을 가지고 있었습니다. 하지만 그 이면에는 국민국가로의 전환이 진전되면서 잠재적 긴장감이 감돌고 있었습니다. 이는 결국 중국 지도부가 공산주의자들만이 이해할 수 있는 방향으로 움직이게 한 중국-소련 갈등에서 그 긴장감을 두드러지는 것으로 이어집니다. 이러한 모든 이슈가 동시에 불거지면서 이 국면은 끝이 나버렸습니다.

여전히 정치적 효용성을 제공하는 긍정적인 회상이 있는 한, 뿌리 깊게 내린 이 시기의 믿음은 쉽게 지워지지는 않습니다. 중국의 국가주의는 강한 비교 역사를 만들어냈으나, 인도는 사회의 성격으로 인해 국가주의가 약합니다. 여기에나 이세 중국에서는 민주주의를 명백히 규율과 인내가 부족한 걸로 보는 견해마저 더해졌습니다. 이후 두 사회가 각자의 발전 여정을 걷기 시작하면서 균형 상태의 기초가 쉽게 형성되기가 어려웠던 겁니다. 그러나 두 번째 현실은 공통점을 찾고자 하는 상호 열망이 있을 때 언제든지 불러일으킬 수 있다는 점에서 가치가 있습니다. 사실, 브릭스나 상하이 협력기구에 같이 모인 것이 바로 이 시기의 일이지요. 인도나 중국이나 서로에 대한 여러 이슈를 가지고 있지만, 그들의 마음 한구석에는 그들이 또한 이미 확립된 서구 질서와 경쟁하고 있다는 감정도 느끼고 있습니다. 그들은 필요할 때마다 이러한 긍정적인 역사관을 편리하게 꺼내들 수 있습니다.

여전히 중요하게 작동하는 역사가 진정으로 존재한다면, 그것은 현대의 역사입니다. 그리고 그것은, 진실로 말하자면, 유산으로 쉽게 받은 게 아닙니다. 이것이 세 번째 현실의 조합인데, 바로 유대 관계의 어려운 측면들을 포함하고 있는 겁니다. 첫 번째 홍수처럼 밀려들었던 개입이 강경한 안보와 경쟁의 정치에 길을 내줬기 때문입니다. 인도와 중국이 국경을 설정하는 독립 국가로 부상한 후, 두 나라가 서로 합의했어야 하는 것은 불가피한 일이었습니다. 그렇지 않았다면 타협점을 찾기가 어려웠을 것입니다. 하지만 이 문제가 중국의 티베트 관리, 소련과의 갈등, 내부 분쟁과 얽히면서 상황은 완전히 다른 방향으로 흘러가버렸습니다.

결국 막판에 이르고 보니, 이 문제는 더 나은 국경을 주장하는 것도 아니었고 역사적인 증거가 있는 것 또한 아니었습니다. 제아무리 심각했을지라도, 사실 갈등의 원인은 그 사건 자체에 있지 않았다는 거지요. 대결을 촉발한 것은, 중국이 네루를 어떻게 평가했는지 그 여부와 관계없이, 중국 내부에서, 중국과 인도 사이에서, 그리고 중국과 소련 사이에서 벌어진 정치였습니다. 네루가 중국과의 문제는 영토 문제가 아니라 지배의 문제라고 솔직하게 고백했을 때, 그 자신도 어느 정도 깨달은 것이지요. 어쩌면 그가 과소평가한 것은 무력 사용에 더 익숙한 정치 세력의 대응 강도였을 겁니다. 아니면 논쟁적 사회가 진실로 이해하기 어려운 그 '현장의 사실'이라는 접근법이었겠지요.

국경 분쟁에 이르게 된 그 시기에 관한 판단은 그 자체로 하나의 산업이지요. 하지만 더 면밀한 검토가 필요했던 측면들도 꽤 있는데, 1950년 국경 협상의 조기 강행이 과연 인도에 도움이 되었는지 여부를 면밀히 조사하는 안도 여기에 포함됩니다. 또는 정말로, 1954년 티베트에 관한 합의가 계산에 따른 게 아니고 희망 고문으로서의 승리였지 않았을까 하는 측면도 마찬가지입니다. 양국 모두 60년 전에 이루어진 그 결정들이 오늘날에도 여전히 영향을 미치고 있습니다.

인도의 관점에서 볼 때, 그 시대에 벌어진 여러 정치적·군사적 사건들은 중국을 더 크게 불신하도록 만들었습니다. 그것은 지금도 여전히 대중의 인식을 암울하게 채색하는데, 그런 유산은 새롭게 생긴 논란거리들로부터 산소를 얻을 뿐입니다. 지난 20년 동안 양국 간의 힘의 차이가 증가하면서, 이러한 태도들은 다시 관계를 괴롭힙니다. 중국인들은 1962년 분쟁의 영향이 인도 여론을 얼마나 계속 악화하였는지 깨닫지 못할 겁니다. 인도 사람들의 마음은 과거에 중국인들이 러시아나 베트남과의 갈등에 대해 보여준 것과, 똑같은 방향으로 나아갈 가능성이 없다고 봅니다. 1962년의 충돌에서 패배한 건 인도뿐만이 아니라 양국 관계 그 자체였지요. 매번 새로운 국경 대결이 발생할 때마다 이러한 기억을 자꾸 되살리기 때문에 대중의 관심에서 멀어져야 했던 것이, 실제로는 그곳에 갇혀 있기 때문입니다.

두 나라 간의 현대 관계의 어려움 중 일부 역시 티베트에 대한 중국의 처리와 그에 대한 인도의 반응에 대한 독해에서 비롯됩니다. 심지어 공적인 영역에서조차도 이 상황은 양국이 예측한 방식에서 벗어나면서 커져버렸다는 증거가 있습니다. 그 이후에 이어진 우려가 국경 문제에 대한 양국의 입장을 굳혔다는 데는 전혀 의심의 여지가 없습니다. 그때 이후로 주인공들은 상대방에게 기대하지 않았음 직한 어떤 인내심을 보여주었습니다.

국내 정치가 외교 관계에 미치는 복잡한 영향이 중국 측에만 국한되지 않았던 것은 분명하지요. 인도에서도, 대중과 정치적 관심이 높아짐에 따라 외교적 선택지가 점점 더 제한되었습니다. 오늘날의 세대는 분쟁을 앞둔 예비 단계에서 의사 결정이 얼마나 제약을 받는지 그 정도를 보면 상당히 놀랄 것입니다. 1960년 저우언라이 총리의 방문을 돌아보는 것은 특히 시사하는 바가 큽니다.

이 시기의 서사를 형성하는 또 다른 큰 문제는 중국과 파키스탄의 관계입니다. 과거에 대한 이해가 미래에 대한 통찰력을 제공하기 때문에, 우리는 이 우호 관계의 기원을 다시 찾아가 볼 가치가 있습니다. 이 관계에 대한 한 권위자의 설명*은 보통 동맹의 기초라고 하는 문화적 친화력이나 공통의 가치 유대가 없는 관계가 시간과 세계 변화의 시험에도 불구하고 더 오래 지속된 이유를 묻습니다. 그리고 그가 내린 대답은 되새길 가치가 있습니다. 파키스탄에게 있어 중국은 인도와의 관계에서, 특히 서구 열강이 권력 불균형을 해결하는 데 어떤 열정을 더는 보이지 않는 상황에서, 절대적으로 필요한 존재라는 건 분명하지요. 그리고 이번에는 중국에게 있어 파키스탄도 역내 국가에서 글로벌 국가로 전환하는 과정에서 유용한 존재라는 겁니다. 파키스탄은 인도를 남아시아라는 박스 안에 머물게 할 뿐만 아니라 중국이 이슬람 세계로 가는 통로를 제공해줍니다. 시간이 지나면서, 이 유대관계들에 더 현대적인 관련성을 부여하는 새로운 이유가 계속해서 등장했습니다. 아프가니스탄이라는 무대에 관한 관심을 공유하는 것도 그 가운데 하나고, 중국의 해양에 대한 야망이 또 다른 하나입니다.

이런 일이 처음 벌어졌을 때 인도가 이런 일이 일어나리라고 예상하지 못했던 이유는, 오로지 힘의 균형이라는 첫 번째 원칙이 더 나은 세상이라는 좀 더 고상한 목표에 치여 시야가 흐려졌기 때문

---

* Andrew Small, *The China-Pakistan Axis: Asia's New Geopolitics* (London: Hurst, 2015).

입니다. 1962년 인도와의 국경 분쟁이 임박했을 때 중국-파키스탄 간의 유대가 더욱 돈독해졌다는 사실을 상기할 필요가 있습니다. 사태가 발생하자, 인도가 잠무-카슈미르에서 취한 불완전한 조치를 취하자, 중국은 지리적 인접성을 최대한 활용했습니다. 주목할 점은, 인도가 중국과 주요 첫 번째 충돌을 일으켰던 1959년, 파키스탄의 대통령 아유브 칸(Ayub Khan)도 중국의 영토 침략을 물리치자는 이야기를 했다는 사실입니다. 하지만 1962년 초, 중국과 파키스탄은 사실상 합의점을 논의하고 있었고, 파키스탄은 실제로 1963년에 인도의 영토를 중국에 양도해버렸습니다. 그 당시에 파키스탄은 두 개의 서방 동맹인 동남아시아조약기구(SEATO)와 중앙조약기구(CENTO)의 핵심 멤버였습니다. 파키스탄은 페샤와르(Peshawar)에 미국 기지를 유치하기도 했고 서방의 정보 작전에 깊이 관여했습니다. 이 동맹은 적절한 때가 되면서, 높은 지분과 대담한 정책 선택의 이야기가 되었습니다. 그러나 1963년의 이동은 그 이후 근본적으로 중국인의 생각을 바꾸었습니다. 두 나라의 협력은 강화되었고, 그로 인해 심지어 1965년과 1971년, 파키스탄이 인도와의 갈등을 벌이는 동안 중국이 자신들을 지원해주지 않을까 하는 그릇된 희망까지 심어주었습니다.

현재 그들의 관계는 바로 이러한 많은 이슈가 더욱 진화하면서 나타난 것입니다. 인도에서는 중국이 인도를 어떻게 인식하는지에 대한 오랜 논쟁이 있어왔습니다. 그 계산에 대한 답을 파키스탄이 제공합니다. 그런데 이 문제에 대한 우려는 인도와 중국이 과거의 단절을 보수하기 위해 집중하던 1980년대 말이 되면서 한풀 꺾였습니다. 1962년 전쟁이 발발한 이후 1976년 대사 관계가 회복되기까지 14년이 걸렸고, 그 후로 인도 수상 라지브 간디(Rajiv Gandhi)가 중국을 방문하는 1988년까지 또 12년이 걸렸습니다. 관계를 정상화하고 국경을 안정화하는 데 초점이 맞춰졌고, 목표로 삼은 것들은 거의 다 다음 10년 동안 달성되었습니다. 1993년과 1996년에 서명된 평화협정들은 이러한 목표들의 논리적인 후속 조치입니다.

1988년까지 이어져온 사건들은 양국 모두에게 오랫동안 기다려온 조정이었습니다. 인도는 1980년대를 거치면서 미국과의 관계를 개선했고, 소련의 아프가니스탄 침공이 가져올 역풍으로 인한 파장을 우려했습니다. 파키스탄의 미국과의 동맹 부활은 인도의 이익을 크게 침해했습니다. 중국도 아프간 지하드에 깊숙이 관여하긴 했지만, 비난받아 마땅한 리더십으로 인해 소련의 국력이 크게 쇠약해진 것을 주목하는 중이었습니다. 이 시점에서 양국 관계 개선은 인도와 중국 모두에게 이익이 되었고, 한쪽이 다른 한쪽을 지배적인 관심사로 보지 않았습니다. 경제적으로 두 사회는 대체로 대등했지만, 중국은 효율성을 내재한 장점을 더 가지고 있었습니다. 물론 정치적으로는 중국이 분명한 우위를 차지했으니, 1962년의 결과 때문이기도 했지만, 서방과의 동맹이 이제는 진정으로 그 성과를 내고 있기 때문이기도 했습니다. 여전히 그건 얼어붙고 혼란스러운 관계를 개선할 수 있는 상당한 약속의 만남이었습니다. 물론 그 이후의 사건들은 인도가 양국 관계를 크게 잘못 읽었다는 사실을 드러내기도 합니다.

1960년대 초의 일들은 이념적 차이에 의해 촉발된 관계의 지정학적 성격을 드러냈습니다. 중국은 파키스탄에 재빨리 손을 내밀어 인도를 다루는 데서 냉엄한 현실 정치를 이미 보여주었습니다. 그 후 25년 동안 인도-소련 관계는 중국-파키스탄 관계, 중국-미국 협력 관계와 마찬가지로 발전했습니다. 언뜻 보기에 1970년대 중반쯤에는 인도와 중국 사이에 앞으로 나아갈 수 있는 균형이 이루어진 것처럼 보였습니다. 하지만 중국은 정책의 이동을 취했으니, 그게 평범한 것이 아니었습니다. 현대에 와서 중국이 한 국가에 줄 수 있는 다름 아닌 '궁극의 선물'이라 묘사된 것입니다.

핵무기를 만들 수 있는 지원은 그때까지는 미국에서 영국으로, 소련에서 중국으로(중간에 중단되기 전까지), 프랑스에 의해서는 이스라엘로 확대된 바 있습니다. 이 짧은 목록을 통해 우리는 그때까지 국제 관계에서 이 선택이 얼마나 드물게 행해졌는지 그리고 나름의 정당한 사유로 인해 그런 일이 일어났음을 분명히 알 수 있습니다. 중국의 움직임의 논리는 파키스탄을 인도와 동급으로 연계시키고자 하는 1963년의 목표와 결부된 것이었습니다. 하지만 그 행위는 인도가 중국이 계산한 바에 어느 정도로 반응할 것인지, 라는 질문에 답을 해야 하는 덤까지 붙이게 됩니다.

이 사건은 인도의 정책과 대중의 태도에 미치는 영향은 엄청납니다. 중요한 것은, 중국-파키스탄 핵협력이 인도와 중국의 양국 간의 대사급 관계를 되살릴 즈음부터 시작되었다는 것입니다. 약한 쪽의 우려를 무마하려는 더 센 파트너의 이러한 강요는 중국인들이 파키스탄에 대해 계속해서 갖는 긴장감을 말해 줍니다. 둘의 협력이 심각한 비중을 차지하게 되면서, 중국의 핵 기술은 중국과 인도의 국경협상이 진행되는 와중에 파키스탄으로 이전되었습니다. 이 패턴은 계속되었고, 이어서 라지브 간디 방문이 있었고, 그 이후에 미사일을 파키스탄에 이전했지요. 심지어 중국이 자국 영토에서 파키스탄을 위해 핵실험을 했다는 소문도 있었습니다. 이 이야기는 계속 진전되었으니, 북한이 제3자로 그사이에 끼게 됩니다. 그러면서 이야기의 구조는 더욱 복잡해집니다.

이 일련의 유산 문제는 중국과 인도의 관계가 오늘날까지 이어오고 있는 하나의 교차로라 할 수 있어요. 그것들은 과거를 형성했을 뿐만 아니라 현재와 미래에 영향을 미치는 요소로 남아 있으니까요. 그러니 그 의미를 부정하는 것은 별 소용이 없습니다. 관계를 진전시키기 위해 헌신하는 사람들은 이러한 현실을 받아들이고 더 큰 목표를 위해 협력해야 하는 겁니다. 그것은 오직 어려운 역사에 진솔하게 직면해야 진정으로 숨을 돌릴 수 있습니다.

분쟁 후 평화와 평온을 유지하는 것이 결코 하찮은 성과는 아니지만, 양측의 관계가 개선됨에 따라 국경 문제가 더 큰 주목을 받게 되었습니다. 그것은 충분히 이해할만한 일로, 완전한 관계의 정상화의 핵심이자 양국의 국제적 위상을 강화하는 조치로 여겨졌습니다. 그러나 양측은 그들이 가야 할 길 위로 온 기회들을 잡을 수 없었습니다. 1979년에 인도 외무부 장관 아딸 비하리 바즈뻬이(Atal Bihari Vajpayee)는 중국과 관계 개선을 위한 진지한 노력을 기울였으나, 중국이 베트남을 침략하면서 끝나버렸습니다. 그 후 덩샤오핑이 관계 정상화에 관한 관심을 여러 차례 재확인했지만, 구체적으로 실현되지는 못했습니다. 그러다 중국의 변화 속도는 빨라지고, 인도가 여러 가지 국내 문제로 미끄러지면서 상당한 결과를 가져온 정책 변화가 일어났습니다. 중국은 동부 지역을 주요 분쟁 지역으로 규정하면서 1962년 분쟁 이전 저우언라이가, 이후에는 덩샤오핑이 취했던 입장으로 돌아서 버렸습니다. 중국의 변화가 국경협상에 미치는 영향은 오래 지속되었습니다. 2005년에 이르러서 정치적 변수와 국경협상의 기본 원칙이 마련되었지만, 이렇게 변화된 초점은 또 다른 새로운 난제를 만들어냈습니다.

중국과의 전반적인 정치적 분위기는 파키스탄과의 핵 협력과 국경 분쟁에도 불구하고, 냉전이 종식되면서 좀 더 나아졌습니다. 1998년에 인도가 최종적으로 핵을 보유하는 것으로 결정했음에도 불구하고, 정상화를 향한 움직임은 한층 더 빨라졌습니다. 2003년에 이르러서 특별대표기구가 설립되었고, 국경 분쟁에 대한 돌파구 마련에 대한 진정성 있는 바람이 드러났습니다. 국경협상에 대해서도 약간의 진전이 있었고, 무역에 대해서도 상당한 낙관론이 나왔습니다. 중국을 전략적 파트너로 지정하고 자유무역 협정에 대해서도 진지한 고민이 있었습니다. 기후 변화협상과 도하 라운드(Doha Round) 무역 협상은 세계 무대에서 공통의 명분을 만들 수 있는 기반이 되었습니다. 2006년부터 시작된 브릭스 프로세스는 비서구권의 유대감을 확인시켜주었고, 잠시나마 인도의 외교는 모든 세계를 최대한 이용하는 것처럼 나타났습니다.

그러나 큰 사건들의 영향력이 강한 시기에도 어떤 징후는 있었습니다. 1998년 미국과 중국은 인도의 핵실험에 격렬하게 반대했습니다. 하지만 능숙한 인도 외교가 미국과 독자적으로 손을 잡으면서 더 크게 진전되지는 않았습니다. 그러다가 클린턴 2기 때, 미국이 중국에 G2 같은 특히 남아시아와 관련한 협정을 주조하는 데 관심을 촉진하게 되었습니다. 이러한 접근은 자연스럽게 오바마 정권으로 이어졌으니, 그것은 그 일을 맡은 공무원들이 결국 같은 라인 사람들이었기 때문입니다. 그런데 중국은 1960년대에 이런 종류의 거대한 권력 콘도미니엄에 대해 불만을 터트렸으니, 아이러니라고밖에 할 수 없지요.

이 시기에 중국은 미얀마와의 관계를 증진한 것과 마찬가지로 남아시아에 관한 관심도 크게 키웠습니다. 2008년 이후 해적 퇴치 순찰함이 인도양에서 활동한 게 좋은 계기가 되었습니다. 파키스탄과 스리랑카에 항구를 건설하는[68] 것도 상당한 반향을 일으켰

---

[68] 중국은 중국-파키스탄 경제 회랑을 건설하면서 파키스탄의 발루치스탄주 아라비아해 연안에 과다르항을 개발하고, 스리랑카에는 남부의 함반토타에 항구를 건설해주고 곧이어 99년 사용권을 확보하였다.

습니다. 그동안의 높은 경제 성장으로 개혁에 소극적인 이웃 나라, 우리 인도와의 힘의 격차를 더욱 벌렸지요.

중국이 현재의 위치로 부상하게 된 전환점이 된 해는 2009년입니다. 글로벌 금융 위기와 미국 행정부의 변화, 이라크 전쟁의 후유증이 겹치면서 더 이상 빛을 감출 수 없게 되었지요. 이후 2012년까지만 해도 해묵은 습관과 경험에 대한 경계를 늦추지 않았는데, 저는 바로 그때 베이징 대사로 부임하여 이 새롭게 얻은 자신감의 활기찬 표현을 최전선에서 직접 목격했습니다. 그것은 정책, 똑 부러진 표현력, 정치 무대에서 보이는 안무 등에서 두드러지게 나타났습니다. 그렇지만 모든 국가에 끼친 그 충격은 달리 나타났습니다. 아세안은 남중국해에서의 움직임과 그에 따른 지역 구조에 대한 태도 변화를 목격했고, 일본은 영토 분쟁 문제가 초미의 관심사가 되었습니다. 미국 또한 마찬가지인데, 안보 및 경제에 관한 다양한 문제가 시험대에 올랐습니다. 러시아와의 방정식은 중국에 유리하게 바뀌었고, 당시 발생한 유로존 위기는 중국이 그 어려운 시장에 쉽게 진입할 수 있게 해주었습니다. 인도와는, 이 시기에는 다자 간 협력이 있었지만, 양자 간 도전도 있었습니다. 두 나라는 많은 글로벌 위원회에서 공동 노력을 기울였지만, 스테이플 비자[69]와 국경 침입이 뉴스를 지배했습니다. 2012년 중국의 18차 당대회로, 세계의 다른 국가들과 마찬가지로 인도의 중국과 유대관계가 새로운 시대를 맞이했습니다.

1976년 인디라 간디 수상에 의해 관계 정상이 이루어졌을 때, 그

---

[69] 여권에 입국 스탬프를 찍지 않고 별도의 종이에 입국 기록을 남겨 핀으로 고정한 비자. 2023년 중국은 국경 분쟁 지역인 인도의 아루나짤 쁘라데시로부터 중국에 세계유니버시티게임에 참가하기 위해 입국한 무술 선수 일부에게 이 스테이플 비자를 발급하였고, 이에 인도는 선수 여덟 명을 철수시켰다.

관계가 경제적인 내용을 거의 갖지 못했다는 건 자연스러운 일이었습니다. 10년 후 라지브 간디가 중국을 방문했을 때도 경제적인 내용은 미미했습니다. 중국은 주로 선진국으로부터 자본과 기술을 수입하고 그 대가로 더 많은 시장 접근성을 확보하는 데 에너지를 쏟았습니다. 그러나 중국의 경제가 성장하고 인도가 개방됨에 따라, 두 나라 간의 무역 기회가 더욱 공격적으로 활용되기 시작했습니다. 무역 수지는 전인미답의 이야기를 만들어냈으니, 20년 만에 무려 50배가 증가했습니다. 의심의 여지없이, 중국의 WTO 가입은 인도의 성장에 대한 요구가 확대되는 것처럼 엄청난 차이를 만들어냈습니다. 가격을 중시하는 인도 시장의 경쟁이 치열해지면서 자연스럽게 중국산 수입품의 가치 창출이 높아졌습니다. 이는 인프라 구축, 특히 발전과 통신 분야에 적용되었고, 나아가 매력적인 금융 지원까지도 이를 뒷받침했습니다.

인도의 시스템은 보통 경제 개방에 수반되어야 하는 필수적인 기준과 규제를 개발하지 않았습니다. 자국 산업의 많은 부분을 공동화할 수 있는 데까지 중국 제품을 허용한 것입니다. 불행하게도, 상대 쪽에서는 인도가 세계적인 명성을 가시고 있는 의약품과 IT 서비스 분야에서 상호주의의 모습은 찾아볼 수 없었습니다. 그 결과 중국의 대인도 수출은 중국의 대인도 수입보다 4배가 넘었습니다.

초기에 중국과의 무역 확대를 주장했던 인도의 주장은 이제 일방성에 대한 강한 불만으로 바뀌었습니다. 이 문제는 더 이상 정책 분야에 국한되지 않고, 산업계와 대중의 인식을 형성합니다. 이 문제는 더 큰 논의에도 부정적 영향을 미칩니다. 따라서 이는 그 자체로도, 더 큰 의미에서도 더 이상 미룰 수 없는 과제입니다. 아직 정해진 해답이 없는 것 같이 보이지만 그렇다고 해서 불만스러운 현 상태가 정당화되는 것은 아닙니다. 인도에서 반드시 해야 하는 외부화와 디지털화라는 두 가지 의무는 이제 다가올 시간에 이러한 문제를 더욱 첨예하게 부각할 가능성이 있습니다.

인도와 중국 간의 더 깊은 경제 협력에 대한 전망은 복잡 미묘합니다. 한편으로는, 세계의 가장 큰 두 경제대국이, 특히 공급망을 고려할 때, 서로 더 많은 거래를 할 수 있다는 사실을 들 수 있을 테고요. 다른 한편으로는, 이것이 그들의 기본적인 사회경제적 구조와 단절되기 어렵다는 것을 말할 수 있습니다. 경쟁력 강한 공급원들이 무역 확대 혹은 인프라 및 다른 역량의 구축에 사용될 수 없는 것은 아닙니다. 길게 말할 것 없이, 중국이 일본과 서구에 대해서 그렇게 했으니까요. 하지만 인도의 통제는 효과적이지 못하고, 그렇게 값싼 수입품은 사실 자국의 경제력 성장을 저해하지요. 그뿐만 아니라, 인도는 기술을 흡수하고 자체적으로 창조해내는 데서 중국이 했던 실력을 보여주지 못했습니다. 따라서 이것은 가까운 미래에 골치 아픈 문제로 남을 겁니다. 다른 나라들과 마찬가지로, 인도 역시 전례가 없는 국가 자본주의 모델을 받아들이기가 어렵다는 것을 알고 있습니다.

1963년 이후 중국은 인도아대륙에 대한 접근법을 바꿨습니다. 경제력과 정치적 영향력이 커지면서, 인도 이웃 국가들에 대한 중국의 영향력이 커졌습니다. 인도는 자국 주변부 나라들의 발전에 매우 민감하였지만, 비슷한 상황에 처한 다른 나라들의 자연스러운 관심사를 해결하는 데는 아무런 관심이 없었습니다. 특히 파키스탄과의 관계는 이른바 중국-파키스탄 경제 회랑(China Pakistan Economic Corridor)[70]의 전개와 함께 엄청난 도약을 이루었습니다.

---

70 중국이 파키스탄 최북단에서 최남단의 3,000km에 걸쳐 건설 중인 육상 및 해상 기반 인프라 네트워크 프로젝트. 아라비아해의 과다르에 심해 항구를 개발하고

그런데 바로 이 소위 회랑이라는 게 공개적으로 인도의 주권을 침해한다는 사실이 더욱 용납할 수 없게 만듭니다. 중국-파키스탄 협력 자체는 최근의 일이 아니지만, 파키스탄의 매우 터무니없는 행동은 옹호되어서는 곤란합니다. 자백한 테러리스트들에 대한 제재를 막아서는 것은 국제 사회와 격리된 가운데 일어나는 일입니다. 이는 인도에서 자연스럽게 부정적인 반응을 불러일으킬 수밖에 없습니다. 어느 단계에 가면, 중국이 추악한 얼굴의 파키스탄과 연대하는 것이 자기 평판에 먹칠하는 비용이 들 거라는 게 현실화할 수 있을 겁니다. 그때까지 아마 중국은 계속해서 자신의 그림자를 드리울 것입니다.

더 강한 중국의 영향력은 당연히 중국의 바로 옆 나라에서 가장 크게 느껴질 것입니다. 많은 경우, 이는 인도의 주변부에서도 마찬가지입니다. 인도와 중국의 균형은 양자 간에만 도달하지 않을 것입니다. 더 큰 규모의 지역을 가로질러 다른 방식으로 형성될 것입니다. 인도에 있어서 이것은 연결성과 개발 프로젝트와 같은 분야에서 게임을 강화하는 것을 의미합니다. 인도는 지리, 문화 그리고 사회 접촉의 형태로 강력한 카드들을 가지고 있습니다. 인도가 이 모든 카드를 얼마나 잘 사용하느냐가 전략의 진짜 시험대가 될 것입니다.

더 큰 야망과 능력은 보통 다른 행동 양식을 만들어낸다는 사실에 기초해서 어떤 반응이든 이루어진다는 걸 분명히 해야 합니다. 그러하니, 인도 역시 정해진 틀에서 벗어날 필요가 있고, 자국의

이 항구에서 중국 서부의 신장 지역까지 도로와 철도를 건설하는 것은 유럽과 중국 간의 무역을 활성화하고, 파키스탄에서는 전력 부족을 극복하고 인프라 개발과 교통망 현대화를 목표로 한다.

공평성도 똑같이 보호할 더 창의적인 방법을 찾아야 하는 겁니다. 만약 지금 인도가 새로운 지평을 열고자 하는 의지가 있다면, 그 가운데 많은 부분이 바로 이러한 인식에서 비롯되는 겁니다. 흥미롭게도 인도의 독자적 의식은 이 점에서 악용되기 쉽습니다. 역사를 선택적으로 그려내는 경고의 말은 견고하지 못한 지지층과 조화를 이룰 수 있습니다. 따라서 인도는 자국의 이익을 명확하게 이해하고 그에 따라 선택을 변화시키는 것이 필수적입니다. 사실, 중국의 현대 정치는 교훈 이상의 것을 제공합니다. 중국은 여러 차례 다양한 방식으로 여러 강대국과 합의를 끌어내 결국 자국의 부상을 진전시켰습니다. 그러나 일관성과 신중성이 훨씬 큰 인도와 같은 정치에서 그것을 따라 하는 것은 쉽지 않지요. 이 문제는 결국 원칙보다는 실천의 문제로 귀결될 것입니다.

인도가 소련에 가까워졌을 때인 1971년에도 중국-미국 화해라는 새로운 지정학적 발전에 대한 대응으로 그런 결과가 나왔습니다. 인도-소련 조약을 체결함으로써 인도는 실제로 타협보다는 행동의 자유를 보호했습니다. 오늘날, 새로운 지정학적 도전이 있습니다. 다극의 출현이지요. 그것은 1971년만큼의 강렬한 대응을 요구하지는 않는 건 분명하지만, 인도의 선택지와 이해의 폭을 넓히는 걸 촉진한다는 것은 명백합니다. 그 목적은 더 나은 균형을 만들어내고, 이해관계를 수렴함으로써 긴밀히 협력하는 것입니다. 중국 스스로가 입증했듯이, 다른 국가와 협력하는 것은 상승 궤도를 향한 필수 요소입니다. 자신감이 없는 나라만이 그렇게 하는 게 과연 현명한지를 의심할 겁니다. 여기에서 인도가 선택지를 제한하도록 설득당하거나 압력을 받지 않는 것이 매우 중요한 일입니다.

부상하는 중국은 아시아를, 아니 나아가 세계를 새로 건축하려는 비전으로 만들어가려 할 겁니다. 여러 주요 계획 가운데 많은 것들이 일방 사업입니다. 일대일로(一帶一路) 이니셔티브는 국가적인 목적에 부합하는 것으로 보이며 의식적 협력은 당연히 그 목표들과의 융합을 응시하는 사람들을 위한 것입니다. 문제는 그 자체가 연결성에 관한 것이 아니라는 겁니다; 식민지 역사에 왜곡된 대륙 안에 그 연결성이라는 게 부족하다는 건 분명하지요. 인도는 자국 내에서, 남아시아와 해양 주변부에서, 동남아시아와 서아시아로 그리고 그 너머로까지 다양한 이니셔티브를 지원해왔습니다. 하지만 이것들은 모두 널리 받아들여지듯 상업적 원칙과 목표에 기초한 상호 합의에 따르는 노력입니다. 인도는 아시아인프라투자은행(Asian Infrastructure Investment Bank)과 브릭스신개발은행(BRICS New Development Bank)의 연결성 기여에 만족합니다. 그런데 둘 다 중국이 결정적 역할을 하는 겁니다.

그런데 규범과 투명성에서 벗어나 제한된 의제를 수행하면, 그러한 사업 역시 말썽이 생길 소지가 있습니다. 2017년 5월, 인도는 연결성에 관한 국제적 논쟁에 앞장선 적이 있습니다. 연결성 이니셔티브는 보편적으로 인정되는 국제 규범, 좋은 통치, 법치, 개방성, 투명성 및 평등성에 기초해야 한다고 우리는 공개적으로 밝혔습니다. 그리고 또한 지역사회에 지속 불가능한 부채 부담을 초래하는 프로젝트는 피해야 하고 이를 위해서는 재정적 책임 원칙을 따라야 한다고 했습니다. 그들은 균형 잡힌 생태 환경적 보호와 보존의 기준, 프로젝트 비용에 대한 투명한 평가, 지역사회에 의해 만들어진 자산을 운용하고 유지하는 것을 돕기 위한 기술과 기술을 이전해야 하는 겁니다. 그 못지않게 인도는 연결성 프로젝트가 주권과 영토 보전을 존중하는 방식으로 추진되어야 한다고 강조했습니다. 분명히, 소위 중국-파키스탄 경제 회랑에 대한 우려를 표명했으니, 이는 주변부에서의 경험이 인도의 입장으로 만들어진 것입니다. 그 이후로 연결성에 관한 세계적인 대화가 확대되었고, 그 대부분은 인도가 생각한 것과 일치했습니다.

인도와 중국 사이에 놓인 여러 현실을 조합한 마지막 세트가 바로 결정적인 게 될 텐데, 그건 중국이 정말로 세계화되고 그와 동시에 인도가 세계 문제에서 더 큰 역할을 향해 나아가는 것입니다. 두 나라의 열망과 이해를 조정하는 것은 양국 모두의 리더십이 성숙하게 되고, 외교가 체계적으로 그 실력을 발휘할 때 가능해질 것입니다. 확립된 일련의 역사적 문제들, 특히 국경 문제의 차이는 아마도 관계의 본질에 계속 영향을 미칠 겁니다. 중국에 대한 대중의 인식에 미치는 영향은 시간이 지나면서, 커지고 있습니다. 하지만 새로운 변수들도 계산에 들어갈 수 있는데, 어떤 변수들은 좀 더 긍정적이고, 다른 변수들은 덜 긍정적일 수 있습니다. 양국이 얼마나 의식적이고 효과적으로 관계를 조정하느냐에 따라 많은 것이 달라질 것입니다. 무엇이 위태로운지를 더 잘 시각화할 수 있는 사람들은 분명히 그러한 노력을 지지할 것입니다.

서로의 더 커진 발자국에 익숙해지는 것은 두 나라 모두에게 쉽지 않을 것입니다. 중국이 남아시아에서 자국의 인지도를 높이려고 하는 것과 마찬가지로, 인도 역시 점차 동남아시아와 동아시아에서 그럴 것입니다. 본질적으로 해양 영역은 이러한 활동이 활발하게 이루어지는 곳입니다. 인도는 중국을 북반구로만 생각하는 데 익숙하지만, 남반구에 있는 중국의 존재는 또 다른 의미로 다가올 것입니다. 달리 말하면, 인도가 속한 개발도상국 지역은 인도가 지리적, 역사적, 문화적 이점을 보유하고 있는 곳이기도 하다는 말이지요.

비중이 차이가 나고, 출발점이 서로 다르기는 하지만, 둘 다 크게 부상하는 나라이기 때문에, 많은 것이 서로의 태도에 대한 인식에 달려 있을 겁니다. 결국에 각각이 상대방의 부상을 충분히 수용할 수 있는지에 대한 전반적인 감각이 중요합니다. 인도의 관점에서 보면, 그 가운데 중요한 한 가지 요인은 중국이 유엔 안보리 상임이사국 자격을 얼마나 개방적으로 가져갈 것인지가 될 것입니다. 텍스트에 기반한 협상의 기회가 하나의 해답을 제공할 수도 있을 것입니다. 핵공급그룹의 가입은, 인도가 기술 강국으로 도달한 사실과 낡은 틀을 뒤로 밀쳐놓았다는 사실을 반영하기 때문에 또 하나의 지표가 될 수도 있습니다. 새로운 체제, 메커니즘 그리고 상황이 떠오르는 경우가 더 많을 것입니다.

단순한 국익을 넘어서 보면, 양국은 진정 더 균형 잡힌 세계를 만들기 위한 노력에 집중하고 있습니다. 강하고 안정된 러시아, 더 많은 선택권을 가진 아프리카, 근본주의의 이질적 침투를 막는다는 점에서 그들의 이해관계는 겹칩니다. 이는 국제 협상에서 그들이 때때로 같은 주장의 편에 서 있다는 것을 통해 알게 됩니다. 2017년 6월, 양국 정상이 아스타나(Astana)에서 만났을 때, 이처럼 세계가 불확실한 시기에 인도와 중국의 관계가 안정의 요인이 되기에, 그들의 관계에 있어서 두 나라는 서로의 차이를 분쟁이 되도록 내버려 두어서는 안 된다는 데 의견을 모았습니다. 이것은 그들의 모든 차이에도 불구하고, 그들 사이에 전략적으로 성숙함이 작동하고 있음을 보여준 것입니다. 그 깨달음이 각각 2018년과 2019년의 우한(Wuhan)과 첸나이(Chennai) 정상회담으로 이어졌습니다. 자신들의 렌즈를 버리고 보면, 두 행사는 모두 순수하게 현실을 실천한 것이었습니다. 양국은 역사 감각을 가지고 그들의 미래와 세계의 미래에 대해 논의했습니다. 그래서 세계는 이러한 관점이 전통적인 어떤 한계를 넘어서는 방법을 찾도록 희망해야 합니다.

중국의 강력한 부상은 불확실한 세계를 가져온 여러 요인 중 하나입니다. 이 시대의 정치가 진전함에 따라, 어느 나라도 상대방이 자신들에게 대항하는 카드가 되도록 허용하려 하지 않습니다. 그건 결국 그들 자신의 정책에 달려 있다는 걸 확실하게 해야지요. 한 가지 우려는, 세계의 다른 지역에서와는 달리, 인도의 부상은 중국에서 상당 부분 손실을 보았는데, 중국이 적어도 다섯 배 정도로 빠른 성장을 했기 때문이지요. 그렇지만 결국 인도의 높아진 위상에 적절한 무게가 실리게 하는 것은 인도에 달려 있습니다. 우한과 첸나이의 차이점은 단순히 개입의 강도가 다르다는 게 아니고, 양국이 각각 중요한 역할을 해야 하는 글로벌 환경의 배경이 나날이 진화하며 달라지고 있다는 사실입니다. 인도와 중국의 지도자들이 지정학적 대화를 나누는 관행은 수십 년 전에 사라져 버렸습니다. 그러다가 그게 다시 시작하게 된 겁니다. 이것이 다른 미래의 신호가 될 수 있다는 겁니다.

인도는 중국의 부상을 평가하고 자기 업적을 저울질할 때, 그 전망은 비교를 통해 객관적으로 해야 합니다. 우선, 어떤 정치적 수사를 대동하든, 그 총체적 국력에는 때에 따라서 차이가 있습니다. 우리는 아직 지난 40년 동안 중국이 해온 것처럼 깊은 역량을 쌓거나, 인간 개발 지수를 달성하거나, 성장 조건을 만들어내지 못했습니다. 오히려, 우리는 산업화를 더 어렵게 만들었고, 최근까지 필요한 수준의 역량과 실력을 계발하는 데 충분한 주의를 기울이지 못했습니다. 글로벌 문제와 더 관련하여 말하자면, 예를 들어 인도는 같은 1인당 국민소득을 가진 2006년의 중국이 누렸던 세계 경제의 개방성을 누릴 수 없습니다. 또한 과거 중국이 할 수 있었던 세계 자본주의와의 어떤 타협점에도 도달할 수 없습니다.

여기에는 고려해야 할 정치적 요인들도 꽤 있습니다. 중국은 성장하는 시기 대부분 동안 고착화하거나 부상하는 다른 강대국들의 압력에 직면하지 않았습니다. 소련의 도전은 1980년대 들어와 옅어졌고, 서방의 천안문 사태에 대한 우려는 이해관계 앞에서 힘을 잃었습니다. 그래서 적어도 정치적으로는 최근까지 좋은 성과를 거둔 거지요. 인도는 중국의 부상을 따라가면서 그러한 호사를 누리지 못하고 있습니다. 중국이 당하지 않았던 전임자의 압력을 당하고 있다는 겁니다. 그리고 그 세력은 이해관계가 겹치는 지역, 즉 이웃 나라라는 겁니다. 마찬가지로, 세계는 과거보다 균형의 변화에 더욱 주의를 기울입니다. 인도는 그러한 도전을 뚫고 나아가야 하는 과제를 가지고 있습니다. 우리를 위해 비록 적게 가지고 나아가지만, 더 어려운 동반을 해야 하는 겁니다.

두 나라 사이의 어려운 역사와 현재의 복잡한 세계적 맥락을 고려할 때, 인도의 도전은 자국의 부상을 확실히 하면서 이와 동시에 더 강력한 이웃 국가를 관리하는 겁니다. 우리는 그렇게 함으로써, 이러한 균형 모색이 무한한 과정이라고 이해해야 합니다. 이에 관해 어떤 문제들은 조기에 해결될 수 있을지 모르지만, 다른 문제들은 그렇지 않을 수도 있습니다. 현재 상황은 얼마든지 바뀔 수 있으니, 전략적 계산이라는 게 중국만의 전유물이 되어서는 안 되는 것이지요. 주도권을 잡으려는 의지도 마찬가지입니다. 시험대에 오른다면 자신의 근거를 고수하는 것이 중요합니다. 그리고 그러한 경험은 국내를 구동시키기도 하는데, 그것이 심리적으로 훼손되거나 국내의 지지에 따라 이용당하지 않도록 해야 하는 게 중요합니다.

인도와 중국의 관계는 항상 평형 상태를 이루기 위해, 더 큰 맥락을 고려할 겁니다. 세계의 여러 사건은 중국의 전반적인 태도뿐만 아니라 구체적으로 인도에 대한 태도를 결정하지요. 현재로서 이러한 맥락은 세계적인 혼란과 시스템의 차이에 의해 지배되고 있습니다. 따라서 인도가 중국의 관계를 조정하면서 이 더 큰 그림을 계속해서 유의 주시하는 것이 필요한 겁니다. 또한 상호행위조건을 설정하는 데에서 우리는 종종 텍스트주의와 현실주의 사이에서 우리에게 불리하게 흔들리는 태도를 보여왔습니다. 협상에 관한 여러 역사 기록을 보면, 일부는 중국이 스스로 얼마 되지 않은 여지라도 확보하기 위해 어떻게 부정확한 것을 사용했는지를 알 수 있습니다. 동시에 주요 정책 변화는 과거를 단순하게 일축해버리는 것만으로도 또한 상당한 영향을 받았습니다. 관심사에 대해 상대방으로부터 의례적으로라도 확인을 뽑아내는 것은 이러한 경기를 해나가는 한 방식이 되어왔습니다. 그렇지만 인도는 양국 관계에서 훨씬 상호적인 약속을 요구하고 있습니다. 오늘날 관계에 있어서 최저 수준은 명확하지요. 지난 30년 동안의 진전이 위험에 처하지 않으려면 무엇보다 국경 문제에서 평화와 평온이 우선되어야 합니다. 국경과 연대의 미래는 분리될 수 없는 거지요.

새로운 지평을 열기 위해서, 옛 장부에서 찾은 긍정적인 측면 그 이상이 필요합니다. 그러나 변동성을 높이려는 일방적인 행동을 경계하는 것도 마찬가지로 중요한 일입니다. 국경 요인의 중심성은 오래전부터 인지해왔지만, 이제 글로벌 정치에서 그들의 행위와 이해관계는 전체 계산에서 더 큰 관련성을 가질 겁니다. 이제 우리는 국제 정치에서 국가 간의 정상적인 상호 작용을 평형 상태를 창출하기 위해 경주해야 하는 집중적 노력과 구별해야 합니다. 힘의 논리를 현실주의의 관점에서 바라보면, 중국은 자신의 목표를 발전시키고 자신의 우위를 이용할 겁니다. 인도의 차례가 오면, 특히 어려운 상황이 닥쳤을 때 감정에 치우치지 말고, 무엇보다 효과적으로 대응해야 합니다. 우리는 항상 보다 실질적인 관계가 보다 안정적인 관계로 되는 것이 자연스러운 것이라 생각해왔습니다. 최근의 흐름은 이것을 당연한 것으로 받아들여서는 안 된다는 점을 강조합니다. 그 대신, 각자 상대방의 더 큰 마음의 공간을 차지하기 위해 노력해야 하는 겁니다.

훨씬 더 강력한 중국과 타협하는 데 초점을 맞춘 나라는 인도만이 아닙니다. 실제로 세계 각국은 중국과 타협점을 찾는 중인데, 각자의 방식으로 개입의 여러 조건을 바꿔 가고 있습니다. 만약 공통의 접근 방식이 있다면, 그것은 내부적으로 역량을 강화하고, 외부 상황을 평가하며, 중국에 관한 이해를 넓히는 것을 동시에 추구하는 것이지요. 이렇게 전체적으로 실행에 들어가면, 인도는 규모, 위치, 잠재력, 역사와 문화적 측면에서 특별한 위상을 차지하게 될 것입니다. 더 안정적인 중국-인도 관계의 핵심은 다원적 관계와 상호성을 가진 두 나라가 더 많이 수용하고, 글로벌 재균형이라는 더 큰 토대를 구축하는 것입니다.

1950년 11월, 사르다르 빠뗄과 네루는 중국에 어떻게 접근해야 할지에 대해 그 유명한 의견 교환을 했습니다.[71] 그 이후 많은 게 바뀌었는데, 대부분 인도가 불리한 방향으로 바뀌었지요. 핵심 쟁점들인, 현실주의 대 낙관주의 그리고 양자주의 대 세계주의는 오늘날에도 그때와 마찬가지로 여전히 유효합니다. 신중한 균형을 이루는 것은 꼭 시간이 지나면서 쉬운 일이 되는 건 아니지요. 하지만 과거는 말합니다. 우리가 정치와 압박 너머로 가려 한다면,

---

71 빠뗄은 중국이 단순히 티베트를 점령하는 것이 아니라 더 광범위한 전략적 확장을 꾀하고 있다고 인도의 안보 위협을 강조하면서, 인도의 외교정책과 국방정책을 전면 재검토해야 한다는 현실론을 주장했다. 반면, 네루는 중국과의 우호적 관계를 중시하며, 이를 통해 아시아의 평화와 단결을 강조하는 이상론을 펼쳤다. 이후 1962년 중국이 인도를 참략하면서 빠뗄의 경고가 맞았음이 판명되었다.

전략과 비전을 위한 여지가 항상 있다고. 오늘날 세계의 그 어떤 관계보다 더 장기적 관점이 반드시 우세해야 한다는 의미입니다.

체스에서, '인디언 디펜스'는 흑(黑)을 쥔 쪽에게 인기 있는 첫 번째 수입니다. 그리고 실제로, 흑을 쥔 쪽으로서 게임을 하는 것이, 실제 인도가 취한 전략 자세의 표준이었지요. 생활이 복잡해짐에 따라, 체스 선수 아론 님조비치(Aron Nimzowitsch)가 한 세기 전에 이 경기에 도입한 여러 배울 것들이 있습니다. 그는 '님조-인디언 디펜스'로 유명한데, 상상력을 발휘해 흑을 위한 운신의 폭을 창조해냈습니다. 바로 여기에 교훈이 있습니다.

7
지연된 운명
인도, 일본 그리고 아시아의 균형

"승리의 순간에 투구 끈을 바짝 조여라."
— 도쿠가와 이에야스

지금 아시아는 큰 틀에서 미국의 전망, 중국의 힘, 러시아의 무게, 아세안의 집단주의, 중동의 변동성 그리고 인도의 부상에 의해 형성되고 있습니다. 과소평가된 요소가 있다면, 그것은 바로 일본의 존재입니다. 과거에 전략적인 이유로 일본을 전면에서 철수시킨 것은 인도아대륙의 분단과 함께 아시아 대륙의 힘의 균형을 왜곡시킨 주요 요인이었습니다. 두 가지 상황 모두에 대해 서구가 책임질 문제이지만, 서구는 이제 자기 이익을 위해 다시 계산기를 두드리고 있지요.

아시아에서 매우 다른 시나리오를 만들어낼 수 있는 두 가지 예측 불가능한 놀라운 요소가 있습니다. 하나는 거대한 기술력으로 주요 경제를 전략적 연산 체계에 다시 끌어들이는 일본의 미래 자세입니다. 두 번째는 한반도의 유동성인데, 이는 오랜 가정을 뒤엎을 수도 있습니다. 두 가지 모두 예전에는 부상하는 중국의 힘의 영향을 받았는데, 이제는 미국의 새로운 태세에 대응하게 되었습니다. 인도의 경우 첫 번째가 직접적인 결과를 가져올 것이지만, 그렇다고 두 번째 것이 무관하지도 않을 겁니다. 그 사이에는 중국을 뛰어넘는 동아시아의 영향력이 자리 잡고 있습니다.

문제는 단순히 힘의 계산만이 아니라 사고방식이기도 합니다. 인도와 일본 모두 역사적으로 각자의 안보 상황을 해결하는 데 있어 서로에게 집중하지 않았습니다. 하지만 양국은 이 시대의 큰 이슈에 대해 비슷한 생각을 하고 있습니다. 특히 지난 몇 년 동안 그랬습니다. 이는 역량 부족만큼이나 권력 이동의 문제에도 적용됩니다. 따라서 어떤 전략은 의식적으로 생성된 것이라기보다 불확실한 세계 변동의 결과라 볼 수도 있을 겁니다. 글로벌 커먼즈의 보호와 세계 상품 확보에 대한 공동 관심은 매우 다른 두 정치체 간의 수렴을 가져왔습니다. 인도와 일본, 두 나라에서 자신들의 대륙을 형성하는 데 서로의 도움이 필요하다는 사실을 깨닫는 것은 이제 새로운 관계를 몰고 가는 힘이 되고 있습니다.

잊힌 역사의 주석을 보면 1904-05년 일본과 영국 외교관들이 러시아의 위협에 맞서 군사 협력을 모색하던 중 대화를 나눕니다. 일부 영국인들은 일본 군대의 인도 파견이 이어질 수 있기를 바랐습니다. 그렇지만 영국 해군의 지원에 대한 대가로 그렇게 군대가 책임을 다할 거라는 전망은 전혀 실현되지 않았습니다. 일본이 러일전쟁이 일어나 쓰시마 해상에서 러시아군을 격파해버렸기 때문이지요. 하지만 일어나지 않은 일들을 통해서도 우리는 국제 관계의 작동 원리를 볼 수 있습니다. 영국과 일본은 팽창하는 러시아 제국에 인접한 두 제국 세력으로서 1860년대부터 1920년대까지 서로의 이해관계가 수렴하고 있음을 인식했습니다. 이 시기에는 1915년 싱가포르에서 벌어진 인도 군의 반란을 진압하기 위해 일본 해병대를 그곳에 파견하는 것을 포함하여 서로를 지지하는 여러 움직임이 목격되었습니다. 심지어는 인도에 일본군의 공식 대표부가 있었고, 그 가운데 일부 배속 부대원은 전시에는 중요한 장성이 되기도 했습니다. 초기에 일본은 영국의 제국주의적인 민감한 감정을 상하지 않게 하려 아주 조심했으니, 그에 어긋나는 어떤 제안도 거부했습니다. 비로소 아시아가 혁명 활동의 거점이 된 것은, 바로 이 공동의 기반이 잠식된 이후의 일입니다. 이러한 정서의 잔재는 1945년 이후에도 동남아에서 두 제국의 재건을 위해 양국 군대가 협력하면서 어느 정도 계속되었습니다. 모든 전략적 논리로 볼 때, 이러한 접근은 계속되었어야 했습니다. 하지만 그렇지 못했고, 바로 거기에 아시아 안보의 특이점이 있는 겁니다.

현대 인도-일본 관계가 비전략적 성격을 띠게 된 원인은 돌아볼 만합니다. 왜냐하면 이 두 나라는 지난 70년간 아시아의 부침에도 불구하고, 다른 분야는 말할 것도 없이, 이 정책 교류의 역사가 매우 한정적이었기 때문이지요. 두 나라의 정책상의 거리는 정상적으로는 설명하기 어렵습니다. 그렇게 거리가 멀지 않는 게 원래 더 자연스러웠을 거니까요. 이 대목에서 냉전 시대에는 거대 전략이 지정학을 압도할 수 있었다는 사실을 기억해야 합니다. 인도가 비동맹의 길을 택했을 때, 일본은 미국의 안보 동맹에 참여했지요. 특히 인도가 소련에 가까워진 이후에는 서로 냉전의 상대 쪽에 있었다는 정서가 강했습니다. 누구나 인정하듯, 1950년대 후반에는 짧은 기간 동안 어느 정도의 유대감이 존재한 적도 있습니다. 하지만 1962년 중국과의 국경 전쟁에서 인도가 패배하면서 일본 안에서 인도의 중요성은 상당히 약해졌지요. 1971년 이후 일본은 서구 진영의 일부로 중국을 성장시키는 일을 맡았고, 그로 인해 인도와 일본은 훨씬 더 다른 길을 걷게 되었습니다. 두 나라 모두 다른 방식으로 중국에 대한 매력을 품고 있었고, 그로 인해 서로를 배제하는 방향으로 나아갔던 겁니다.

일본에 있어 문화는 언제나 중국을 끌어당기는 중심이었습니다. 전쟁 이후에는 과오에 대한 속죄가 초점이 되기도 했고요. 그리고 얼마 지나지 않아 중국은 외부로 눈을 돌린 일본 자본을 끌어당기는 자석이었습니다. 인도에게 있어 식민 지배에서 벗어난 직후 중국과의 우애 관계가 있었지만 영토 분쟁으로 인해 관계 지속은 어려워졌습니다. 육상 국경 문제를 공유하는 데 대한 강제성은 그 자체로 서로 깊은 관여를 만들어가는 강력한 요소였습니다. 서구 국가들이 인도의 통합성을 훼손하기에 바빴던 이전 시대에는 중국을 더 긍정적으로 여겼던 게 사실입니다. 서구가 중국을 그리 중시했다는 점은 필연적으로 인도와 일본 모두의 사고에 영향을 미쳤던 겁니다.

중국은 여러 해에 걸쳐 인도와 일본을 서로 다른 방식을 통해 선점했다고 봅니다. 하지만 관계가 특히 어려운 그 나라의 이웃 국가에 의해 그 두 나라의 관계는 아주 심하게 못 박혀버렸습니다. 인도에게는 파키스탄이, 일본에게는 북한이 그러했지요. 그 결과, 인도와 일본은 각각 선점한 관계 속에서 멀리 떨어졌지만 조화롭게 공존했습니다. 둘 다 상대의 문제 해결책을 찾는 데 기여하게 될 것이라 보지 않았습니다. 물론 힘의 균형이 옮겨감으로써 세계가 불안정해지는 도전이 너무 커져서 문제 자체가 다시 정의되기 전까지만 그렇다는 말입니다.

인도가 25년 전 동쪽을 더 바라보는 것(Look East)으로 결정했을 때는 기존의 외교정책이 크게 수정되기 시작하던 시기였습니다. 식민 지배라는 과거의 결과로 나타난 서구에 대한 편향은 지배적인 글로벌 시나리오에 의해 더욱 강화되었습니다. 비록 그들이 경쟁 세력을 대표한다고 할지라도, 그 두 초강대국인 미국과 소련은 모두 그 서구 세계의 얼굴들이었습니다. 유럽 또한 인도의 사고에서 매우 중요한 위치를 차지했고, 서구의 집단적인 영향력은 정치, 경제 그리고 안보 문제에서 두드러지게 나타났습니다. 그러나 1991년의 위기는 인도의 발전 모델을 바꾸었고, 상대적으로 최근에 발생한 아시아의 경제 성장을 더 주목하게 하였습니다. 아세안은 이 새로운 신드롬의 진입로 역할을 했고, 그 여러 기관은 인도가 다른 세계로 사회화하도록 큰 도움을 주었습니다.

그 이후 인도의 동남아시아 및 동아시아와의 접촉은 꾸준히 증가했습니다. 모든 정부 아래에서 인도의 일본, 한국, 중국과의 경제적 협력이 확대되었습니다. 이 시기는 또한 아시아가 전반적으로, 특히 중국이 세계적으로 더 큰 영향력을 확보하던 시기이기도 합니다. 나중에는 미국 권력의 위치 재선정과 일본의 재등장도 고려되어야 할 요소들이었습니다. 인도에서 경제의 수정으로 시작된 것이 점점 더 이러한 정치적 발전에 영향을 주었고, 결국에 전략의 문제로 이어졌습니다. 그것이 활동이든, 거래든, 도전이든, 관심이든, 인도에 있어서 무게중심은 훨씬 더 동쪽으로 이동했습니다. 이것은 작동 원리로서 인도-태평양의 필요성을 설명하는 겁니다. 인도는 항상 인도였지만, 아시아에 속한다는 인도의 현대적 의식은 동쪽을 바라보고 동쪽으로 행동하는 것으로 강하게 발전한 겁니다.

'루킹 이스트(Looking East)'라는 구호는 분명히 방향을 의미하는 것인데, 외교적 은유로 발전했습니다. 이는 처음에는 수십 년 동안 상대적으로 폐쇄적 성장을 하던 시기를 지나 인도가 세계에 개방되었다는 표현으로 시작했습니다. 1990년대 인도의 초기 파트너십이 아세안 구성원들과 있었기 때문에, 이 정책은 그들과의 관계를 발전시키는 것으로 특정한 의미를 얻었습니다. 물론, 실체적이고 사실적이면서 더 부드러운 모습으로서의 아세안 지역과 더 많은 연결성을 구축하려는 노력이 있었습니다. 따라서 무역, 투자 및 경제 변화의 의제는 훨씬 더 크게 꾸준히 성장했습니다. 그것은 또한 아세안을 넘어 일본, 한국, 중국을 향했습니다. 인도는 일본 및 한국과 자유무역 협정을 체결하였고, 중국과의 무역 규모는 깜짝 놀랄 정도로 확대되었습니다. 최근 몇 년 동안 이 활동은 호주와 태평양의 여러 도서 지역까지 확장되었습니다. 그 결과 인도의 외교정책은 미증유의 지난 성과와 차원을 확보했습니다. 이렇게 커다란 변화가 일어난 것은 현재 인도 동쪽 세계가 차지하고 있는 과거보다 훨씬 커진 심정적 공간에 의해 더욱 강조됩니다. 동쪽을 향한 그 공간은 경제, 기술, 보안, 전략 또는 심지어 문화에서까지 크게 깊어지는 중이지요.

인도의 글로벌 위치에 동쪽 지역이 미치는 영향력은 꾸준히 증가하고 있지만, 세계의 주요 강대국들의 역량과 영향력에 실질적 변화가 있을 때는 그 증가 정도가 급속히 상승합니다. 중국의 경우 이미 그런 일이 발생했고, 그것이 체감되기 시작했습니다. 일본도 그렇게 펼쳐지는 중이라는 전망이 나오고 있습니다.

1945년 이후 일본은 안보 전망을 동맹국인 미국의 요구에 상당 부분 맞추어왔습니다. 상업적인 고려와 전후 배상의 의무도 중요한 요인이었다지만, 미국과의 동맹이 가장 결정적인 겁니다. 동맹의 역동성은 일본의 중국에 대한 지원과 투자마저도 정당화해 주었습니다, 오늘날 미국의 대중 적자보다 당시 미국의 대일 적자가 훨씬 컸지만, 일본은 1980년대에 한발 물러섰습니다. 동맹 구조 내에서 국가의 기대를 일부러 억제하는 방향을 택한 것입니다. 그 후 일본은 1987년에 소련을 제치고 세계 2위의 경제 대국이 되었으나, 2010년에 중국에 그 자리를 내줬습니다.

이는 전략적인 측면과 심리적인 측면을 동시에 내포하고 있습니다. 강대국들의 영향을 가장 많이 받는 것은 이웃 국가들이었고, 일본도 이 규칙의 예외가 아님이 입증되었습니다. 오늘날 대륙과 각 지역의 안정성 확보에 대한 일본의 관심은 글로벌 커먼즈를 강화하고자 하는 의지로 뒷받침되고 있습니다. 일본은 더 큰 책임을 지고 더 많은 파트너십을 구축하면서, 일본은 가까운 과거를 뛰어넘고 있습니다. 이러한 일본의 진화는, 항상 그렇듯, 동아시아를 훨씬 넘어서의 지역까지로 그 의미를 확장합니다. 이는 곧 세계의 주요 국가들 가운데 최고 기술 강국의 등장을 의미할 것입니다.

일본은 무역에 중점을 두고 있는 나라라서, 다른 강대국들이 하는 수준을 훨씬 넘어 경제 목표 달성에 가중치를 둡니다. 무역이 국가 부흥의 주요 동력이었기 때문에 그것이 전략적 계산을 지배하는 건 당연하지요. 인도 같은 나라가 안보 수요에 명운을 거는 것에 비해, 일본은 그런 어려움이 경제 영역에서 더 많이 발생하는 거지요. 그런데 특히 글로벌 공급망에 대한 압박과 신흥 기술에 대한 통제 때문에 이게 그리 쉬운 문제는 아닙니다. 일본의 과제는 바로 이러한 격차를 최대한 해소해야 하는 데에 있습니다.

일본의 정치적 외교는 대체로 이러한 여러 노력과 병행하면서 나아가는데, 동맹 파트너로서 미국에 우선권을 부여하는 건 분명합니다. 어떤 점에서는 개념적으로 일본의 곤경은 아시아의 다른 나라들이 처한 곤경과 비슷합니다. 그들도 다극 외교에 깊이 관여하니, 다른 나라에 전적으로 의존하는 게 없으며, 주변의 성장도 무시할 수 없습니다. 만약 아시아의 새로운 균형을 만들어내야 한다면 그러한 노력에서 일본이 빠질 수는 없겠지요. 그리고 아세안의 중심성에 의문이 제기된다면, 일본이 아세안의 중심성에 그렇게 많은 도움을 주어서 만든 그 집단을 그냥 서서 처다보지만은 않을 겁니다. 연결성을 키우거나 해양 활동을 확보해야 하는 곳에서 더 이상 불가지론으로 남을 수 있는 문제가 아니지요. 이러한 상황으로 인해 일본과 인도는 서로를 전략적으로 대하도록 찾아낸 것입니다.

비록 서로 다른 출발점에서 비롯되었지만, 인도 역시 일본을 보다 진지하게 바라보게 만드는 일종의 거울의 상(像)과 같은 필요성을 지니고 있습니다. 일본과의 협력은 엄청난 경제적 효과를 가지고 있으며, 심지어 그로 인해 생기는 안보 잠재력에 대해서까지도 뉴델리는 잘 인식하고 있습니다. 경제적 측면에서의 어려움은 공적개발원조를 넘어 보다 실질적인 무역과 투자로 이어가는 것이었습니다. 일본 기업들은 오래전부터 인도와의 문화적 차이에 대해 말해왔는데, 그때 자기들이 동남아시아와 중국에서는 해당 국가와 그 문화적 차이를 서로 잘 맞추어 지냈다는 사실을 들기도 했습니다. 초기에는 인도에서 일본 기업의 성과가 아주 더뎠는데, 그건 현지의 지역 비즈니스가 상당하였으니, 규칙 기반 정책으로 규제하는 게 강하고, 외국 기업인들에게 우대하는 것에 대해 아주 예민하게 반응을 보였기 때문이지요. 인도에서 일본의 발자취를 넓이에서 깊이로 바꾸는 시도는 늘 어려운 과제였지요.

두 나라는 오랫동안 매우 우호적인 관계를 유지해왔지만, 포부는 낮고 레토릭은 높은 경향이 있었습니다. 과거 미국과 동맹을 맺은 일본은 정치와 안보에 관한 한 쉽게 관여하지 않았지요. 말수가 적은 데다가 미국과의 관계로 인해 거리감은 더해졌습니다. 오늘날은 이 두 가지 상황 모두가 정리되고 있고, 이러한 노력이 이미 첫 열매를 맺고 있습니다. 인도에서 비즈니스 하기를 더 쉽게 해달라는 일본 기업들의 요구에 부응하여 여러 가지를 개선한 것도 긍정적인 결과를 낳았습니다. 적재적소에 수단을 마련하는 것은 바로 중요한 성과를 창출하기 위한 첫걸음이지요. 마찬가지로 인도와 미국과의 관계가 훨씬 더 긴밀해지면서 그 관계의 발전이 인도와 일본의 관계에 장애물이 아닌 촉매제가 되었습니다. 인도, 일본, 미국의 3각 구도 속에서 협력할 수 있는 능력을 만들어내는 것이 변화하는 아시아 정치 지형의 새로운 요소 가운데 아주 중요한 하나가 되었습니다.

인도의 관점에서 일본과의 긴밀한 관계는 많은 이점을 제공합니다. 우선 인도가 독립 이후 갇혀 있던 남아시아의 박스에서 벗어나게 해줍니다. 또한 '룩 이스트' 정책이 채택한 범주를 동남아시아를 넘어 더 나아가게 해줍니다. 동아시아의 파트너만이 인도-태평양 지역에서 인도의 활동을 강화하게 하고 그곳에 존재감을 유지하여 상호 보완하게 하는 현실로 만들어 줍니다. 물론 일본이 이러한 노력에 필수적 존재이지만, 한국과 같은 다른 나라들도 그와 관련하여 의미를 지닐 수 있습니다. 아세안과 개별 회원국들이 다리로서 역할을 하는 것은 두말할 나위가 없겠지요.

또 다른 측면도 있는데, 강대국들이 힘을 합쳐 느슨한 협력 체계를 형성해야 하는 시대적 요구입니다. 아시아에 관해서는 몇몇 국가들이 해상 안보와 연결성 강화 같은 분야에서 더 많은 책임을 지고 나서야 하는 겁니다. 물론 일본과 관련하여 가장 직접적인 이점은 일본이 인도의 성장을 가속하는 데 이바지한다는 점입니다. 그러니 더욱 가능성이 있는 커진 인도 경제가 일본의 주류세력에게 단순히 사업 기회로서가 아니라 전략적 이점을 위한 것이라 설득하는 것이 아주 필수적이지요. 문제는 인도 측이 가까운 미래에 이를 실질적으로 구체화하는 상황을 조성하는 것이겠지요.

이것들이 모두 정치가 즉각적으로 이행해야 할 사항이지만, 이 관계를 더 긴 역사의 관점에서 고려해 볼 필요도 있습니다. 두 나라 모두의 새로운 세대는 이전의 많은 정치적 낭만주의자들보다 관계 형성에 있어서 훨씬 더 실용적인 논리를 계발했습니다. 일본의 진정한 가치는 유라시아의 근대화에서 탁월한 리더로서 좋은 평판을 받는다는 사실에 있습니다. 그 사례와 경험은 다른 나라들이 이를 따르게끔 하는 동기를 부여했고, 일본 자신도 그 과정을 도왔습니다. 만약 일본이 그러한 에너지를 지금 인도에 부여할 수만 있다면, 일대 전환의 가능성이 진정으로 확대될 것입니다. 최근 몇 년 동안 이 의제에 대한 서구의 기여도가 낮아졌기 때문에, 일본의 기여가 더욱 중요해졌습니다. 인도가 일본의 전략적 자세에 있어서 중요한 요소는 아닐 수도 있지만, 수혜자가 될 수는 있습니다. 다극의 아시아는 진정 일본의 참여를 통해서만 이루어질 것입니다.

인도 정치에서 일본은 여러 정치 스펙트럼에서 항상 인도를 지지하는 특별한 관계라는 점이 독특합니다. 따라서 이를 근거로 하여 관계를 만들어 나아가는 것이 외교정책 이니셔티브 중에서 가장 분열 요소를 적게 만들 것입니다. 역대 중앙 정부들과 대부분의 주 정부들은 일본의 개방을 활용하는 데 깊은 관심을 보였습니다. 현재 관계의 기초는 2000년 모리 요시노 수상의 인도 방문으로부터 그 초석이 놓인 것입니다. 이러한 출발은 1998년 인도의 핵실험에 대해 미국 등이 행한 신랄한 비난을 뒤로 제쳐두고, 일본이 이룬 것입니다. 일단 분위기가 트이면서 양측은 협력의 논리를 꾸준히 따라갔습니다. 협력은 지난 20년 동안 다양한 형태로 발전했으니, 하드 및 소프트 인프라에 대한 대형 개발 지원 약속을 포함합니다. 1991년 외환위기로부터 인도가 회복하는 데 있어서 일본의 지원은 결정적인 요인이었습니다. 최근에도 마찬가지였으니, 2018년에 체결한 통화 스와프 협정은 경제적 파트너로서 인도가 없어서는 안 될 존재라는 사실을 크게 강조하는 것입니다.

양국 관계의 경제적 내용은 확대되었지만, 실질적인 변화는 인도와 일본 간의 정치적 관계가 풀리면서 시작되었습니다. 수십 년 전만 해도 세계 문제에서 서로를 대안 모델로 보았던 국가들은 이제 변화된 상황에서 점차 더 많은 공통점을 발견했습니다. 두 나라는 정책 수렴을 촉진하는 다양한 대화와 메커니즘을 시작했습니다. 민간 원자력 협력과 방위 산업 장비와 같은 민감한 분야에서 합의를 끌어낼 수 있다는 것은 서로를 편안하게 대하는 수준이 갈수록 커진다는 것을 말해줍니다.

양국이 매년 진지한 군사 훈련을 시행하는 것은, 어떤 경우에도 결코 작은 일이라고 할 수는 없을 것입니다. 일본이 파트너라는 것을 감안한다면, 이 사실은 아주 진전된 것이지요. 인도에서는 이를 전혀 정치적 논란거리로 삼지 않았으며, 더 큰 안정과 안보에 이바지하는 것으로 인식하고 있습니다. 2019년에 원칙적으로 합의된 물류 교환 협정의 체결은 협력을 새로운 차원으로 발전시킬 가능성을 가지고 있습니다. 두 나라가 각 지역의 관심 사안들에 대해 그 대응력을 한층 키웠다는 점이 공개적으로 드러났습니다. 비확산, 대(對)테러, 해양 안보 분야의 이해관계가 더욱 눈에 띄게 조율되고 있습니다. 유엔 안전보장이사회 구성의 조정을 모색했지만 실패한 참담한 경험은 양국을 더욱 가깝게 만들었습니다. 협력의 지평은 이제 더 넓어지고, 심지어 제3국으로까지 확장되고 있습니다. 아마도 가장 주목할 만한 사실은 쿼드, 2+2 외교-국방 협의, 그리고 호주를 포함한 삼국협력과 같은 우리가 진행해온 보다 과감한 외교적 이니셔티브들에 일본이 참여하고 있다는 점일 것입니다.

이 관계의 정치적 측면이 언젠가는 경제 관계를 주도할 것이라고 예상한 사람이 거의 없었지만, 사실, 이전에 경제 관계가 그렇게까지 침체 상태에 있었던 것도 아닙니다. 일본은 전통적으로 공적개발원조(ODA)를 전략의 중심으로 삼고 있었습니다. 이는 아주 의미 있는 수준으로 확대되었는데, 사실 이러한 공적개발원조 사업들이 현재 인도에서 가장 성공적으로 수행되고 있는 사업 가운데 하나입니다. 최고의 이니셔티브에는 도시 운영에 획기적 변화를 가져올 메트로(지하철) 프로젝트와 산업 생산을 크게 키울 델리-뭄바이 산업 회랑을 포함합니다. 그리고 추가적인 화물 및 산업 회랑이 시작 단계에 있으며, 그 회랑들은 인도의 물류 병목 현상을 해결하는 데 중요한 역할을 하고 있습니다.

비즈니스 측면에서는, 인도 내 일본 기업의 존재가 눈에 띄게 확대되었고, 이미 진출한 일본 기업들이 아주 강한 의지를 보이고 있습니다. 그리고 그들을 위한 가능한 환경이 아주 의미 있는 수준으로 개선되고 있는데 그 안에는 그들의 주거와 여행의 조건을 개선하는 구체적인 이니셔티브가 포함되어 있습니다. 더욱 중요한 것은, 일본의 요구 사항에 필요한 기술과 훈련의 질을 높이기 위해 두 나라가 함께 노력해왔다는 사실입니다. 산업 타운, 훈련 기관, 어학 센터, 특별 금융 시설 등에 대한 합의가 바로 그것이지요. 이들을 신속하고 효과적으로 완수하는 것이야말로, 인도 내 일본 사업의 확장이라는 열쇠를 쥐고 있습니다. 외국인 직접 투자와 공적 개발원조 정책을 동시에 만들어내는 것은, 양국 모두에게 혜택이 되는 많은 길을 새로 여는 데 큰 도움이 될 것입니다. 주목할 만한 조치는 인도 동북부 지역의 연결 이니셔티브를 촉진하고, 이를 방글라데시와 미얀마까지 확장하기 위한 액트 이스트 포럼(Act East Forum)의 창설이었습니다. 이는 경제적 사고가 더 큰 전략적 정책으로 성숙하고 있음을 반영합니다.

물론 일본은 인도 경제 및 사회 안에서 오랫동안 활동해왔습니다. 그러나 25년 전에 인도에 열렸던 기회들은 그 스스로의 불확실성만큼 너무 지나친 경계로 애초 기대했던 반향을 불러일으키지 못했습니다. 물론 다른 성장국들로부터의 경쟁적 수요도 그렇게 만든 하나의 요인이었던 건 사실입니다. 그렇지만 일본은 인도 경제가 주요 기술적 발전을 업그레이드하는 데 이바지했습니다. 인도에서 나이가 좀 든 세대는 마루티-스즈키 자동차의 인도에서의 시작이 그들의 운송뿐만 아니라 삶의 방식을 얼마나 바꾸었는지 기억할 것입니다. 다음 세대는 아마도 델리 메트로 레일 프로젝트에 대해 같은 생각을 할 것입니다. 일본의 진정한 가치는 인도 경제의 모든 부문에 영향을 미치고 새로운 기업과 가능성을 창조하는 것을 돕는 능력입니다. 인도가 중국과 아세안이 그랬던 것처럼, 그것을 얼마나 효과적으로 사용할지는 두고 봐야겠지요.

아시아에서 일본의 위상 증가는 단순히 국가 역량이 강화되는 것뿐 아니라 지역 안정에도 도움이 됩니다. 원주의, 열린 사회에 대한 공동의 의지를 지니고 있습니다. 두 나라의 공통된 전통 또한 이 유대감을 더욱 강화해 줍니다. 인도는 일본을 인도-태평양과 그 너머 지역 안에서의 평화롭고, 개방적이며, 평등하고, 안정적이고, 규칙에 기초한 질서를 지향하는 파트너로 보고 있습니다. 이러한 이해와 가치의 결합이 오늘날 더 강력한 융합의 기반이 되고 있습니다. 양국이 가진 이해관계의 범위를 고려할 때, 이 관계는 양국의 측면을 뛰어넘습니다. 양국은 지역에서 사이버 안보 공급자로 협력할 수 있고 제3국에서 연결성과 이해관계 조화를 위해 협력할 것입니다.

인도와 일본은 지구적 수준에서 기후 변화, 테러, 옛 세계 질서의 개혁 등에 협력할 수 있습니다. 이같이 관계가 변화하는 데 있어서 중요한 점은 서로가 각자의 민감성을 어떻게 고려하느냐가 될 것입니다. 우선, 일본은 아시아의 현실과 관련을 맺기 위해서는 자신의 안락한 공간을 벗어나야 할 것입니다. 그러면서 인도와 상대하는 건 양자 외교를 통해 하는 게 최선이지요. 이와 비슷한 인도인들의 관심사에 대한 지원을 확대함으로써 복지의 핵심인 개발에 대한 이해를 높일 수 있을 것입니다. 유엔 개혁을 위해 함께 노력하는 한편, 그 변화를 거부하는 나라들에 적극적으로 개입하여야 할 것입니다. 그리고 인도로서는 일본 스스로가 어떤 의무감과 자신만의 문화를 가지고 있다는 사실을 이해함으로써 그에 대한 기대를 너무 크게 하지 않아야 할 것입니다. 두 나라는 서로의 관계를 확대하는 데 있어 많은 걸 함께하지만, 그렇다고 해서 자동으로 되는 것은 아닙니다. 일본도 우리와 비슷한 관점에서 세상을 바라볼 것이라는 가정이 때때로 존재하기 때문에, 이렇게 주의를 기울여야 하는 것이지요. 여기에서 두 나라는 의사 결정에 있어 더 큰 공감대를 추구하는 보다 신중한 사회를 다루고 있다는 사실을 인지해야 합니다.

어떻든 간에 풀어야 할 도전이 두 사회의 서로 다른 기질에 국한되는 것은 아닙니다. 사업을 확장하는 것이 가장 중요한 목표입니다. 인도 측에서는 지속 가능한 환경을 개선해야 하는데 이는 일본의 요구 사항에 대해 구체적으로 초점을 맞추어야 하고, 이미 마련해놓은 수단들을 좀 더 적극적으로 활용해야 할 겁니다. 이 중 어떤 것도 자국의 과거와 비교하여 스스로 테스트해보는 경향이 있는 정치에서는 그저 주어지는 게 아닙니다. 인도인들은 일본과 관련하여 어떤 인내심을 보여주어야 할 것입니다. 그리고 일본 측에서는 더 큰 위험 감수와 확장에 대한 더 강한 의지를 보여야 합니다. 그 일에 진입하거나 일을 확장하는 것이 지연될수록 더 높은 비용이 발생하는 것은 당연합니다. 일본 기업들은 인도가 사업을 하기 위한 이상적인 조건을 만들어내기를 기다리기보다는, 스스로 만들어내기 위해 더 주도적으로 노력해야 합니다. 그런 정도에 이르기까지는, 그들이 난관을 감수하는 데 도움이 될 인도의 특질 안으로 깊이 스며들 필요가 있습니다.

정치 분야에서 인도와 일본은 모두 헤징할 수 있지만, 반드시 같은 이슈에 대해 같은 정도로 헤징하는 것은 아닙니다. 다극화된 세계, 특히 가까운 이웃 국가들 사이에서 어떤 선택지를 닫아버리는 데 관심이 있는 것도, 아닙니다. 서로를 의심하지 않으면서 실제 생활에서 이를 실행하는 방법은 상당한 주의를 필요로 합니다. 연결성 같은 문제에서도 마찬가지이니, 두 나라가 갖는 강박은 다소 차이가 있습니다. 특히 서로 수렴이 덜 이루어진 이슈에 대해서 더욱 지속적인 대화가 필요합니다. 확고한 질서에 더 깊이 뿌리내린 일본은 새로운 균형과 영향력의 변화에 대해 더욱 고려해야 할 것입니다. 그래서 서구의 기존 이해관계를 넘어서는 일본의 능력은 이러한 세계에서 시험대에 오르게 될 것입니다. 양국의 관계는 상호 이익의 접근 방식에 확고하게 기반을 둘 때만 성장할 것입니다.

과거가 미래를 보여주는 가이드가 되지 않는 관계인 건 분명하지만, 그래도 공부할 가치가 있는 최근의 역사에서 얻을 수 있는 교훈은 몇 가지 있습니다. 양국 관계의 상당 부분에서 양국은 특별히 서로에게 매우 관대했습니다. 인도는 1905년 일본이 러일전쟁에서 승리한 것을 아시아 부흥의 시작점으로 보고 있습니다. 그 후 그것이 끼친 반식민주의적 기여는 인도에 직접적인 영향을 미쳤습니다. 지금도 인도 대중은 일본을 네따지(Netaji)[72] 수바스 짠드라 보스(Subhas Chandra Bose)[73]의 행적과 떼려야 뗄 수 없는 관계로 생각합니다. 그 이후의 시대는 이러한 유산 위에서 더 앞으로 나아

---

[72] '대장님'이라는 의미. 인도국민군(Indian National Army)을 조직한 보스의 별명이다.
[73] 벵갈 출신의 수바스 짠드라 보스는 간디의 비폭력 노선에 반대하며 인도국민군을 조직하여 영국과 전쟁을 벌여 이겨 독립하려고 했다. 그 과정에서 보스는 제2차 세계대전에서 영국과 적대적 관계에 있던 독일의 히틀러, 이탈리아의 무솔리니, 그리고 일본 군국주의자들과 연대를 꾀했다.

갔습니다. 도쿄재판소 전범 문제와 관련해서는 인도는 독자적 입장을 택했고, 재판관 라다비노드 빨(Radhavinod Pal)[74]이라는 이름은 지금도 많은 곳에서 공감을 불러일으킵니다. 배상 포기와 일본의 아시안게임 참가가 인도 특유의 접근법을 반영한 것이라면, 엔화 차관의 연장과 지속적인 경제 지원은 일본 측의 접근인데, 충분히 상환되었다고 봅니다. 이러한 상호 접근은 대중의 선의를 바탕으로 한 관계이며, 이는 특히 근대성과 전통성을 연결한 것으로, 인도에서 일본의 이미지는 일관되게 긍정적이었습니다.

일본에서 인도에 대한 이미지는 불교의 발원지로서 지적 전통과 풍부한 문화의 여러 다양한 측면을 가지고 있었습니다. 하지만 이 모든 건 저성장과 사회경제의 고착과 관련된 이미지의 유리천장 아래 있었습니다. 그래서 1998년 핵실험이라는 형태로 첫 번째 심각한 테스트 상황이 벌어졌을 때 양국 관계는 심하게 휘청거렸습니다. 크게 볼 때 그 이유는 서구로부터 이익을 취하면서 아시아적 성격을 조화시키는 일본의 양면성에 있습니다.

당시 일본은 비확산에 대해 서구의 입장을 받아들였을 뿐 아니라 인도와 파키스탄을 동급으로 연결하는 태도와 그에 따른 잠무-카슈미르 문제에 대한 서구의 분석까지도 그대로 받아들였습니다. 그 결과 일본은 유엔 안전보장이사회 결의 1172호를 포함한 인도

---

[74] 1952년부터 1966년까지 유엔 국제법 위원회 위원으로 활동한 인도 법학자. 그는 제2차 세계대전 중 일본이 저지른 전쟁 범죄에 대한 '도쿄 재판'인 극동 국제 군사재판소에 임명된 세 명의 아시아 판사 중 한 명. 재판소의 모든 판사 중 유일하게 모든 피고인에게 무죄를 판결하였다. 그는 일본군이 잔학 행위를 저질렀다는 증거가 압도적이라는 사실을 인정하면서도 재판이 공정한 정의가 아닌 보복심이 판결의 기준이 되었기에 무죄를 판결한다고 밝혔으나, 그는 일본의 대동아 공영 정신과 맥을 공유하는 아시아 민족주의를 지지하는 견해를 가진 것으로 알려져 있다.

에 대한 조치를 내는 데 주역이 되었습니다. 이 시기를 되돌아보는 것이 중요한 이유는 미래의 관계 방향에 대해 중요한 조언을 그 안에서 찾을 수 있기 때문이지요. 인도와 일본이 서구를 통해서 상대하지 않고 직접 상대했을 때는 양국의 반응이 긍정적으로 나왔습니다. 일본은 1998년 이후 서구 국가들과 중국이 얼마나 실용적이었는지를 분명하게 알아차려야 합니다. 지정학에 대한 더 날카로운 인식을 지녀야 인도와의 연대를 맺는 데 확실한 성과를 낼 수 있는 겁니다.

인도와 일본은 각각의 역사, 사회, 문화를 가지고 있는 매우 다른 두 사회임은 분명하지요. 과거에는 그들 사이의 거리가 두드러졌는데, 국제 정치에서의 유인과 압력에 의해 강화된 겁니다. 과거에는 그 사이에서 큰 차이를 낸 역사는 없었지만 실질적인 의제를 개발하는 데도 여러 해가 걸렸습니다. 그들은 시민 문화, 정치적 기풍, 심지어 위험 회피 심리도 서로 다릅니다. 하지만 공유하는 이익, 공동의 가치, 그리고 지구 차원의 책임이 이전의 거리를 좁히기 시작합니다. 이런 일은 정부에 의해서만 하는 게 아니지요. 일본에서는 기업도 더 강력해진 인도의 가치를 인식하고 있습니다. 두 나라 모두 공유된 기반을 찾기 위해 열심히 노력하고 있으며 그러한 노력에서 기대 이상의 성과를 거두고 있습니다. 그 결과 이것이 아시아에서 가장 자연스러운 전략의 방정식으로 받아들여졌습니다. 그렇게 되기에는 불과 몇 년밖에 걸리지 않았지요. 이제 우리의 과제는 이를 어떻게 더 실질적인 것으로 만드느냐 일 겁니다. 그리고 다른 주요국 관계 그 이상으로, 시간이 무르익었습니다.

아시아, 물론 인도도 포함하는 그 아시아의 미래에 영향을 미칠 수 있는 일본의 역사가 주는 중요한 교훈들이 있습니다. 우선,

메이지 시대 이후부터 그 나라는 항상 국제 환경을 잘 이용해왔다는 사실입니다. 그리고 일본은 세계의 힘의 방정식에 반응했고 항상 자국의 위치를 개선할 파트너를 찾아왔습니다. 일본의 그러한 전통은 지금도 분명히 계속되고 있습니다. 일본은 사실 인도 역사를 소유하고 있으니, 세계 차원에서 몇몇 장애물만 제거되면, 바로 그 인도와 공유하는 논리가 전개될 수 있습니다. 냉전의 종식과 현재의 미국과의 동맹관계 발전이 그런 점에서 관련이 있을 겁니다. 1945년 이후 일본은 세계를 포기하지 않고, 대신 경제적 수단을 통해 영향력을 추구하는 선택을 택했습니다. 그것은 더는 전적으로 타당하지 않을 수 있는 가정을 바탕으로 하여 택한 겁니다. 변화를 수용한 역사가 있어서, 상황이 그렇게 강요한다면 다시 그렇게 할 수 있었던 것이지요.

일본은 변화 잠재력을 많이 가지고 있는 쪽이지만, 아세안은 여전히 인도의 동방 관문입니다. 사실, 그 방향으로 나아가면서 그 접근의 기본은 꾸준히 새롭게 하면서 주목해야 합니다. 인도가 그 지역에서 배운 것도 많고 앞으로도 계속해서 배워야 할 것도 많지요. 다른 어떤 그룹보다도, 아세안은 지역 통합과 개별 국가 발전을 거듭해오면서도 글로벌 환경에 끊임없이 맞춰 왔습니다. 아세안의 나라들은 아세안 창설을 통해, 이 지역에서의 식민 이후 많은 논쟁을 뒤로 미루어놓았습니다. 아세안은 냉전을 아주 능숙하게 항해하여, 다른 나라에 모범이 되는 고도 경제 성장 시대를 선도하였습니다. 1997년 아시아 금융 위기의 영향을 잘 극복하고, 동아시아정상회의 과정을 거쳐, 실제로 그 보폭을 크게 확장했지요. 회원국 모두가 더 개방적인 글로벌 경제 구조의 혜택을 누렸고, 2008년 위기도 대부분 잘 겪어냈습니다.

그렇지만 오늘날 그들은 다중적 난관의 시험에 직면하고 있으며 인도가 그 해결책의 일부가 되어 있다는 것은 중요한 사실입니다. 아세안과 인도가 함께 직면해야 할 과제로는 새로운 세력 균형, 더 큰 정치적 예측 불가능성, 규칙과 규범의 문제, 불확실한 지정학적 방향, 내부 결속력 문제, 그리고 아시아의 미래에 대한 아세안의 중심성 등이 있습니다.

따라서 지금이 바로 인도가 이 그룹과의 관계를 확장하고, 여기에 안보와 연결성을 강화하고, 더 많은 비즈니스를 수행할 수 있는 절호의 기회입니다. 하지만 그러한 것을 넘어, 인도는 이곳을 통해 전략적 이익을 확보한다는 건 분명하니, 아세안의 중심성이 더 강화되지는 못하더라도 반드시 보존되어야 한다는 겁니다. 이를 위해 두 나라 간 혹은 지역의 에너지가 활용되어야 합니다. 나아가 지금은 인도-태평양과 같은 새로운 개념이 주목받기 때문에, 아세안이 이러한 개념에 불안을 느끼지 않도록 하는 것이 중요합니다. 그들은 더 큰 전략적 영역이 개념적으로나 문자 그대로 아세안을 중심에 두는 것이라는 사실을 납득해야 하지요. 마찬가지로, 쿼드 또는 삼극위원회(Trilateral) 같은 체제가 아세안의 목표를 지지하는 것으로 가시적으로 인식되어야 합니다. 이러한 효과에 대한 지속적인 신호를 보내는 것이 오늘날 매우 중요하지요.

아세안과 인도의 동반자 관계에 관한 이야기는 1992년 싱가포르 정상회담에서 시작되었고, 인도는 1996년 완전한 대화 파트너, 2002년 정상회담 파트너, 2012년 전략적 파트너가 되었습니다. 창립 25주년을 기념하는 특별 기념 정상회담은 2018년 인도 공화국의 날 기념하기 위해 아세안 10개국의 지도자들을 뉴델리에 모았습니다. 회담 메시지를 통해 행사 기간에 이 관계가 얼마나 채워졌는지를 강조했습니다. 역사적으로나 문화적으로 인도와 동남아시아 사이의 관계는 깊고 심오합니다. 공유된 유산과 문화를 이 지역

곳곳에서 발견할 수 있습니다. 실제로 아주 잘 보존된 인도 문명의 여러 유산이 그곳에 있습니다.

근래에 들어와서도, 그들의 운명은 인도를 다시 어떤 그림 속으로 불러온 세계 정치 흐름에 의해 연결되어 있습니다. 실제로 싱가포르는 제2차 세계대전 동안 동남아시아에서 현대 인도의 미래가 어떻게 형성되었는지를 보여주는 특히 좋은 예입니다. 그 후 여러 해 동안 모든 나라가 독립을 쟁취하였고, 그 과정에서 아세안 지도자들은 협력하고 경쟁하며 국가적 전망을 수립했습니다. 그리고 인도는 더 분열적 모습을 보인 다른 강대국들에 비해 상대적으로 의견이 통합하는 한 지점이었던 게 사실입니다.

1992년 아세안에 진정한 변화가 일어났습니다. 거시적으로 볼 때 대체로 원만하지만, 에너지가 폭발하지는 않던 관계가 갑자기 새로운 경제 명령으로 인해 바뀌었다는 것입니다. 이는 여러 자유무역협정을 포함한 일련의 정책 계획에 의해 진전되었습니다. 아세안과 인도 간의 투자와 무역 흐름은 싱가포르를 주요 허브로 하여 꾸준히 성장해왔습니다. 이 지역 출신의 기업들은 통신, 항공 물류, 도로 건설, 산업 단지, 금융에 이르기까지 아주 폭넓은 분야에서 인도 경제의 중요한 위치를 차지하고 있습니다. 인도 기업들은 에너지, 물자, 인프라, 은행 등의 분야에서 입지를 다지고 있습니다. 인도와 동남아시아 간의 연결성 확대는 이러한 협력의 원동력이자 그 결과입니다. 실제로 지난 25년 동안 아세안과 인도 사이에서 서로 스며드는 활동과 여행이 매우 광범위하게 있어와서 오늘날 대부분 인도인은 직관적으로 이 지역을 이웃의 일부로 생각하는 겁니다.

이 관계는 경제적인 그리고 심지어 문화적인 차원을 훨씬 뛰어넘었습니다. 인도와 아세안 사이에는 매년 열리는 정상회담과 일

곱 차례의 장관급 대화를 포함하여 30개의 기구가 돌아가고 있습니다. 인도의 관점에서 보면, 아세안은 아시아-태평양 지역의 안보 구조에서 중심적인 위치를 차지하고 있습니다. 인도가 생각하기에는 아세안은 문화적, 상업적, 물리적인 교차로를 나타내기 때문에, 그 지역을 넘어 세계의 더 큰 이해관계를 반영하고 조화시킬 독특한 가능성을 가지고 있습니다. 우리는 이미 1996년에 인도가 회원국이 된 아세안지역안보포럼(ASEAN Regional Forum, ARF)의 활동에서 이를 보았지요. 동아시아정상회의(East Asia Summit) 프로세스를 개념화하고 구체화했을 때, 아세안이 더 큰 대륙의 안정에 미치는 결정적 중요성이 인정되었습니다. 인도는 처음 회원국 중 하나였으며, 이 회의는 연례 외교 일정의 중요한 행사로 자리 잡았습니다. 이뿐만 아니라 이 회의는 아세안확대국방장관회의(ASEAN Defense Ministers' Meeting-Plus)에서도 상당한 가치를 찾아내기도 했습니다.

지금은 더 구조적인 프로세스들이 비공식적이고 임시적인 여러 프로세스로 지지받아 오는 중입니다. 오늘날 인도가 협력하고 있는 여러 협정 중에는 '아시아 해적 퇴치에 관한 협정(Regional Cooperation Agreement on Combating Piracy and Armed Robbery against Ships in Asia, ReCAAP)'과 좁은 해협을 가진 국가로서, 말라카해협과 싱가포르의 협력 메커니즘이 있습니다. 이 지역의 참여는 아세안의 모든 회원국, 그리고 실제로 동아시아정상회의와의 광범위한 양자 방위 및 안보 관계에 의해 강화됩니다. 아세안 스타일은 합의적이고 부드러운 대화로 이루어지는 것이라서 그것이 테이블로 가져오는 가치는 종종 과소평가되곤 하지요.

이러한 인도와 아세안 간의 협력 진전에 관한 이야기에서 주목할 만한 게 있습니다. 1991년 이후 인도 정책이 개혁으로 나아가면서 실로 큰 중요성을 부각하게 된 사실입니다. 몇 년 전, 1991년 경제 위기에 관한 책들이 엄청나게 많이 나왔는데, 그 가운데 상당수는 나라심하 라오(Narasimha Rao)[75] 수상을 중심에 놓고 쓴 것들입니다. 이 사건들의 중요성을 논의하는 것은 인도에서 당연한 일이지요. 외교정책적인 관점에서 보면, 이때 인도 정부의 의사 결정 과정에서 그 결정자들의 사고를 형성하는 데 아세안과 싱가포르가 특별히 중요한 역할을 했다는 것입니다. 이것은 인도가 세계와 더 폭넓게 교류하고, 아이디어를 시험하고, 의견을 교환하고, 피드백을 구하기 위한 토론의 장이었습니다. 이 지역의 멘토들은 변화하는 인도에서 이미 준비가 되어 있는 청중을 찾아낸 거지요. 인도가 미지의 길로 이동할 때 그들의 조언과 경험은 좋은 지침을 제공했다는 겁니다.

따라서 인도가 2015년 전 싱가포르 수상 리콴유의 장례식에서 모디 수상이 참석함으로써 인도가 싱가포르에 큰 빚을 졌다는 사실을 인정한 것은 아주 적절한 일이었습니다. 오늘날 인도에서 변화는 아주 깊고 넓게 진행됩니다. 제조업을 확장하고, 인프라의 일대 전환을 이루며, 인적 자원의 질을 높이기 위한 단호한 노력이 이루어지고 있습니다. 경제의 공식화 또한 더욱 속도를 내고 있으며, 이를 통해 경제의 효율성에 대한 장애물을 제거하는 작업도 현재 이루어지고 있는 게 사실입니다. 이는 인도에서 비즈니스 하기를 더 쉽게 하고자 하는 의지로 강조됩니다. 이러한 많은 변화는 경제정책이라는 좁은 수준을 넘어서 훨씬 큰 규모의 사회 변화를 수반합니다. 그에 따라 우리는 대중의 지지를 넓히기 위한 인식 캠페인과 동기 부여를 위한 노력도 보아왔습니다. 적어도 그 가운데

---

[75] 인도국민회의 소속 정치인으로 제9대 인도 수상(1991-1996)을 역임했다.

일부는 아세안 정치 문화에 익숙한 것이 될 겁니다.

　인도에서 아세안과의 관계 발전은 처음에는 '룩 이스트' 정책으로 표현되었습니다. 그러다가 몇 년 전, 특히 물리적 연결을 위한 프로젝트를 통해 더욱 진지하게 이 정책을 추진하면서 '액트 이스트'로 업그레이드되었습니다. 이 진전은 더욱 확장된 안보에 관한 내용도 반영했습니다. 그 이름이 어떻든 간에, 사실 이 관계는 세계를 향한 인도의 지정학적 전망의 심대한 변화를 이 '이스트(East)'라는 어휘로 표현한 겁니다. 동남아시아와의 접촉과 협력은 그 너머의 세계를 인도에 열어주었습니다. 이즈음에 인도는 일본, 한국, 중국을 더 심각하게 참여시키려 합니다. 여기에서 아세안이 심리적으로, 정치적으로, 그리고 심지어는 물리적으로도 통로였다는 것은 의심의 여지가 없습니다. 그 후 몇 년 동안, 우리는 동아시아정상회의 과정에 참여하게 되었고, 이러한 특정 방향으로의 인도의 참여는 더욱 강화되었는데, 이제는 태평양 제도뿐만 아니라 호주와 뉴질랜드까지 확장됩니다. 실제로, 아세안이 없었다면, 아시아 태평양을 인도-태평양으로 전환하는 일은 결코 일어나지 못했을 겁니다.

　지난 25년 동안의 발전을 통해 우리는 인도-아세안 관계가 당시 우리 중 누구도 예측할 수 없었던 아이디어, 이해관계, 그리고 힘을 불러일으켰다는 것을, 보고 있습니다. 아세안과의 관계는 가장 기초적인 수준에서, 정책 입안자들만큼 사회에서도 인도인의 사고를 변화시키는 데 이바지했습니다. 양자는 서서히 스며들면서 드러내고, 서로 작용하였으니, 그를 통해 새로운 기대와 야망을 불러일으켰습니다. 이러한 것들 가운데 상당수가 오늘날 인도의 정책 활동과 토론에서 매우 분명하게 드러납니다.

　경제개혁의 촉진과는 별개로, 아세안은 더 넓은 범위의 여러 문제에 대한 인도의 사고에 영향을 미쳐 왔습니다. 우선, 그것은 인도의 대외화를 크게 촉진했습니다. 실제로, 인도 해외 투자의 새로운 물결은 동남아시아에서 시작되었습니다. 싱가포르가 바로 그 생생한 예라는 건 두말할 필요가 없지요. 아세안에의 참여와 그에 따른 자원의 교역 및 확보는 해양 의식을 상당히 높이기도 했습니다. 이는 인도가 해양 이익을 추구하는데 더 적극적으로 나서게 하였고, 나아가 정책 참여를 위해 그 해양이라는 영역을 개념화하도록 이끌었습니다. 오늘날 집중적이고 통합된 인도양 정책은 주로 아세안과의 경험에 따라 형성된 겁니다. 이러한 상호작용은 지역에 대한 인도 자신의 사고에도 유익한 영향을 끼치지요. 이제 인도는 인도의 이웃 국가들도 지역을 통한 성장과 번영으로 이익을 확보하도록 의식적으로 노력하고 있습니다. 인도가 지원하는 지역 내의 인프라 프로젝트의 수가 증가하는 것은 인도가 이 분야에 얼마나 진지하게 노력하는가를 보여주는 신호인 거지요.

또한 아세안은 인도가 세계와의 관계에서 인도 교포[76]가 수행할 수 있는 역할을 이해하는 데 크게 기여하고 있습니다. 실제로 이 지역의 디아스포라보다 더 나은 네트워크와 가교의 역할을 한 사례는 없습니다. 인도의 역사적 연결과 이해관계의 부활 차원에서 동남아시아가 수행해온 촉매 역할도 결코 무시할 수 없지요. 오늘

---

[76] 인도 정부는 인도 교포를 크게 두 가지로 분류한다. 하나는 재외인도인(Non-Resident Indians, NRI)이고 다른 하나는 인도계 재외동포(Persons of Indian Origin, PIO)다. 전자는 현재 600만 명 정도이고, 후자는 2,000만 명 정도다. PIO가 거주하는 나라 가운데 그 인구가 나라 인구의 50% 전후가 되는 나라가 상당히 있는데, 피지, 가이아나, 모리셔스, 트리니다드 토바고, 수리남 등이고, 동남아시아에는 NRI가 100만 명 이상 거주하는 나라들이 꽤 있는데, 말레이시아, 싱가포르, 홍콩 등이다. 미국, 영국, 캐나다, 오스트레일리아 등에도 NRI가 많은데, 특히 세계적 다국적회사의 CEO를 많이 배출해 주목받고 있다.

날 우리가 알고 있는, 날란다(Nalanda) 개념은 싱가포르에서 시작되었습니다. 싱가포르에서 그 개념이 싹튼 이후 그 개념은 인도가 불교 역사와 유산을 더 폭넓게 포용하고 양쪽 지역의 사람과 사람의 접촉 관계에서 더욱 큰 중심이 되도록 장려하는 것으로 나타났습니다.

과거에 인도 동쪽에 존재했던 세계는 서쪽 세계와 너무 대조적이었고, 인도의 전략적 지평에서 너무나 멀리 떨어진 다리였지요. 1960년대 초에 그랬듯이 두 세계가 충돌하면 인도는 득보다는 실이 많았습니다. 하지만 아세안과의 관계가 인도의 동쪽에 대한 이해관계가 꾸준히 발전하는 사회화 과정 안에서 시작되었습니다. 이제 이러한 관계가 탄력을 받기 위해서는, 인도나 그 동쪽 세계의 파트너나 할 거 없이, 모두 자신들의 편안한 지대에서 벗어나야 할 것입니다. 이해관계가 어떤 가치에 의해 뒷받침된다면, 상호 수렴이 더 확실히 뿌리내리겠지요. 국가들에 대한 전통적인 전망이 더 현대적인 관심사들을 잘 조정할 수 있을지는 두고 보아야 할 것입니다. 특히 인도와 일본은 넘어야 할 사고방식의 격차가 분명히 존재합니다. 인도인의 즉흥성과 일본인의 인내심을 조화시키는 것은 지속적인 노력으로 뒷받침되는 강력한 목적의식이 있어야 하는 거지요. 이러한 관계를 위한 시험은, 의견 차이와 짜증 유발이라는 보통의 문제들과는 매우 다른, 낯섦과 거리감을 극복하는 것입니다. 일본이 인도를 바라보는 시각에서 정치가 요구되는 건 대단히 많은 의미를 지닐 수 있습니다. 현실에서는 깃발을 따르는 건 바로 무역이기 때문이지요. 만약 노이다(Noida)[77]와 나고야가 진정으로

---

77 델리 주변 웃따르 쁘라데시 중에 있는 위성 도시로 국가수도지역(National Capital Region)의 일부다. 최첨단 산업 단지와 주거지를 포함한 계획도시다.

만난다면,[78] 그것은 아시아의 역사에 새로운 페이지를 추가할 것입니다. 그리고 나면, 많은 사람이 추정하는 것보다 훨씬 정해지지 않은 대륙의 어떤 거대 이야기 속에서 또 다른 반전이 있을지도 모르지요.

[78] 두 도시는 각 나라의 첨단 산업이 크게 발전한 곳으로, 새로운 산업 발전의 조우와 교류를 상징적으로 표현한다. 두 나라의 외교를 의미할 때 델리와 도쿄라고 표현하는 것과 마찬가지 방식이다.

8
인도-태평양
다시 등장하는 해양 전망

"물을 보고 서 있는 것만으로는 바다를 건널 수 없다."
— 라빈드라나트 타고르

세계는 변하면서 자연스럽게 새로운 개념과 용어를 쏟아냅니다. 최근 세계 전략 어휘에 추가된 것이 '인도-태평양'입니다. 도널드 트럼프가 2017년 APEC 정상회의에서 이 용어를 사용했고, 미국의 태평양 사령부가 인도-태평양 사령부로 이름이 바뀌면서 미국인들은 자신들이 이 용어를 발명했다고 생각합니다. 하지만 일본인들은 그 공이 자신들에게 돌아가야 한다고 생각합니다. 아베 신조 총리는 10여 년 전에 인도 의회에서 '두 대양의 영향력'에 대해 연설한 바 있습니다. 이에 대해 인도인들도 뒤지지 않는다고 주장합니다. 인도인 그들은 그보다 훨씬 이전에 해군 차원에서 '인도-태평양'을 논의해왔음을 강조합니다. 인도는 외무부에 전담 부서를 설치함으로써 더욱 강한 애착을 드러냈습니다. 이 개념을 주장한 나라로는 호주도 있고, 인도네시아가 이끄는 아세안도 이제 인도-태평양의 전망을 테이블 위로 올렸습니다. 개념 자체만 순수하게 따져보면, 대륙 중심의 유라시아 전략가의 관점이긴 해도, 1930년대 독일 전략가인 카를 하우스호퍼(Karl Haushofer)가 맨 처음 꺼낸 것이라고 할 수도 있습니다. 그러나 그 분석이 어떻든 간에, 오늘날 인도-태평양의 존재는 주로 실무자들의 강제 사항으로 존재하는 것이 사실입니다. 이제 우리가 이에 관해 목소리를 높이면, 바다는 변합니다. 그리고 인도-태평양은 내일의 예측이 아니라 실제 어제의 현실입니다.

세상에는 많은 것들이 생겨나지요. 수십 년 동안 영국 해군이 인도-태평양이라는 용어를 명쾌하게 정리하지 않은 채 행동하고 있었다는 사실은 되돌아봐야 할 문제입니다. 그래서 오늘날 어떤 강대국들이 열망하고, 다른 강대국들은 계획하고, 다른 이들은 준비하고, 나머지는 숙고하는 가운데, 무엇이 논쟁을 주도하는지 그 소유권 주장으로부터 분리하여 명확하게 해야 합니다. 매일 발생하는 여러 사건들이 이 개념에 더 큰 속성을 부여하고 있다는 사실을 의미론이 가려서는 안 됩니다. 인도-태평양은 당연히 강대국마다 다른 의미를 지니지만, 모든 강대국에서 이것이 최우선의 과제임은 부인해서는 안 됩니다. 인도에게 이 개념은 액트 이스트 정책의 논리적 다음 단계이자 남아시아의 경계를 넘어서는 것입니다. 일본에게는 인도양 진출이 국가 전략 진화의 일부가 될 수 있습니다. 미국에게 이 통합적 무대는 새로운 위치에서 중심을 차지하려 융합에 대응하는 것입니다. 러시아로서는 극동에 관해 두는 새로운 강조의 한 부분으로 이를 가시화할 수도 있을 것입니다. 유럽에게는 철수했던 지역으로 되돌아갈 수 있음을 의미합니다. 그리고 중국에 있어서는, 해양 능력이 세계적인 강대국으로 부상하기 위한 전제 조건이기 때문에 그 위험은 특히 큽니다.

이곳은 의심의 여지없이 다양한 야망을 지닌 다수의 선수가 자신의 전략적 기술을 발휘하는 현대판 그레이트 게임의 장이지요. 그 게임은 지구 차원의 생명선에서 펼쳐지는 것이니만큼, 의견 수렴과 경쟁 이해를 달성하기 위한 그들의 노력이 특히 중요할 겁니다.

현재 인도-태평양은 전략적 개념으로 유행하는 중입니다. 하지만 사실 그것은 수 세기 동안 경제적이고 문화적인 실제였습니다. 무엇보다도, 인도인과 아랍인은 동남아시아 사람들이 아프리카에 했던 것처럼 중국의 동해안까지 접촉했지요. 사실, 이는 현실에서 멀리 떨어져 있는 게 아니었으니, 바다에 이음새가 없어서 서양 열강들이 이곳에 들어오도록 입맛을 돋우기까지 한 겁니다. 대영제국은 자유롭지도 개방적이지도 않은 독자적 버전의 인도-태평양을 오랜 기간 작동시켰습니다. 자원과 이윤을 가시화하는 선들은 인도양과 태평양의 통합 영역을 가로지르고 있고, 이를 보면 19세기와 20세기의 숱한 사건들이 쉽게 설명됩니다.

다른 강대국들도 차례로 지배적 열강의 접근 방식을 따랐습니다. 인도 군대가 의화단의 난에서 싸웠듯이, 일본군도 싱가포르와 버마까지 진격해 들어왔습니다. 그리고 1942년 이후 중국이 항일 전쟁에서 살아남게 된 것은 영미 동맹에 따라 인도의 엄청난 병참 노력이 있었기 때문이란 사실이 결코 무시되어서는 안 될 겁니다. 인도-태평양의 초기 버전은 1945년까지 지속되었고, 이 지역의 전역에 영국과 미국 군대가 있는 것으로 나타났습니다. 전쟁 이후 인도군은 일본의 주고쿠와 시코쿠의 7개 현에 배치되었습니다. 그리고 구르카족 보병 5연대 2대대가 도쿄의 황궁에서 경비를 서기도 했습니다. 그 후 인도-태평양 무대는 영국의 세계 패권을 대체한 미국에 의해 분리되었습니다. 중심은 태평양으로 옮겨갔고, 이 체계는 이후 중국혁명과 한국전쟁으로 더욱 강화되었습니다. 영국의 경우, 인도의 독립이 이루어지면서 관심이 걸프 지역으로 떨어져 나가 서쪽에 집중되었습니다. 그 결과, 하나의 연속체였던 것이 군사 지휘의 관할권에 의해 협소해진 구역에 자리를 내주게 된 겁니다. 인도-태평양은 우리의 과거이자 우리의 미래이기도 하지요. 이것이 전략적으로 실행할 수 있을지 그 여부는 이전과 마찬가지로 당대의 국제 정치에 달려 있습니다.

우리에게 중요한 건 1945년 이후 미국의 지배력이 인도-태평양을 해체했었다면, 지금 미국은 그것을 재발명하려 전략 수정을 기하고 있다는 점입니다. 이것은 그 자체로서만이 아니라 같은 방향으로 나아가는 다른 자율적 과정들이 있기에 일어날 수 있는 겁니다. 거기에 속하는 것으로 중국의 야망, 인도의 이익, 일본의 자세, 호주의 자신감, 아세안의 인식 등이 있습니다. 동맹과 마찬가지로 전략적 개념도 시대에 반응하는 거지요. 그리고 그 안에서 인도-태평양의 시대가 다시 도래했습니다.

오늘날 세계의 다른 많은 상황 변화와 마찬가지로 인도-태평양 역시 미국의 자세 변화와 중국의 부상이 계기가 되었습니다. 전자는 반응으로 나타나는 것이기 때문에 후자를 중심으로 분석하는 것이 더 타당합니다. 10년 전 중국은 미래 해양 강국의 역할에 대해 강력하고 공개적으로 논의했습니다. 그 가운데 일부는 동부 해안 지대와 그 너머에 있는 사슬로 이어지는 여러 섬의 경계로 인한 전통적인 전략적 딜레마를 해결하기 위한 것이었습니다. 그러나 2009년에 이르러서는 이러한 논쟁을 포괄하면서 더 크게 탐구하였습니다. 중국의 정책 입안자들은 이미 자신들의 나라가 세계적 강국으로 부상하려면 해양 강대국이 되어야 한다는 것을 알고 있었습니다. 그러면서 그 이후의 논쟁은 상당히 포괄적인 역사적 전통을 내세워 충격을 주었습니다. 그런 의미에서 2012년은 단순한 정치적 리더십의 전환뿐 아니라 전략적 사고의 전환도 이루어진 해입니다.

인도양에 대한 글로벌 개발의 충격은 인도를 그 영향력 밖에다 남겨둘 수는 없었습니다. 우선, 인도양의 한가운데 돌출된 위치는 인도에 독특한 성격을 부여하지요. 그렇지만 이러한 전략적 우위를 너무 당연하게 여겼기 때문에, 인도의 해양 개척은 항상 수준 미달이었습니다. 거기에서 더 커다란 해군 활동이 펼쳐지면서, 인도는 해양에 관한 의미를 포함한 연결 이니셔티브와 경쟁해야 했습니다. 이는 안보의 지평을 확대해온 강대국은 이제는 해양에 집중해야 함을 의미합니다. 그에 관한 많은 문제가 글로벌 커먼즈에서 진행되기 때문에, 그 문제의 성격 또한 새롭습니다. 이 문제의 해결책은 필연적으로 능력의 강화, 균형의 창출, 협력의 증진에서 나옵니다. 인도가 자기 영향력을 소중히 여기고, 그에 관한 자신의 더 큰 역할을 지지하며, 그 활동을 불편해하지 않는 세력들과 함께 일하는 것은 당연한 일입니다.

각각의 강대국들이 각자의 관점을 가지고 있으니, 그들의 서사는 때때로 다를 수 있습니다. 인도에 있어서 그것은 다른 강대국들의 자세에서 나오는 압박에 대응하는 것임과 동시에 자신이 꾸준히 부상하려는 경로에 관한 것입니다. 동아시아정상회의(East Asia Summit)는 이미 인도를 인도양 너머 인도-태평양으로 데려갔습니다. 태평양에서 실시하는 양자 간, 삼국 간, 그리고 다자간의 해군 훈련에 인도가 참여하는 것은 그 자체로서 매우 중요하지요. 인도의 경제를 꾸준히 외부화하고 동방에 집중하는 것은 인도를 해양의 안보와 안전에 민감하게 만들었습니다. 따라서 인도-태평양에 대한 개념적 정당성은 인도의 이익 확대에 중점을 둡니다. 그것은 규칙을 준수하는 국가라는 자체 인식으로 강력하게 지지받는데, 이는 글로벌 커먼즈에 상당한 공헌을 하지요. 인도의 핵심 이익은 인도양에 있을지 모르지만, 그 너머의 존재는 평화로운 주변부를 보장하기도 합니다. 그리고 해양 활동은 모든 관계의 방정식에 지대한 영향을 미치기 때문에, 인도의 참여는 아시아의 안정에 이바지하는 데 상당한 도움이 되는 겁니다.

많은 관심이 인도의 이익 확대에 초점을 맞추지만, 인도가 진정으로 차이를 만들 수 있는 공간은 인도양 그 자체입니다. 인도양은 단순히 인도의 영향력이 발휘되는 자연적 영역일 뿐 아니라 무엇보다 중요한 안보의 장입니다. 인도는 그곳에서 강력한 자세를 유지함으로써, 인도의 가치는 상승하고 동방으로부터 더 열정적인 환영을 확보합니다. 인도가 인도-태평양에 대한 접근을 제대로 하는 것은 인도가 인도양 전략을 훨씬 더 정확하게 실천해나가는 것에 달려 있습니다. 오랫동안 변화하는 현실을 부정해온 인도는 이제 발아래에 있는 바다에서 더 많은 병력이 활동하고 있다는 사실을 받아들여야 했습니다. 그것을 받아들여 인도는 2015년에 '사가르(SAGAR)'로 표현되는 첫 번째 통합 해양 전망을 만들어냈습니다. 협력을 발전시키고 더 큰 선을 위해 우리의 능력을 사용하는 것이 인도에 도움이 되리라는 믿음을 전제로 한 이 전망에는 네 가지의 핵심 요소가 있습니다.

첫 번째는 우리의 본토와 섬들을 보호하고 우리의 이익을 수호하며, 안전을 보장하고, 안전하고 안정된 인도양을 지키고, 우리의 역량을 다른 이들이 이용할 수 있도록 하는 것입니다. 두 번째는 우리의 해양 이웃 국가들과의 경제 및 안보 협력을 심화하고 협력의 역량을 강화하는 것에 초점을 맞추고 있습니다. 세 번째는 평화와 안보를 발전시키고 비상사태에 대응하기 위한 집단적 행동과 협력을 구상하고 있습니다. 그리고 네 번째는 지역을 위해 지속 가능한 개발을 강화하고 더 통합적이고 협력적인 미래를 추구하는 겁니다. 사가르는 파트너십을 통해 영향력을 강화하는 보다 적극적이고 결과 지향적인 인도의 접근 방식을 추진하는 겁니다. 그것을 다른 말로 번역하자면, 배후 연계와 지역주의 강화, 해양 공헌과 지원, 확장된 이웃의 창출이라 할 수 있습니다. 그것은 그물망 안보 제공자로서 책임을 지겠다는 의지를 수반하는 겁니다. 당연히 그 결과는 더 많은 프로젝트, 이니셔티브, 그리고 여러 활동에 나타납니다.

포괄적 해양 전략은 자연스럽게 일련의 우선순위를 가지며, 이는 동심원으로 가장 잘 묘사됩니다. 그 중심은 본국을 위한 해양 인프라, 섬 자산의 개발, 인접국과의 연결성, 그리고 일상적으로 감당해야 할 능력입니다. '이웃 우선' 정책과 관련하여, 특별한 관련성을 가지는 것은, 해양에 영향을 미치는 여러 이니셔티브입니다. 동심원에서 중심 다음에 자리하는 원은 인도 해역 너머의 해양 공간 그리고 스리랑카, 몰디브, 모리셔스, 세이셸 군도와 같은 인접 도서 이웃을 포함합니다. 육지에서는 확장된 이웃과의 연결성 복원이 매우 중요하지요. 그것들은 인도가 더 큰 규모로 해역을 보호하는 능력에 직접적인 의미를 갖는 것들입니다.

그렇게 되면, 진정한 도전, 즉 역사적·문화적 기반 위에 세워진 공동체로서의 인도양의 부활이 다가오는 겁니다. 인도가 인도양 너머의 일에 중대한 영향을 미치기를 희망하는 것은 인도양을 가로지르는 협력을 쌓음으로써만 가능하지요. 어떻게 하면 바다를 더 매끄럽고 협력적인 공간으로 만들 수 있을까 하는 것은 더 큰 지역 목표일 뿐 아니라 인도의 중심성을 강화하는 목표이기도 합니다. 이에 관한 여러 도전은, 비록 성격과 중요성이 서로 다르더라도, 병행하여 이루어져야 합니다. 그것은 그 도전들이 서로 지지대를 형성하기 때문이지요. 동심원에서 맨 바깥의 원은 인도를 태평양으로 데리고 와 핵심 안보를 보장하는 동시에 안정적인 주변부를 활성화하기 위한 통합적 이익을 창출하게 하는 겁니다. 이와 관련하여, 정책의 교류, 역량의 발휘, 협력의 메커니즘 개발이 진행 중입니다. 인도의 해양 미래뿐만 아니라 더 큰 전략적 자세를 결정하는 것은 이러한 원들의 상호 작용입니다.

액트 이스트 정책과 더 큰 해양 활동은 이미 식민지 기간에 사라져 버린 인도의 동부 해안에 자리한 항구의 부활로 이어집니다.

그러나 이러한 위치의 이점을 최대한 활용하려면 인도 국경 너머의 해양 기반과 연결을 확대하는 것이 무엇보다 중요합니다. 그런 점에서 방글라데시와 미얀마 모두 상당한 잠재력을 가지고 있습니다. 차관 제공을 통한 연결 인프라 프로젝트가 이미 진행 중입니다. 시트웨항으로 이어지는 칼라단 프로젝트와 태국까지 이어지는 삼국 간 고속도로는 미얀마에 대해 행한 더 큰 약속 중 하나이지만, 벵갈만 전역으로 연결을 확장할 수 있는 여지가 있습니다.

인도는 자국 영토 안에서도 나라의 해양 영향력을 강화하기 위해 택할 수 있는 선택지가 매우 많습니다. 그 가운데 안다만 니코바르 제도의 개발이 최우선순위가 될 것임은 분명하지요. 우리는 다른 나라들이 이처럼 좋은 위치에 있는 자산을 어떻게 활용했을까 스스로에 질문을 던져봐야 할 것입니다. 액트 이스트든 사가르든 '이웃 우선'이든 '인도-태평양'이든 국가 전략은 국내에서 시작되며, 진지한 시험대가 되는 것이 바로 진정한 진보가 될 것입니다.

그 밖의 상황에서는, 남아시아지역협력연합(SAARC: South Asian Association for Regional Cooperation)[79]을 다시 활성화하는 것이 인도 외교정책의 중요한 우선순위 중 하나가 되어야 할 것입니다. 남아시아는 분명히 세계에서 가장 통합성이 낮은 지역 중 하나이며, 인도양의 한가운데 위치하기 때문에, 그 지역에서 기능장애가 발생하면, 더 넓은 공간에 직접적으로 영향을 미칩니다. 연결성을 구축하고 무역을 확대해야 한다는 건 너무나 분명한 일입니다. 하지만 핵심 의제에 대해 한 나라가 강하게 반대하면, 더욱 절실

---

[79] 남아시아 지역 정부 간 연합 협력 조직. 회원국은 아프가니스탄, 방글라데시, 부탄, 인도, 몰디브, 네팔, 파키스탄, 스리랑카의 8개국이다. 인도와 파키스탄 간의 갈등과 아프가니스탄 상황 등으로 인해 오랫동안 조직 활동이 중단된 상태다.

한 협력이 약화됩니다. 따라서 인도는 현재로서는 양자 및 다자간 이니셔티브를 통합하는 데 더 중점을 두는 중입니다. 결국, 다른 지역에서와 마찬가지로, 정상 상태가 이 지역에서도 널리 퍼지기를 바라는 희망이 있는 거지요. 다른 한편, 벵갈만으로 초점을 옮겨 벵갈만기술경제협력이니셔티브(The Bay of Bengal Initiative for Multi-Sectoral Technical and Economic Cooperation; BIMSTEC)[80] 와 같은 다른 대안들도 개발되어야 합니다.

더욱 넓어진 이웃 의식을 강화하는 것은 인도가 역사를 되찾는 과정의 일부입니다. 인도의 문화적 기반은 너무나 자명하기에 그것을 동남아시아든 걸프 지역이든 중앙아시아든 굳이 확인할 필요는 없습니다. 심지어 이제는 무역, 투자, 그리고 이동성이 지대한 영향을 미치면서 인도의 경제적 기반도 점차 증가하고 있습니다. 현재 이웃 의식에서 정말로 부족한 것은, 70년 전 붕괴했던 연결의 기반이지요. 이 문제를 해결하는 데 있어 실질적인 차이를 만들 수 있는 건 다름 아닌 바다입니다.

인도양은 역사적으로 광활한 지역을 가로지르는 수많은 사람을 연결하는 고속도로로 묘사되어왔습니다. 인도양의 무게중심인 우리가 촉매 역할을 한다면 이러한 결정적인 역할을 다시 한번 더 수행할 수 있습니다. 이를 위해서는 인도 내뿐 아니라 인도 바로 인접한 지역과 그 너머에서도 상품과 사람들의 이동이 더욱 원활하게 이루어지게 해야 합니다. 공교롭게도 인도의 많은 외교정책 이니셔티브 핵심에는 더욱 강력해진 연결성이 있습니다. 초국적 고속도로 건설, 복합 운송 이니셔티브, 철도 현대화, 내륙 수로, 연안

---

[80] 벵갈만을 중심으로 형성된 남아시아 및 동남아시아 7개 국가로 구성된 국제기구. 회원국은 방글라데시, 부탄, 인도, 미얀마, 네팔, 스리랑카, 태국의 7개국이다.

해운 및 항구 개발에 대한 의지가 커지면서 인도의 진지함이 강조되고 있습니다. 거기에서 실제로 더 나은 물류가 인도의 이웃 국가에 대한 지원에 관한 가장 핵심적 주제가 되었습니다.

세계가 잘 알고 있듯, 인도의 서방 진출 경험은 그리 긍정적이지 않습니다. 그렇지만 이란과 추진하는 차바하르 항구 프로젝트와 그것이 아프가니스탄에 중요한 출구를 열어주면서 해상 접근을 가능케 하는 것은 아주 중요한 기회들을 제공하지요. 유라시아로 가는 수송 통로로서 이란의 상당한 잠재력은 개척할 가치가 충분하지요. 인도양과 중앙아시아를 연결하는 아슈가바트(Ashgabat) 협정뿐만 아니라 러시아와 유럽으로의 교통을 더 쉽게 할 수 있게 하는 더 큰 국제남북운송회랑(International North-South Transport Corridor)[81]도 있습니다. 걸프 지역과 서아시아가 앞으로 더욱 발전하면, 향후 훨씬 더 많은 선택지가 제공될 겁니다.

인도양 전략은 당연히 해양의 이웃들에 더 많은 관심을 기울이는 것을 의미합니다. 이런 경우에 흔히 있는 것처럼, 역사와 사회학은 엇갈린 축복입니다. 관계 구축은 정치적 가시성, 더 많은 협력 및 스리랑카, 몰디브, 모리셔스, 세이셸과 더욱 많은 프로젝트로 나타납니다. 무역, 관광, 인프라, 환경, 블루 경제와 안보라는 통합된 관점이 부상하고 있습니다. 인도는 또한 레이더, 해안 감시장비, 선박과 항공기를 제공하고 해양 인프라를 구축함으로써 이 국가들과 역량 구축에 있어 파트너 관계를 맺고 있습니다. 오늘날 협력 의제는 수로 계측뿐만 아니라 백색 해운, 블루 경제, 재난 대응, 해적 퇴치 및 대(對)테러를 다룹니다. 이들 국가는 코로나 팬데

---

81 인도, 이란, 아제르바이잔, 러시아, 중앙아시아 및 유럽 간 화물을 이동하기 위한 7,200km에 달하는 선박, 철도 및 도로의 다중 네트워크를 일컫는다.

믹 기간 인도가 얼마나 굳건하게 그들 곁을 지켰는지 보면서 안심할 수 있었습니다.

인도의 안보 이익에 대한 이러한 해양 관계의 중요성은 아무리 강조해도 지나치지 않습니다. 그 어떤 것보다도, 이것이야말로 인도가 더 큰 범인도양 구조를 건설하는 데 도움을 줄 수 있는 핵심입니다. 따라서 이 가까운 지역을 인도의 이익에 민감하게 유지하는 것을 확실하게 하는 것은 결정적으로 중요한 일입니다. 또한 인도양이 극심한 경쟁의 장이 되지 않도록 하는 것도 바람직하지요. 섬 국가들은 그들만의 예민함을 가질 뿐 아니라 자기 계산도 할 것입니다. 그들이 자기들의 기회를 최대한 활용하려고 하는 과정에서, 정치적 편안함, 경제 협력 및 문화적 우호의 조합이 나름의 역할을 할 것입니다. 평화, 번영, 안보 그리고 안정에 대한 책임은 주로 상주하는 세력의 접근 방식에 달려 있습니다. 이들의 집단적 사고와 협력적 행동은 더 큰 공동체 의식의 기초가 됩니다. 그리고 이를 찬성하는 가장 강력한 논거는 바로 이 대양의 역사에 있습니다.

인도양 '세계'는 한때 해상 무역의 리듬에 기반을 둔 본질적인 통일체를 가지고 있었습니다. 게다가 우리는 인도양이 비록 자연적이고 유연한 경계를 가지지만, 실제로는 인접한 다른 세력과 차별화되는, 자생적 영역이었다는 사실도 알고 있습니다. 해양 무역과 문화적 영향의 관련성은 바다 전체에 그려놓은 듯 생생하면서 널리 퍼져 있었습니다. 그 결과 전통, 관행, 신앙 그리고 상업이 멀리 떨어진 거리를 극복하는 가상의 연결을 창조해냈습니다. 그러나 유럽인들의 도래로 바다와 그 연안이 파편화하면서 역사의 낭만은 국제 관계의 현실에 자리를 내주어야 했습니다. 식민 이후의 세계는 새로운 국가 정체성을 만들어냈고, 이후에는 해양을 그늘에 가두는 지역 정체성을 창조하기도 했지요. 게다가 인도양 해안에 특화된 경제 활동과 문화 습관이 항상 내륙 깊숙이 뻗는 것은 아니었습니다. 이러한 깊이의 부족은 아마도 인도양 전체 생태계를 단순하게 수변 공간으로 전략적으로 축소하는 데 이바지하기까지 했을 것입니다. 이러한 상황이 전개되기에는 사회 경제학과 지정학 사이의 긴장이 크게 작용했습니다. 오늘날 후자가 극적으로 변화함에 따라 인도양이 무감각한 상태로 남아 있을 수는 없는 겁니다.

바다에 관해 말하자면, 인도양은 천 년 동안 문화의 수혜자가 되어온 바다입니다. 그 기본적인 여러 경제 활동은 자연의 순환에서 직접 파생된 것이지만, 전통 안으로 전달된 것들이기도 합니다. 그 결과, 바다는 이동성, 수용성 그리고 상호 침투를 기반으로 하는 그 고유의 특별한 정체성을 발전시켰습니다. 이러한 역사적 유산을 널리 확장된 영역에서 쉽게 찾아볼 수 있는데, 인도네시아 발리와 베트남 미선에 있는 힌두교 사원에서부터 중국 푸젠 해안의 정저우까지 좋은 예를 볼 수 있습니다. 아체와 스리랑카 동부의 아랍 공동체, 또는 마다가스카르의 와크와크 거주지[82]까지의 그 넓은 범위에서도 볼 수 있습니다. 실로 세계적인 추세가 지역을 통해 지역적인 존재로 표현될 때, 이보다 더 놀라운 사례는 거의 없습니다. 몇 세기가 지난 후의 영향력의 잔재는 우리에게 한때 그랬었던 강렬함과 생동감 일부를 제공해줍니다. 그들이 여전히 그들의 이야기를 들려준다는 것은 인도양의 전반적인 기풍이 공존과 조정 가운데 하나였고, 그 안에서 다양성의 존중이 무역 증진에 내재해 있었다는 사실을 증언합니다. 자신의 정체성에 대한 더 나은 감각을 되살리기 위해서는 인도양의 이 다채색 그림을 감상하고 발전시키는 것이 무엇보다 중요합니다.

---

[82] 마다가스카르 동부에 정착한 인도계 이주정착민의 집거지.

다원주의와 혼합주의는 인도양의 깊은 역사적 특징인데, 자유주의에 의해 더욱 강화되었습니다. 이에 대해 잠시 멈춰 생각해보면, 인도양은 대서양보다 더 큰, 세계에서 가장 인구가 많은 영어 사용권 호수입니다. 식민지 시대는 의심할 여지없이 이 해양 공동체에 막대한 피해를 끼쳤습니다. 물론 국제적인 규범과 법치를 자연스럽게 지지하는 제도, 관행 및 가치를 남긴 것도 있긴 하지요. 고대와 최근의 역사가 결합하여 오늘날 고유한 개성을 지닌 더 현대적인 지역을 건설할 수 있는 토대를 제공한 것입니다.

그러나 인도양의 유산과 열망에도 불구하고 인도양의 통합이 자명하지 않다는 것은 엄연한 현실입니다. 그 이유는 복잡하고 그 자체로 논쟁할 가치가 있습니다. 부분적으로는 외부 세력에 의해 이 지역이 측면적으로 분열되었던 영향도 있습니다. 식민 지배는 행정 관할권을 통해 인위적인 방화벽을 만들어 수 세기에 걸친 자연스러운 이동과 접촉을 희석해 버렸습니다. 또한 해양과 연안 사회 사이의 분열이 두드러지면서 지역의 해양 관행과 역량도 축소되었습니다.

유럽인들의 존재로 인해 해운의 이러한 고유 전통이 위축되면서, 우리는 이 거대한 글로벌 커먼즈를 가시화하는 일에 더 소극적으로 되었습니다. 가장 큰 혼란은 인도의 운명이 해양 문화에 미친 영향이었습니다. 식민 지배 아래에서의 인도의 영향력이 줄어들었는데, 분리독립이 발생하면서 더욱 악화하였습니다. 도달 가능성과 중요성 모두에서, 해양을 떠받치는 지주로서 인도의 영향력이 상당히 감소한 겁니다. 그뿐만 아니라 식민 지배에서 벗어난 후 근대 국가의 출현은 영토성을 매우 강조하여 지역 및 지역 간 협력과 흐름의 현저함을 더욱 떨어뜨렸습니다. 그래서 인도양은 예컨대, 대서양이나 태평양보다 본질적으로 덜 통합적이라고 여겨졌습니다.

심지어는 벵갈만이나 아라비아해와 같은 더 작은 구성체조차도 지중해, 카리브해 또는 북해와 같이 유사한 문화를 가지고 있지 않다고 간주하곤 합니다. 그것을 재건하는 일은 만약 상반된 이해관계를 가진 강력한 세력들이 그 안에 있다면 쉽지 않을 것입니다.

그러므로 다른 많은 지역과 마찬가지로 인도양은 내부에서 더 많은 해결책을 찾아야 합니다. 그런 방향에서 더 분명한 성격을 드러낼 수 있게 촉진하는 연결성을 만드는 것이 가장 핵심적인 행보입니다. 우리는 부드러운 연결성의 매력을 과소평가해서는 안 되지만, 그렇다고 과거 몬순에 이끌렸던 연결성에 다시 기대는 것은 분명히 비현실적입니다. 문제는 지난 50년 동안, 연안 국가들이 각각 하나 이상의 지역 그룹에 가입했다는 사실입니다. 해역 전체를 걸쳐 우리는 여러 가지로 쪼개진 약어들의 행렬을 봅니다. 남아프리카개발공동체(SADC), 걸프협력회의(GCC), 남아시아지역연합(SAARC), 벵갈만기술경제협력체(BIMSTEC), 아세안(ASEAN), 동아시아정상회의(EAS) 등. 그러므로 혼성의 인도양을 향해 역내 여러 국가와 지역이 노력하도록 장려하는 것이 그리 쉽지만은 않을 겁니다. 아마, 반대하는 세력은 없겠지만, 실제에서 필요로 하는 열정을 가진 세력도 거의 없을 겁니다.

외교적 레벨에서, 이러한 그룹 간의 더 큰 상호작용을 촉진하는 것은 그 자체로 상당한 기여입니다. 그들 사이의 경계를 물리적으로 연결하는 것도 유용한 일이지요. 그에 관한 좋은 예는 남아시아지역협력기구와 아세안이 만나는 인도-미얀마 국경입니다. 여기에서는 육지 연결성도 분명히 중요하지만, 해양 인프라의 미발전이 인도양의 위상에 큰 영향을 미친다는 사실을 인식해야 합니다. 또, 못지않게 중요한 것은 배후지역 개발입니다. 인도양이 갖는 한계 가운데 일부는 해안 문화가 협소하다는 사실입니다. 아시아에서 여러 통일된 국가의 사회가 출현하면서, 해양과의 심리적인 거리도 좁혀졌습니다. 그리고 배후지역 경제는 점점 해상 무역과 연결되었지요. 오늘날 그들에 대한 인프라 개발이 인도양의 중요성을 높이는 데 있어 획기적인 변화가 될 수 있다는 것은 분명합니다.

세계 무역과 개발에 대한 인도양의 중심성을 깨달은 건 새삼스러운 게 아닙니다. 무엇보다도, 인도양은 세계 전체 해양 면적의 5분의 1을 차지하고, 거의 70,000km에 달하는 해안선으로 둘러싸고 있습니다. 하지만 넓은 면적보다 더 중요한 것은 위치입니다. 아시아 경제가 부흥함에 따라, 우리는 그 지역을 시장으로 보든, 생산 중심지로 보든, 상품 운송 자체가 아주 큰 의미를 갖게 되었습니다. 그에 상응하여 천연자원의 흐름이 커지고 있으니, 현재 이 대양은 세계 해양 석유 무역의 3분의 2를 차지하고 있습니다. 세계 인구의 5분의 2 이상이 이 대양 주위에 살고 있습니다. 그러니 세계 벌크 화물의 3분의 1과 컨테이너 운송의 절반이 원활하고 중단되지 않고 흐르도록 보장하는 것은 하찮은 책임이 아니지요. 시간이 지나면서 이는 점점 더 공동의 문제가 될 것입니다.

인도는 이 도전을 진지하게 받아들이고 있으며, 책임을 전적으로 짊어질 준비가 되어 있습니다. 우리는 백색 해운 협정을 체결하고, 몇몇 이웃 국가들과 연안 및 배타적 경제수역(EEZ) 감시에 협력하기 시작했습니다. 인도는 해양 안전을 위한 '아시아 해적 퇴치에 관한 협정(ReCAAP)' 및 '말라카-싱가포르 해협(SOMS) 10 메커니즘'과 같은 협정에 참여하고 있습니다. 또한 우리는 우리의 서쪽과 동쪽 양쪽 모두에 대한 해적 퇴치에서 적극적인 역할을 해왔습니다. 2008년부터 우리는 아덴만을 비롯하여 인도양 내 다른 해상 항로에서도 해적 퇴치 순찰을 계속해오고 있습니다. 인도 해군은 약 50회의 해적 퇴치 호위 임무를 수행했습니다. 이는 전체적으로 이

지역의 해양 안전을 높이는 데 이바지했으며, 2015년 12월에 고위험 지역을 줄일 수 있도록 함으로써, 운송 보험 비용을 줄였습니다.

인도양의 안보 문제는 각 당사국이 각자 자기 방식으로 해결합니다. 인도의 경우, 이는 본질적으로 국가 역량의 결과이지만 관련된 여러 지역의 기구가 참여하는 것으로 뒷받침됩니다. 특히 아세안지역안보포럼(ARF)에서 인도는 광범위한 기반을 가진 플랫폼이라는 점에서 높은 평가를 받습니다. 인도는 인도와 가까운 나라인 스리랑카, 몰디브와 3국 협력을 발전시키고 있습니다. 지난 10년간 35개국으로 구성된 '인도양 해군심포지엄(IONS)'의 꾸준한 성장은 매우 고무적인 발전입니다. 이 포럼은 해양 문제에 대한 공동의 이해를 증진하고, 지역 해양 안보를 강화하며, 역량 강화와 협력체제를 구축하고, 상호 운용 역량을 개발하고, 신속한 대응을 제공하는 데 도움이 되었습니다.

정책에서 성과로 옮기면서, 공동의 안보 목표를 추구하기 위해 함께 노력하는 해군들이 대양 지역을 안정하게 지키는 효과를 거두고 있음은 분명합니다. 인도는 싱가포르, 스리랑카, 프랑스, 호주 등과 함께 여러 차례의 양자 훈련에 참여하고 있습니다. 게다가 우리는 말라바르 훈련에 미국과 일본의 파트너기도 하지요. 인도는 인도양의 일부 도서 국가들에 해군 장비를 공급하고, 훈련을 제공하며, 수로 계측 서비스를 제공해왔습니다. 그리고 오늘날 인도의 해양 지평에는 분명 동아프리카의 파트너들도 포함되어 있습니다.

인도양에서 공동체의 정체성을 재구성하는 것은 힘든 작업입니다. 그 구조화된 형태로 볼 때, 환인도양연합(Indian Ocean Rim Association, IORA)과 같은 해양 포럼에서 더 많은 콘텐츠와 더 높은 인지도를 확보해야 할 것입니다. 하지만 어쩌면 이것은 복잡한 문제에 접근하는 지나치게 형식적인 방법일지도 모릅니다. 독특한 역사와 다양한 문화를 가진 많은 나라들이 공유된 해양 공간을 둘러볼 수 있도록 하려면 제도적인 해결책과 비공식적인 해결책이 모두 필요한 겁니다. 일단 우리가 이러한 방식으로 그것을 생각하기 시작하면, 블록 형성은 현실이 됩니다.

이 불확실한 세계 속에 누구나 동의할 만한 게 있다면, 그것은 바로 동맹의 중요성이 현저하게 떨어지고 있다는 것입니다. 그리고 전통적인 군사적 경쟁이 아주 미묘한 영향력 경쟁에 자리를 내주고 있다는 것도 마찬가지로 분명한 사실입니다. 미래는 이해관계가 일치하거나 혹은 중첩하는 국가들이 함께 협력하도록 하는 겁니다. 그것은 더 열린 마음으로 추진하는 의제와 대화를 의미합니다. 그리고 각 당사자가 협상 테이블로 가져올 것에 대한 평가도 필요합니다. 이러한 경향은 이미 해군 훈련, 전략적 협의 또는 인프라 프로젝트에서 볼 수 있습니다.

안정과 질서는 역량의 힘만으로 구축될 수 있는 건 아닙니다. 이 경우, 환인도양연합이 해양을 위한 규정으로 인정한 유엔해양법협약(United Nations Convention on the Law of the Sea. UNCLOS)을 법의 규율로 정함으로써 조정해야 합니다. 인도는 점점 더 세계화되는 세계에서 해상 무역의 중요성을 인식하고, 유엔해양법협약에 확실하게 반영된 바와 같이 국제법의 원칙에 따라 항행과 상공비행의 자유 그리고 방해받지 않는 상거래를 지지합니다. 인도는 또한 국가들이 위협이나 무력 사용 없이 평화적인 방법으로 분쟁을 해결하고, 평화와 안정에 영향을 미치는 분쟁을 복잡하게 하거나 악화시킬 수 있는 활동을 하는 데 있어 자제력을 행사해야 한다고 믿습니다. 통신 해상 항로는 평화, 안정, 번영과 발전을 위해 매우 중요하지요. 인도는 유엔해양법협약의 당사국으로서 모든 당사국이 바다와 대양의 국제법 질서를 확립하는 협약에 대해 최대한 존중을 보여줄 것을 촉구했습니다. 또한 제7부속서 중재재판소와 그 판정의 권한은 유엔해양법협약 제15부 자체에서 인정된다는 것이 당사국의 입장입니다.

인도양이 이제 세계 정치 담론에서 더 중요한 위치를 차지하려면, 가장 먼저 유엔해양법협약의 추가적인 발전이 이루어지길 소망합니다. 지난 20년 동안, 인도양은 여러 다양성을 조화시켜 혼연일체의 정신을 만들어왔습니다. 인도는 지역 경제 협력을 위한 공통의 기반을 조성하고, 공동의 이익을 발전시킬 기회를 제공합니다. 그리고 기업, 학술 기관, 학자들, 회원국 국민의 긴밀한 상호작용 또한 장려하지요. 인도는 인도양 지역에서 확대되는 양국 관계에 맞추어 환상(環狀) 연합체를 구축하는 데 전념하고 있습니다. 인도는 재생에너지와 블루 경제에서 해양 안전 및 안보, 수자원, 과학, 그리고 큰 기관 및 싱크탱크 간의 네트워킹에 이르기까지 인도양의 활동을 확대하고 더욱 활성화하는 데 큰 장점을 가지고 있다고 봅니다.

인도양의 역사와 전통을 고려해보면, 인도양의 일관성을 촉진하기 위한 진지한 노력은 인도양의 단합과 정체성의 문제들을 해결하는 데 적절합니다. 우리는 인도양 전역에 퍼져 있고 그 역사의 중요한 부분을 차지하는 인도인 친족과 가족들을 최대한 활용해야 합니다. 하지만 보다 적극적인 이니셔티브도 필요합니다. 인도양의 독특한 바람 체계를 기반으로 하여 이름 지은 '모삼(Mausam)'[83] 프로젝트는 이 지역만의 특성에 쏟은 지대한 관심을 의미합니다.

이 프로젝트는 문화, 상업, 종교의 상호작용에 대한 고고학적이고 역사적인 연구를 촉진합니다. 인도양은 지식 교류, 네트워킹 및

---

83 힌디어로 '계절'. 인도양의 계절풍 몬순을 중심으로 하는 기상 체계를 의미한다.

출판을 위한 수단이 된 겁니다. 이것이 대양의 정체성을 되살리기 위한 근래의 이니셔티브 사례라면, 이외에도 같은 목적에 이바지 하는 많은 다른 지지 노력이 있습니다. 아유르베다(Ayurveda),[84] 요가와 같은 전통적인 지식과 관행에 관한 관심을 높이거나, 불교나 수피즘과 같은 신앙의 여정에 관한 관심을 다시 불러일으키거나, 날란다(Nalanda)나 라마야나 같은 강력한 상징물을 활용하여 인적 교류를 촉진함으로써, 우리는 한때 활기차던 생태지역에 대한 의식을 한 단계 더 높이고 있습니다.

분명히 아시아에서 연결의 가능성이 어떻게 펼쳐지느냐에 많은 게 달려 있습니다. 오늘날 이 지역에는 여러 국가가 선택할 수 있는 다양한 접근 방식과 이니셔티브가 있습니다. 많은 나라가 이 여러 기회를 최대한 활용하고 싶어 하는 것은 충분히 이해할만한 일입니다. 하지만 지난 10년간의 경험은 이와 관련하여 성숙하고 사려 깊은 결정을 내리는 것에 대한 중요성을 강조하지요. 연결성이 전략에 있어서 예민한 의미를 획득하지 않으려면, 프로젝트가 영향력 행사에 활용되지 않는다는 신뢰가 보장되어야 합니다. 유사하게 실행 불가한 프로젝트는 지렛대로 사용될 가능성이 있습니다. 또한 주권이 존중되어야 하고, 그러한 노력 안에서 분쟁 지역을 없애는 것도 중요하지요. 연결성은 흐름을 넓히는 것이 아니라 확장되어야 하는 겁니다.

인도양의 기풍은 협의적입니다. 장기적으로 보면, 보다 지속 가능성이 크니, 이는 사람 중심의 이니셔티브와 프로젝트이기 때문입니다. 우리는 물리적인 측면에서 연결성을 생각하는 경향이 있

---

84 고대 인도로부터 전해져온 전통 의학. 약초, 요가, 마사지, 다이어트, 명상 등이 포함된다.

지만, 실제로 이 못지않게 중요한 것은 연결성이 부드러운 측면을 가지고 있다는 사실입니다. 사람과 사람의 접촉, 종교적 여행과 교류, 유산 보존과 문화 진흥은 모두 사회 간의 유대감을 높이는 데 이바지할 가능성의 요소입니다. 따라서 우리는 공동선을 주된 구동력으로 삼아 거래가 아닌 공동체 중심의 총체적인 관점에서 연결성 문제에 접근하는 것이 꼭 필요한 겁니다.

아프리카 동쪽 해안이든 태평양 제도든, 인도양의 끝자락에서의 발전을 포착하지 않고는 인도양에 대한 어떤 분석도 완벽하게 해냈다고 할 수 없을 것입니다. 태평양도서국정상회의(Pacific Islands Summits)의 개최 그리고 우리의 참여와 개발 프로젝트의 강화는 기후 정의라는 공동의 목표를 실현하는 데 중요합니다. 이와 비슷하게 아프리카에서의 인도 이야기도 별로 주목받지 못했는데, 이는 부분적으로는 관중의 관심을 끌지 못했기 때문입니다. 우리가 아주 오랫동안 역사적으로 접촉하고, 더 가까운 근접성을 가지고 있는 인도양 주변 동아프리카 국가들과의 관계는 특히 인도-태평양 논쟁과 깊은 관련성을 가지고 있습니다.

인도양은 사람, 문화 및 상업의 중심지입니다. 그에 관한 복합적 질감과 미묘한 뉘앙스를 평가하는 것이, 인도양의 성장과 부활을 촉진하는 데 필수적입니다. 접근은 비즈니스가 아닌 공감으로 이루어져야 합니다. 인도양은 하나의 무대가 아니라 하나의 파트너로서 다뤄져야 합니다. 이루어야 할 목표는 지배가 아닌 상호 의존이어야 하고요. 몬순은 이제 선박이 언제 이동할 수 있는지를 결정하는 요소가 아니지만, 그 리듬은 여전히 수십억 명의 사람들의 삶에 스며들어 있습니다. 해양은 문화의 만남과 교차로서 그 지위를 갱신하는 중입니다. 인도-태평양의 전망에서 매우 중요한 점은 인도-태평양이 다시 제자리로 돌아올 때가 다가오고 있는 겁니다.

인도가 역량을 키우고 이익을 확보하기 위해 다른 나라와 파트너가 되는 기여를 통한 접근법을 취해야 한다는 것을 깨달아야 하고, 이를 위해서는 양자 간이든 지역 간이든, 심지어 해양 커먼즈를 통해서든 반드시 협력해야 합니다. 더 큰 책임을 지고자 하는 의지는 계속되어야 합니다. 무엇보다도, 그것은 어떤 의미에서 우리의 자랑스러운 유엔 평화유지 전통의 해양판 변형입니다. 마찬가지로 중요한 것은 국제법과 규범을 존중한다는 메시지이며, 그곳에서 인도는 그 어떤 말보다 행동으로 큰 목소리를 냅니다. 역외 세력에 대응하고 역내 세력과 새로운 방정식을 세우면서 새 구조를 만들어갈 것입니다. 우리는 매우 다양한 균형이 나타날 수 있도록 여러 파트너와 협력의 관계를 맺고 있는 상황에 대해 이해하도록 초점을 맞추어야 합니다. 특히 아세안은 이 그룹이 과거에 모든 심각한 역내 논의를 주도했기 때문에, 인도-태평양 전략 지역에서 그들이 차지하는 위치에 대해 안심시키는 것이 중요합니다. 문자적으로나 개념적으로나, 이는 아세안의 중심성을 강화할 좋은 기회입니다.

만약, 인도의 인도-태평양 접근법에 대한 명확한 설명이 있다면, 그것은 2018년 싱가포르에서 열린 샹그릴라 대화(Shangri-La Dialogue)에서 모디 수상이 행한 연설에서 찾을 수 있을 겁니다. 그것의 전망은 두 해양을 연결하면서 동남아시아를 중심으로 하는 자유롭고 개방적이며 포괄적인 지역을 상정했습니다. 이것은 글로벌 커먼즈뿐만 아니라 각국에 개별적으로 적용되는 공통 규칙 기반 질서에 대한 믿음에 의해 뒷받침되었습니다. 이것은 모든 국가가 바다와 영공의 공동 공간을 사용할 수 있는 국제법에 따른 권리로서 동등한 접근을 할 수 있다는 것을 의미했습니다. 항행의 자유, 방해받지 않는 상거래 및 분쟁의 평화로운 해결도 보장되어야 합니다. 연결성은 주권, 투명성, 생존 가능성 및 지속 가능성에 대한 신뢰와 존중의 중요성을 강조하고, 전망의 경제적 요소는 모두를 위한 공평한 경쟁의 장이었습니다. 본질적으로 이것은 경쟁보다는 협력의 아시아에 관한 요청이지요.

인도-태평양의 미래는 계속되는 토대 위에서 상호작용하는 힘의 복합적 범위 안에 놓여 있습니다. 오늘날 국제 관계의 다른 많은 측면과 마찬가지로, 인도 역시 많은 개방된 문제를 가지고 있습니다. 인도에는 중국과의 관계, 서구와의 파트너십이 중요한 요소가 될 것입니다. 북극 교역의 실행 가능성과 함께 해양 이익이 커질 수도 있는 러시아와의 새로운 가능성이 열릴 수도 있습니다. 일본, 아세안, 호주와의 관계에서도 인도-태평양의 중요성은 절대로 과소평가 될 수는 없습니다.

바다는 2세기 전 세계의 정치를 결정하고 난 후 그 중요성이 떨어졌을 수도 있습니다. 아마도 우리는 세계정세를 전환하는 요인으로 그것의 축소를 과대평가했고, 특히 세계 강대국이 무대에 등장했을 때 더욱 그랬습니다. 전략이 작동하고 있는 건 분명하지만 그 정도까지는 아닌 것 또한 있습니다. 합의 지점은 이전 세력들의 융합을 통해 다시 부상하고 있는 무대의 결정적 중요성입니다. 세계 질서의 변화에 새로운 담론이 동반되는 것은 당연하지요. 이에 관한 서양의 용어는 오래전부터 논의가 되어왔습니다. 중국은 새로운 유형의 강대국 관계인 일대일로(一帶一路) 이니셔티브와 '인류 공동의 미래 공동체'를 주창하고 있습니다. 인도의 세계관은 협의적이고 민주적이며 공평한 성격을 갖는 건 사실이지만, 더 분명한 표현을 찾아야 합니다. 문제가 인도-태평양에 관한 것이 될 때, 우리는 권력 이동과 그 의미에 관해 합의를 보듯 용어 규정에서도 변화를 흡수할 것입니다.

에필로그

바이러스 이후

"세계는 우리 자신을 강하게 만드는 거대한 체육관이다."
―스와미 비베까난다[85]

---

[85] Swami Vivekananda(1863-1902). 인도의 힌두교 승려이자 철학자. 1893년 미국 시카고에서 열린 세계종교회의(Parliament of Religions)에서 선행과 영성을 통한 세계 종교 통합의 필요성을 역설함으로써 서구 세계에 힌두교를 크게 알렸다. 이후 힌두교는 서구에서 영성 중심의 오리엔탈 종교로 잘못 인식되었고, 인도 내에서는 힌두 민족주의 바람이 크게 불었다.

그렇지 않더라도, 우리의 세계는 더 큰 혼란, 더 강한 민족주의, 더 날카로운 경쟁력, 규칙과 체제에 대해 의문을 던지는 시대 쪽으로 눈에 띄게 이동하던 중에 바이러스가 등장해 처음에는 우한을 황폐화하고 계속 퍼지더니 결국에 전 세계를 집어삼켜 버렸습니다. 바이러스로 인한 엄청난 사망자 수는 차치하고라도, 수백만 명이 국가와 무관하게 생계를 잃었습니다. 미래를 확신했던 사회들은 성장의 전망이 눈앞에서 증발하는 것을 보았습니다. 인도의 경우, 그렇지 않았더라면 빈곤에서 벗어났을 많은 사람이 더 오래 기다려야 했습니다. 이 모든 게 아는 바도 없고, 그래서 통제할 수도 없었던 팬데믹 때문입니다. 그 엄청난 충격을 고려할 때, 이 놀라운 사건은 세계에 의해 그렇게 쉽게 완화될 수 없었습니다. 그 주변에서 논쟁이 벌어졌고, 그 논쟁은 진행될수록 첨예해졌습니다. 그 이후 이미 진행 중이던 변화는 가속화될 게 분명합니다. 지정학과 지경학이 더욱 뜨거워지면서 글로벌 모순이 가속화될 것입니다. 바로 이 격동의 시대를 규정하는 많은 성격이 검증될 것이고, 그에 대한 이해도 깊어질 겁니다. 그리고 새로운 주름들이 더욱 복잡해진 세상에 추가될 것입니다.

부분적으로라도 팬데믹의 전개 방식 때문에 유동적인 미-중 역학 관계가 심각하게 영향을 받았습니다. 지금도 그러하듯, 양국 관계는 야망, 의도 및 이해관계의 문제들과 씨름하느라 매우 바빴지요. 경제 안보를 국가 안보의 중심으로 보는 미국인 관점은 역외 관행(offshoring)과 글로벌 공급망에 압력을 가하면서 그와 동시에 기술 민감도를 높였습니다. 하지만 코로나바이러스 이후, 이제 보건 안보가 기존의 안보 매트릭스에 더해졌습니다. 팬데믹 기간에 의약품, 마스크, 개인 보호 장비 및 테스트 키트의 사용 가능 여부로 전 세계에 걸쳐 국가적 취약성이 눈에 보이도록 드러났습니다. 팬데믹 이후의 정서가 특히 글로벌 공급망과 같은 글로벌 비즈니스의 판단에 얼마나 영향을 미칠지는 당연한 관심사입니다. 당시 행정부를 넘어선 미국인의 사고 변화는 이제 사회적 구조와 산업 역량을 희생시키면서 효율성과 이익을 추구하는 것은 용납될 수 없는 것이라 믿습니다. 특히 여행이 중단되고 보건이 불확실한 상황에서 해외 비즈니스 수행에 수반되는 위험은 더욱 커졌습니다. 이와 동시에, 정책의 불확실성도 높아진다면, 지금 우리가 알고 있는 세계는 훨씬 더 많은 압박을 받을 겁니다.

비즈니스라는 건 정책 논쟁보다 더 깊게 뿌리를 내린다는 사실이 시사하는 바가 있다는 걸 받아들이더라도, 코로나 이후의 세계는 매우 달라질 것이라는 점을 부인하기는 어려울 겁니다. 우리는 적어도 이전보다는 더 많은 탈세계화, 지역화, 탈결합, 자립 및 공급망 단축을 보게 될 겁니다. 이런 주제에 관한 대화가 활발하게 이루어지면, 정치적 영향력과 평행한 세계에 관한 우리의 이야기도 좀 더 솔직해질 수 있을 겁니다. 무역은 정치 없이 이루어진 적이 없고, 기술은 그 이상의 무언가를 추가로 제공해왔습니다. 이러한 것을 더 뚜렷하게 드러내 준 것이 바로 팬데믹이지요. 세계화된 경제 안에서 비용, 위험 및 회복력에 관한 상대적 장점에 대해 더 활발하게 논쟁할 수 있게 되었습니다. 이는 지리적 의존성뿐만 아니라 부문별 의존성에도 초점을 맞추고 있습니다. 그 결과 경제 영역에서 전략적 자율성에 대한 확장된 인식이 발달하기 시작했습니다. 이와 동시에 신뢰 파트너의 개념이 기술 영역을 넘어 더 폭넓게 정의되기 시작했습니다. 보안과 충족성으로 인식되는 영역이 넓어지면서 이를 둘러싼 정치적 의미도 확장될 것입니다. 이러한 맥락에서 거버넌스의 본질에 대한 논쟁도 더욱 활기를 띠게 되었습니다. 결과적으로 서로 다른 영역에 있는 평행 우주에 대한 전망이 더욱 강력해졌을 겁니다. 이 모든 게 실제로 심각한 수준의 탈결합으로 이어질 수 있을지의 여부는 미지수입니다. 무역 의존성 자체도 더욱 민감한 문제가 되고 있습니다. 지난 10년 동안 우리는 무역 의존성이 때때로 압력 지점으로 사용되는 것을 봐왔지요. 이런 일이 더 자주 일어남에 따라 무역 참여의 전략적 성격에 대해 더 큰 주의를 일으킬 겁니다.

기존 권력이 혁명적이고 부상하는 권력이 현상 유지의 요소를 선택적으로 방어한다는 아이러니는 이미 지적된 바 있습니다. 압력이 높아짐에 따라 경쟁이 심각해지고 새로운 서사를 생성할 수 있습니다. 이미 평화로운 부상을 마케팅하는 것에서 늑대 전사의 등장을 선언하는 전환이 일어나고 있습니다. 우리는 사방에서 이보다 훨씬 더 많은 변화를 볼 수 있을 겁니다. 여러 면에서의 세계 문제에서 역할 반전은 바이러스 이후 훨씬 더 놀라운 일이 될 것입니다. 피해자 인식도 눈에 띄게 그 위치를 바꾸고 있습니다. 의존에 대한 우려와 지배력에 관한 불안도 그와 마찬가지로 변화하는 중입니다.

바이러스가 차이를 악화시키고 경제를 보다 정치화시킨 만큼, 그것이 자기 이익 추구에 미치는 영향도 만만치 않습니다. 코로나 민족주의가 가장 최근에 나타난 화신입니다. 팬데믹 기간에, 우리는 국가들이 다른 나라들의 복지에 대해 아무런 신경도 쓰지 않고 오로지 자신들의 보건 안전 목표만 추구하는 것을 목격했습니다. 어떤 국가들은 경제적 영향력을 노골적으로 사용했고, 어떤 국가들은 지역 연대를 잊었습니다. 몇 가지 예외가 있었지만, 그렇다고 그것들이 이러한 광범위한 행동 패턴을 상쇄하지는 못했습니다. 지금, 그러한 현상의 상당 부분은 바이러스가 만들어낸 공황 때문일 겁니다. 하지만 바이러스는 국제 관계가 현실에서 어떻게 작동하는지를 분명하게 드러냈습니다. 집단의 노력이 난관 속에서 그렇게 빨리 무너져버리면, 지속적인 압박의 시대에 미래를 보장하기는 더 어려워질 것이 분명합니다.

현단계 다자주의의 상태를 살펴봅시다. 다자주의는 코로나 팬데믹에 효과적으로 대처하지 못했기 때문에 그 위상을 높이자는 말도 하기 힘들게 되었습니다. 의제 설정이나 방향 설정을 할 때, 논란을 떠나 가시적인 리더십이 더 이상 존재하지 않습니다. 다자주의의 질은 결국 강대국들의 합의 정도에 달려 있다는 점을 우리에게 새삼 일깨워줍니다. 그리고 우리 모두 알다시피, 한동안 공급이 부족했습니다. 그 결과, 기구와 의제 자체가 공동 기착 지대가 아니라 힘의 시험이 되었습니다. 논의가 제도에 영향을 미치는 데 더 집중되면서 국익과 글로벌 공익 사이의 균형을 맞추는 일이 더욱 어려워졌습니다. 결과적으로 복수주의(plurilateralism)는 현재의 다자주의(multilateralism)에 부족한 목적과 공통점을 가지고 있기에, 수혜자가 될 것입니다. 특히 보건 분야에서 탄력 있는 공급망을 추구하는 것이 복수주의 확대 의제에 추가될 수 있습니다.

다자주의는 차치하고, 세계화에 대한 우리의 이해조차 최근의 변화로 인해 바뀌었습니다. 지금까지 공통의 접근 방식은 그것을 집단적 선택의 결과가 아니라 다양한 국익의 균형으로 보는 것이었습니다. 무역과 투자에 우선권이 주어지는 경제적 관점이 지배적이었지요. 그러나 기후 변화나 테러의 경우와 마찬가지로, 팬데믹은 이제 그 누구도 그 바깥에서 살지 못하는 문제임을 보여주었습니다. 그러한 여러 실체는 더 작게 나눌 수 없는 존재임을 반영하는 것이기 때문에 계산이나 협상의 대상이 될 수 없는 거지요. 세계가 올바른 교훈을 도출한다면, 이러한 경험은 글로벌 이슈에 대한 논의를 재구성할 가능성이 있습니다. 하지만 그러기 위해서는 오늘날 논쟁의 근원이 되는 바로 그 질문들에 대해 더 많은 공통의 근거를 찾는 것이 필수적입니다.

팬데믹의 가장 큰 예측 불가 충격은 아마 가장 심각한 영향을 받은 사회 구성원의 정치적 운명 위에 미칠 겁니다. 재임 중인 정권들이 그들이 대응하는 그 질에 따라 평가될 것은 두말할 나위가 없겠지요. 그리고 정권에 대한 평가는 결국 그들이 만들어내는 서사에 영향을 받게 됩니다. 우리가 아는 것은 코로나바이러스로 발생한 경제적 황폐화가 그 이전의 정치적 계산을 근본적으로 바꿨다는 것입니다. 그러나 일부 사고과정은 현대 담론에 그것을 도입한 이들보다 오래 살아남기 때문에, 정치적 계산은 여전히 고려해야 할 요소입니다. 우리가 과거로 쉽게 돌아갈 수 있다는 기대는 그 근거가 충분하지 않습니다. 코로나바이러스가 상황을 더욱 어렵게 만들었을 겁니다.

그렇다면 이 모든 건 인도를 어디로 데려갈까요? 지구 차원의 변동이 심한 상황에서 안정성을 강화하고 안심을 더하는 건 다름 아닌 정책입니다. 인도의 영향력은 세계의 균형을 재조정하고, 정치적으로나 혹은 경제적으로 다극화의 보폭을 형성하는 데 이바지할 것입니다. 개발의 우선순위와 자연적 정의가 무시되지 않도록 하는 데는 글로벌 남반구와의 강력한 유대가 중요합니다. 인도는 개혁된 다자주의를 지지하는 국가로서, 국가주의가 더욱 강해진 시대에도 진정한 집단 노력을 지지할 수 있습니다. 그리고 세계 무대로 복귀하는 문명국으로서, 이는 역사 회귀의 또 다른 강력한 사례가 될 것입니다.

　오늘날 인도는 민주주의의 확산이 신앙과 전통에 대한 더욱 생생한 표현으로 이어질 수 있음을 보여줍니다. 거버넌스의 방치된 과제들을 해결하려는 강한 의지와 결합할 때, 필연적으로 새로운 대화가 발생하게 됩니다. 이와 동시에 인도의 사회발전은 인도를 글로벌 지식기반 경제에 신뢰할 수 있는 인재의 핵심 원천이 될 잠재력을 가지고 있습니다. 이러한 요소들은 전 세계가 인도의 부상에 필연적으로 동반하는 어떤 적응력을 검토하는 가운데 존재하는 것들입니다. 그것들이 서로를 어떻게 다룰 것인지는 강제와 수렴의 혼합을 어떻게 반영할 것인지를 결정할 겁니다. 그것이 지정학이든 기술이든 시장이든 문화든, 어떻게 혼합되어 나타난든지 말입니다.

　당연히 인도 역시 코로나바이러스가 심해지는 글로벌 환경의 광범위한 추세에 의해 모양이 만들어질 겁니다. 하지만 그것을 넘어, 팬데믹이 초래하는 것 이상의 직접적인 결과를 고려해야 합니다. 그 파괴적 충격은 자연스럽게 국가 부흥 전략을 요구합니다. 그리고 이번에는 차례로 우리의 성장 모델에 대해 반드시 다시 생각해보게 합니다. 현재의 경제구조에서 우리의 제조역량 부문이 얼마나 크게 비어 있는지를 고려할 때, 성장 모델 재검토의 필요성은 이미 닥쳐오고 있었습니다. 자유무역협정(FTA)과 관련하여, 세계 경제를 더욱 집중적으로 참여시키기 위해 우리가 준비한 바의 적절성에 대한 논쟁은 이미 진행 중입니다. 분명한 것은 파트너들이 정책적으로 제기했던 숱한 우려 지점들이 해결되지 않은 채 남아 있다는 것입니다. 증가하는 무역적자에서 알 수 있듯이, 구조적 장점을 가진 파트너와 경쟁하기는 어렵습니다. 방향 수정 없이 바로 그 경로를 심화시키는 것은 분명한 의미들을 갖습니다. 제조업 역량 강화는 생계와 사회 안정에 직접적으로 영향을 미칩니다. 그런데 인도가 더 개방적이어야 한다고 촉구하는 사람들 자체가 이 수치에 매우 민감하다는 것이 바로 역설적이라는 겁니다. 따라서 부흥 전략은 최선의 숙고를 한 후 만들어야 합니다. 우리가 양립 가능 혹은 개입 중 어떤 선택을 하든 간에, 그냥 단순하게 무시할 수 없는 사실들이 꽤 있다는 거지요.

인도는 이미 과거부터 알고 있듯, 경제 전략이란 자기 국가 상황뿐만 아니라 세계적 상황과도 조화를 이루어야 합니다. 1991년 이전처럼 세계와 보조를 잘 맞추지 못하는 전략은 더 이상 지속되기 어렵습니다. 30년이 지난 지금, 인도의 역량, 경쟁력, 무역은 이번에는 아주 다른 이유로 큰 스트레스를 받고 있습니다. 1991년 이후 해외의 원가에 의존해 국내에서 자체 비즈니스를 구축할 수 있다고 믿은 건 확실히 큰 대가를 치르고 있습니다. 최저 입찰자 증후군(lowest bidder syndrome)과 강박적으로 하는 이윤 추구는 국내 역량을 잠식해왔지요. 그뿐 아니라, 상대의 효율성을 이유로 국내 경쟁력 제고를 등한시하면서 개혁은 방치되었습니다. 시장 개방은 역설적으로 국내 침체로 이어져, 혁신을 저해하고 창의성을 앗아갔습니다. 그리고 그 피해의 가장 큰 몫을 중소기업이 떠안았습니다. 팬데믹은 보건 안보와 관련된 취약점을 드러내기도 했지만, 사실은 더 큰 전략적 안일함을 드러냈습니다. 다른 영역들도 마찬가지로 그 자체의 곤경을 겪고 있습니다. 경쟁자들이 누리는 불공정한 이익이나 평등한 경쟁의 장의 부재와는 관계없이, 우리는 수사가 아닌 현실 위에서 정책을 결정할 필요가 있습니다. 그러니, 우리가 제공하는 접근과 우리가 체결하는 합의는 이런 현실을 반드시 고려해야 합니다.

다시 한번 검토해보면, 세계는 우리가 예상했던 것보다 훨씬 보호주의적이고 일방적이었다는 사실을 깨닫는 것부터 시작해야 할 것입니다. 우리의 무역 관련 당사자들은 각자 저마다의 이야기를 풀겠지요. 이런 상황에서 1991년 이후의 기도문을 계속 따라가는 건 별 의미가 없습니다. 국가적 환경이나 세계 상황 모두가 자립(Atmanirbharta 아뜨마니르바르따)을 훨씬 더 강조할 것을 요구하는 중입니다. 그런 정책적 전망은 보다 자기 발전적이고 자기 지속적인 여러 접근을 장려할 것입니다. 그러면 그 성과 덕에 더 큰 혁신과 창조가 일어날 테지요. 국내에서 자국의 생산이 번성할 때 비로소 인도는 해외에서 경제적 차이를 만들어 낼 수 있습니다. 그러므로 'Make in India'를 더 크게 강조하는 것은 분명히 인도를 위한 것이기도 하지만, 세계를 위한 것이기도 합니다.

우리는 우리 자신의 이익에 더욱 신경을 써야 하며, 세계적으로 경쟁할 수 있도록 스스로를 지원해야 합니다. 그리고 분명히 해야 할 것이, 자기 안방을 굳게 닫으려는 사람들에게는 우리의 안방을 활짝 열어줘서는 안 됩니다. 인도가 후발국이 되는 곳에서는, 우리는 따라잡기 위해 필요한 것들을 반드시 항상 정책적으로 고려해야 합니다. 그리고 그 정책들은 반드시 고용, 기술, 혁신 그리고 상업화를 공격적으로 추진해야 합니다. 다른 많은 정책의 경우와 마찬가지로, 민감한 부문을 옹호하는 것에 대해 주저할 필요가 없습니다. 과거의 정책들을 구동해왔던 좁은 경제적 이해관계가 다수의 복지보다 더 우세할 수는 없습니다. 독재를 옹호하자는 것이 아니라 포괄적인 국력의 중심에 역량 강화를 더 집중시키자고 주장하는 겁니다. 요즘 시대 각 국가는 세계 무대에서 활약할 수 있는 카드를 가져야 하며, 큰 국가일수록 특히 더 그러합니다.

세계가 더욱 다양화되는 방향으로 나아가기 때문에, 글로벌 가치사슬에 참여 수위를 좀 더 높일 필요성이 더욱 커질 것입니다. 인도는 이런 방향으로 더 목적의식을 가지고 나아갈 수 있습니다, 그런데 국내 역량 강화와 균형을 맞춰야 합니다. 더 큰 자립의 결과로 떠오르게 될 더 유능한 인도는 분명히 더 많은 것을 가져다줄 겁니다. 세계와 척을 지지 않으면서, 인도는 실제로 더 많은 참여를 준비하면서 더 나은 참여를 준비하고 있습니다. 결국 아뜨마니르바르 바라뜨(Atmanirbhar Bharat, 자립인도)[86]는 바수다이와 꾸뚬바깜(Vasudhaiva Kutumbakam, 세계는 가족이다)[87]과 공존하는 거지요.

지구 차원의 혼란 속에서 부상하기 위해, 많은 것들이 인도의 다른 세력과의 차별화 능력에 의존합니다. 코로나 이후의 세계는 글로벌 상품의 면에서 보면, 훨씬 더 큰 적자를 볼 가능성이 있습니다. 따라서 조기 대응하는 나라와 관대한 파트너에 대한 수요가 더 많을 겁니다. 이는 팬데믹 기간에 눈에 띄게 드러났으며 인도가 취한 행동은 그것이 어떻게 더 발전할 수 있는지를 파악할 수 있는 몇 가지 단서를 제공합니다. 인도는 세계 120개국에 의약품을—그중 3분의 2의 국가에는 보조금 형태로—지원함으로써 분명한 국제주의의 메시지를 보냈습니다. 그 기간에 몰디브, 쿠웨이트, 모

---

86 '자립 인도'. 모디 정부가 경제 개발 계획과 관련하여 사용하며 대중화시킨 문구. 2014년부터 국가 안보, 빈곤, 디지털 인도와 관련하여 인도가 세계 경제에서 더 큰 역할을 하고 더 효율적이고 경쟁력 있는 국가가 되겠다는 계획을 포괄하는 개념.

87 '세계는 한 가족'이라는 뜻으로 고대 힌두교 경전 우빠니샤드에 나오는 문구. 개인이나 가족의 이익보다 공동체의 안녕을 우선시하는 세계관. 모디 정부는 오늘날과 같은 글로벌 질서에 인도 국가가 가져야 하는 태도로 안성맞춤의 의미라고 본다. 특히 기후 변화, 지속 가능한 개발, 평화, 차이에 대한 관용과 같은 중요한 문제를 해결하는 데 있어 글로벌 연대와 책임을 강조한다.

리셔스, 코모로에는 4개 의료단이 파견되었습니다. 이를 통해 인도는 세계의 약국으로서의 자격뿐만 아니라 보건 안보 대응국으로서의 자격도 확인했습니다. 마찬가지로, 분명한 것은 인도의 더 큰 역량은 사려 깊은 전략의 일부로서 세계 문제에 대해 그 역량을 느끼게 할 것이라는 사실입니다.

지난 몇 년간 인도는 세계 담론에 이바지하고 국제적 성과에 변화를 줄 수 있는 역량이 증가하고 있음을 보여주고 있습니다. 우리는 연결성 논의 형성에 중요하게 기여하였고, 국경을 맞닿은 이웃나라들을 포함하는 수많은 프로젝트 형성도 뒷받침했습니다. 우리가 한마음 한뜻으로 추진한 반(反)테러 캠페인으로 이 이슈가 주요 세계 포럼 안에서 날카롭게 부각시켰습니다. 해상 안보와 인도적 지원과 재난 대응(HADR)에 관한 한 인도는 특히 인도양에서 주요 역할을 담당하게 되었습니다.

정치적 차원에서, 역사의 망설임을 극복하려는 우리의 자신감은 새로운 공간을 열어주었습니다. 전략적 명확성은 이를 보다 효과적으로 활용하는 데 도움을 주었습니다. 전반적으로, 인도의 페르소나는 아주 다양한 길 안에서 아주 많이 그 증거를 드러냅니다. 우리의 발자국은 아프리카뿐만 아니라 과거에 관계가 약했던 다른 많은 지역에서도 눈에 띄게 커졌습니다. 이렇듯 여러 대륙에 걸친 의미 있는 참여와 더 깊은 협력의 조합은 우리에게 글로벌 마인드를 준비시켜줍니다. 세계는 새로운 10년의 문턱에 놓여 있지만, 인도는 이미 다음 단계의 자체 발전을 위한 준비를 완료했습니다.

우리가 맞이할 세계는 치열한 논쟁의 주체입니다. 정치, 경제, 기술의 변혁적 변화는 이를 더욱 복잡하게 만듭니다. 1945년 이후의 낡은 질서의 유통기한 감소를 고려하는 것 그 자체가 어려운 일입니다. 만들어가는 과정에서 이를 주도하는 요소를 완벽히 인식하는 것은 여전히 더 큰 과제입니다. 국내는 물론 해외에서도 다양한 차원에서 던지는 가정들에 대한 의문이 제기되고 있습니다. 우리가 단지 동의할 수 있는 것은 세계가 진정한 전환의 한가운데에 있다는 사실입니다. 거기에서 우리가 나아갈 방향에 관한 판단은 각자의 선호도, 관심사, 관점, 그리고 희망에 따라 그 영향을 받습니다.

인도의 길은, 특히 지금은, 과거와 같이 단순히 기권하는 자[88]가 아니라 만들어내거나 결정하는 자에 가까울 것입니다. 기후 변화나 연결성과 같은 논쟁에서 이미 가시화되고 있습니다. 인도는 정의롭고 공정한 강대국이어야 하며, 남반구 나라들의 표준이 되는 나라로서 지위를 공고히 해야 합니다. 국내에서는 개발에 관한 여러 과제를 효과적으로 해결할 뿐 아니라 현대 사회와 국민국가의 성격들을 더 빠르게 습득할 수 있습니다. 그리고 마지막으로 인도

---

[88] 인도의 대외관계는 큰 틀에서는 친미인데, 국제 전략 관계, 특히 미국 주도 UN 정책에서는 상당히 비협조적이다. 그동안 인도는 '기권'과 '소다자주의'에 강했다. 2000-2019년 두 나라 사이에 무역, 전략, 상업, 국방, 인적 관계는 급격히 증가, 글로벌 거버넌스 분야에서는 냉전 시대의 불협화음 수준으로 두드러졌다. 미국의 전략적 파트너 중 인도의 글로벌 전략 차원 미국 지지는 파키스탄과 이집트보다 약간 나은 수준에 불과하다. 결국, '미국과 인도는 양자적으로는 협력할 수 있지만 다자적으로는 협력할 수 없다'는 통념이 미국 외교가의 현실이기도 하다. 그래서 미국으로서는 인도를 우방으로 간주하지 않는 경우도 생긴다. 미국은 글로벌 차원에서 동맹해야 하는데, 인도는 아프간 파병 반대, 이라크 파병 반대, 러우 전쟁 반대, 글로벌 사우스에 대한 전폭적 지지에만 열중이다. 그렇다면 왜 인도는 주제별, 국가별 선택과 글로벌 사우스에 집착하는가? "인도의 투표가 결과를 바꾸지 않을 경우 소수에게 투표하여 다수로부터 소외되는 것보다는 기권하는 것이 낫다." 그동안 인도는 이런 사고패턴으로 국제 관계에 임했는데, 이는 일종의 포퓰리즘으로 볼 수 있다. 이는 과거의 비동맹정책이 약간 모양새를 바꾼 정도로 '비소외' 정책으로 일컬어지기도 한다. 이 책의 저자는 이런 소극적 정책을 비판하는 것이다.

의 길은 그것이 문명에 관한 속성이든 현대에 거둔 성과든 간에, 더 큰 확신으로 브랜드를 드러낼 것입니다.

자립의 접근 방식이 성공하려면 더 큰 자신감이 수반되어야 합니다. 인도의 경우, 지난 몇 년 동안 다양한 도전 과제를 해결해온 결정력이 이에 대한 충분한 근거를 제공하지요. 이러한 사고방식은 코로나 이후 개별주의적 행동이 지배하는 세계에서 더욱 필요할 것입니다. 그중 일부는 스스로 우선순위를 정하고 스스로 해결책을 정의하는 능력으로 표현될 것입니다. 그러나 수렴과 거래를 넘어선 경쟁의 세계라는 압력도 존재합니다. 독립적 기풍을 탑재한 정치체라면 국가의 이익 증진을 위한 선택을 자연스럽게 할 줄 알아야 합니다. 과거에는 그것이 우리를 예외로 만들었을지도 모릅니다. 하지만 오늘날에는 그것이 표준이 될 수 있습니다.

우리가 다른 사회에 의해 더 큰 관심을 받는 만큼, 현대의 주요 이슈에 관한 인도만의 접근 방식을 찾는 것은 당연한 일입니다. 이러한 면에서 우리의 대답, 즉 우리의 행동이 바로 인도의 길이 무엇인지를 규정할 것입니다. 다른 나라들이 우리를 어떤 모델에 맞추어보려 할 때 비교가 이루어질 수밖에 없겠지요. 그렇지만 우리가 역량 활용을 어떻게 했는지와 마찬가지로 우리가 어떤 선택을 내렸는지도 역시 그 선례가 없을 겁니다. 우리의 서사를 풀어낼 때 윤리, 문화, 역사가 그 답의 일부가 될 수 있습니다. 하지만 관련된 영역은 그보다 훨씬 더 많습니다. 그것이 아무리 복잡해도 당대의 이데올로기 싸움에서 인도는 벗어날 수 없습니다. 정통의 신념과 관점에 도전하는 것은 언제나 논란의 여지가 있습니다. 특히 도덕성이 과거에 기인하고, 변화가 위험해 보일 경우 더욱 그렇습니다. 하지만 코로나 이후의 세계가 새로운 도전 과제를 던져주면서 최근에 그려진 또렷한 선들 중 일부는 흐려질 수 있습니다. 그러나 거기에서 더욱 자신감 있는 인도는 이러한 논쟁을 더 큰 글로벌 재균형의 일부이자 묶음으로 받아들여야 합니다.

국제 관계를 구성하는 다른 여러 측면과 마찬가지로 인도가 부상하는 건, 끝이 없는 이야기입니다. 때로는 우리가 통제할 수 없는 이유로 인해 이야기가 항상 순조롭게 전개되지만은 않을 수도 있습니다. 그렇더라도 각 세대는 다음 세대로 횃불을 넘겨주며 조금 더 밝은 미래를 희망합니다. 그 과정에서 우리는 끊임없이 과거를 개선하고 미래를 준비해야 합니다. 즉, 아무리 좋은 시기에 있다고 할지라도, 건전한 정책 수립은 검토와 계획을 실행하는 연속입니다. 어떻든 간에, 코로나를 경험하면서 우리는 전례가 없는 도전에 대비하는 과정에서 그 중요성을 더욱 절감하고 있습니다. 우리 중 누구도 방금 일어난 이 일의 엄청난 규모와 영향이 아직도 계속될 것으로 예측하지는 못했습니다. 팬데믹으로 인해 누가 어느 정도 타격을 받을지, 누가 회복하고 재도약할지는 여전히 물음표입니다. 그러나 그러한 엄청난 불확실성에도 불구하고 인도는 지금도 여전히 유효한 게임 계획을 유지해야 합니다. 계획 요소는 더 복잡해지고 도전 과제는 더 어려워질 수 있습니다. 하지만 더 강한 경쟁 정신과 더 예리한 전략 감각을 세우면 그건 분명히 우리에게 유리한 도움이 될 겁니다.

세상은 분명 예전 같지 않습니다. 최근 얼마 전까지만 해도 그렇지요. 코로나바이러스가 전 세계에 미치는 구조적 충격은 1945년 이후 가장 중대한 사건일 겁니다. 즉각적 의미에서는 여러 지역에서 정책 이탈을 조장함으로써 전 세계에 걸쳐 혼란을 가중할 것입니다. 세계가 직면하게 될 역설은, 우리 삶에 깊이 뿌리내린 바로 그 질서 속에서 변화를 추구해야 한다는 점입니다. 어떤 이들은 이미 그 방식을 잘 완성하였지만, 어떤 이들은 여전히 어려움을 겪고 있습니다. 이제 우리는 모두 각기 다른 정치적 셈법을 사용하게 될 것이므로, 더욱 세분화하고 분산된 복잡해진 미래가 기다리고 있는 겁니다.

이러한 글로벌 계산에서 인도의 가치는 분명합니다. 아마도 바이러스 이후에 그 가치가 더욱 늘어날 것입니다. 따라서 전 세계가 나마스떼(Namaste), 즉 두 손 합장하여 인사하는 인도식 인사법의 미덕을 발견했다는 이 시대의 징표로 받아들이게 했으면 합니다.

역자 후기

1947년 인도가 영국의 식민 지배에서 벗어나 독립할 때, 나라는 인도와 파키스탄으로 쪼개졌고, 그 과정에서 양국 모두 엄청난 상처를 입었다. 카슈미르를 둘러싸고 두 나라는 치열하게 대치했고 두 차례의 전쟁이 벌어지더니 급기야 1971년 인도가 방글라데시 해방 전쟁에 참전하여 파키스탄을 찢어버렸다. 방글라데시는 독립하고 인도는 파키스탄과 불구대천의 원수가 되었다.

 신생 독립국 인도는 경제적으로는 가난한 나라였지만, 국제 질서 차원에서는 식민지 이전의 강대국 지위를 되찾으려 애를 썼다. 그 노력은 냉전의 양강 체제에 속하지 않은 채 제3세계의 맹주의 위치를 갈구하는 쪽으로 방향이 정해졌다. 인도 근현대의 정신과 정치 양면에서 엄청난 힘을 지닌 마하뜨마 간디의 영향에서 벗어나지 못한 초대 수상 네루와 그 정부 사람들은 국제 질서를 간디의 도덕 기반 정치 전략을 폈다.

 그들의 비동맹 전략은 두 차례 세계대전에 지친 세계인에게 평화와 화해의 대안을 제시한다는 심산이었으나 냉혹한 국제 질서에 실효적 영향은 거의 끼치지 못하였다. 그리고 1962년 믿었던 비동맹 형제의 나라 중국의 침략을 아주 세게 받았다. 형제라고 믿은 중국에 속수무책으로 당하는 치욕을 맛보았다. 인도 사람들은 중국의 행위를 배신이라 성토하였으나, 세계 질서는 아무도 그 배신의 서사에 귀 기울이지 않았다. 설상가상으로 전쟁을 일방적으로 끝내고 돌아간 후 중국은 핵무기를 개발하였고, 인도도 드디어 그동안 간디의 영향 아래 시도하지 않은 핵무기 개발 카드를 꺼내 들었다. 그러자 중국은 인도의 적 파키스탄을 우방으로 삼아 핵 개발을 지원하기에 이르렀고, 인도와 파키스탄은 여전한 적대적 관계, 인도와 중국은 갈등과 반목의 관계가 이어졌다. 여기가 인도의 국제 관계의 첫 번째 시기라고 할 수 있다.

대체로 볼 때, 이 첫 번째 시기는 네루와 그 뒤를 이은 인디라 간디, 그리고 그 뒤를 이은 라지브 간디 등 인도국민회의(Indian National Congress)가 집권한 40년가량의 일당 지배 체제기다. 인도의 정치는 1977년과 1989년 두 차례의 짧은 정권 교체를 제외하고 인도국민회의가 집권당으로서 철저히 그 이상과 신념에 따라 좌우하였다. 그들은 사회주의적 사회라고 불리는 국가 자본주의로 나라를 이끌어갔다. 사회주의 색채가 전체 사회에 강하게 드리워지면서 경제는 심각하게 침체하였고, 공무원의 권력은 하늘을 치솟을 정도로 방대해졌다. 바야흐로 인허가권 통치(License Raj) 시대가 오랫동안 펼쳐지면서 공무원의 부패가 심해졌고, 나라는 전체적으로 동맥경화에 이른 듯 보였다.

특히 인디라 간디 시기에 인도는 권력을 유지하기 위해 소수 정당인 공산당 정당들과 연립 정부를 구성하면서 은행, 보험회사 등을 국유화하여 더욱 경제는 침체하였고, 이념에 따라 국제 관계는 대체로 미국과 거리를 둔 채 소련과 가까이 지냈다. 권력은 압도적 카리스마를 지닌 네루 가문이 3대에 걸쳐―비록 선거를 통해 국민의 지지를 받았기에 독재라고는 할 수 없지만―권력을 유지하였고, 야당의 존재는 극히 미미하였다. 그 어떠한 경우라도 종교 공동체를 중심으로 하는 종교 정체성 정치는 허용하지 않았다.

하지만 힌두 민족주의 세력은 서서히 '우리 힌두'를 외치고 반(反)무슬림 감정을 앞세워 권력 키우기를 준비하였다. 이즈음 1991년 외환위기를 맞아 인도는 국제통화기금(IMF)의 지원을 받으면서 경제 구조의 체질 개선에 나서 자유화, 민영화, 세계화의 신자유주의에 합류하게 되었다.

획기적 전환은 1998년 핵무기 개발로 이루어졌다. 핵무기 제조는 명목적으로는 인도국민당(Bharatiya Jnata Party, BJP)에 의해 완성되었으나 사실은 인도국민회의가 오랫동안 준비해온 일이었다. 초대 수상 네루는 간디의 비폭력주의를 이어야 한다며 핵 개발에 관심을 두지 않았다. 그러다 1965년 파키스탄과의 전쟁 이후 핵 개발에 착수하였고, 1974년에 '미소 짓는 붓다' 프로젝트로 핵실험을 성공리에 마친다. 미국의 강한 제재를 받지 않기 위해 '핵무장은 하지 않되, 핵 선택권을 보유한다'라는 어정쩡한 입장을 천명하고, 1998년까지 개발을 유보한다.

핵무기를 개발한 인도에 대해 미국은 그리 심각한 경제 제재를 가하지 않는다. 그것은 국제 관계의 산물이었다. 당시 인도는 본격적인 시장경제를 토대로 한 자본주의 체제로 전환 중이었고, 중국은 1978년 이후 20년 동안 무서운 속도로 경제 발전을 이루면서 일약 냉전 이후 미국과 함께 세계 경제와 국제 관계를 이끌어가는 세력으로 성장하는 중이었다. 미국으로서는 중국을 견제하는 세력이 아시아에서 필요했기 때문에, 인도에 대한 제재는 심각하게 전개되지 않았다. 미국은 인도와 우호적인 관계를 유지하려 했고, 일본이 그 전략에 동참하였다. 이런 분위기가 형성되기에는 1980년의 국제 정세의 두 개의 큰 틀, 즉 이란의 이슬람 혁명 이후 중동에서의 반미주의 고조와 소련의 아프가니스탄 침공 이후 미국의 사실상 아프간 전쟁 참여가 큰 역할을 한다. 인도의 지정학적 위치로 인한 가치가 크게 상승한 것이다.

인도의 국내 정치는 이 시기에 크게 변화하였다. 40년 동안 야당으로서의 존재감이 거의 없었던 힌두 민족주의 세력이 1992년 아요디야(Ayodhya)의 바브리 모스크 파괴 사건을 계기로 무슬림에 대한 적대감 만들기와 힌두 민족주의의 정치 이데올로기화에 박차를 가했고, 급기야 1998년 인도국민당이 드디어 정권을 거머쥐게 된다. 그들은 한편으로는 힌두 민족주의와 반무슬림 감정을 키웠고, 또 다른 한편으로는 좀 더 본격적인 신자유주의 경제 체제로의 탈바꿈을 꾀했다. 미국이 좀 더 적극적으로 세계의 국제 관계에서 인도를 크게 필요로 한 것은 바로 이 본격적인 자본주의 체제로의 편입이 가시화하였기 때문이다. 여기가 인도의 국제 관계에서의 두 번째 시기다.

이 책의 저자인 자이샹까르 외무부 장관이 세계를 불확실성의 시대라고 보면서 정부가 도그마를 벗어던지고, 실리를 기반으로 하는 외교를 해야 하고 그 차원에서 좀 더 과감한 이니셔티브를 취해야 한다고 주장하는 지점의 시작이 여기다. 그 근저에는 바로 이 세계정세의 급격한 변화가 1980년대 이후부터 시작되어 지금까지 갈수록 심화하는 불확실성이 있다. 중국의 부상, 이슬람의 반미 확산과 테러, 소련의 해체와 냉전 체제의 종식, 그로 인해 자연스럽게 이어지는 미국의 단극 체제 형성과 그에 대한 도전, 그리고 미증유의 코로나 팬데믹 등이 심각하게 전개되고 있기 때문이다.

그 가운데 가장 눈에 두드러지는 것은 미국이 점차 세계 패권국의 자리를 잃어간다는 사실, 즉 지구 차원에서의 지정학적 전략 매트릭스가 바뀌는 중이라는 사실이다. 특히 세계 정치의 변화는 이제 힘이 '하드'한 군사력이 아닌 '소프트'한 자원 확보, 기술 특히 사이버와 디지털 분야의 발전, 해양 개발, 항구와 고속도로 같은 연결성 개발 등이 향후 세계 주도권에서 결정적인 인자로 작용하는 시대가 펼쳐지는 중이다.

이러한 배경에서 저자는 독자들에게 뉴델리(인도 정부)가 어떻게 외교정책을 수립하고 있는지에 대한 통찰력을 제공한다. 그의 통찰력은 전 세계의 많은 이에게 고개를 끄덕이게 했으며, 때로는 그 정도를 넘어 찬사를 아끼지 않게 한다. 그의 분석이 많은 이의 피부에 잘 와닿는 건 그의 전문성 때문이다. 그는 직업 공무원으로 외교관으로서의 길을 40년 넘게 가고 있는 전문가로, 그 정점인 외무사무차관을 거쳐 현재 모디 수상 정부의 외무부 장관직을 수행하고 있다.

 인도는 정치 체제가 우리와 다른 의원내각제다. 그래서 정치인, 즉 국회의원이 장관을 한다. 그런데 그 정치인이 전문성이 없을 수 있어서, 보완책으로 전문 공무원 출신 사무직 차관을 둔다. 이를 'secretary'라 하는데, 철저히 독립적 공무원이다. 이와 별개로 정무직으로 장관을 보좌하는 차관은 'minister of state'라 부르는데, 정치인이 한다.

 사무차관은 행정-외무고시를 통과한 천재인 데다 — 보통 10만 대 1의 경쟁률을 보인다는 다소 과장된 표현으로 그 분위기를 알 수 있다 — 평생 동안 전문성을 쌓은 사람들이다. 사무차관은 보통 정치와 거리를 두고 외교를 하기 때문에 정권에서 장관으로 임명하는 경우가 거의 없는데, 이 책의 저자는 그렇지 않다. 평생 쌓은 외교행정 전문성에 정치력까지 갖춘 사람이라 모디 정부가 출범하면서 정치인이 하는 장관직을 맡아 오늘까지 모디 수상이 세 번 연임하는 동안 줄곧 수행하는 중이다. 2024년 총선 후에도 바뀌지 않는 모디 외교의 심장을 기획하는 현장 전문가인 그는 미국, 중국, 일본 등 인도 정부가 가장 중요시하는 주요 포스트에서 외교를 몸소 실천한 경험자다. 게다가 그는 국제관계학으로 박사학위를 받은 연구자이기도 하다. 그러니 그가 우리에게 말해주는 것은, 이론과 현실을 직조해서 짜낸 전략이라 할 수 있다.

그런데 그의 분석이 유독 눈에 띄는 것은, 또 다른 곳에 있기도 하다. 그는 민족주의 정권에서 외교를 진두지휘하는 총사령관에 걸맞게 인도의 국제 관계는 자기 나라의 전통에 뿌리를 두어야 한다고 주장한다. 그만큼 인도의 전통은 담론적으로도 탁월하나 무엇보다도 현실적으로 실리를 추구하는데 뿌리를 내리고 있기에 현대 사회에서의 외교 담론의 하나로 그 효용 가치가 지대하다는 걸 보여준다. 그가 인도 사람들의 세계관 근저에 엄청난 에너지로 똬리를 틀고 있는 《마하바라따》의 신화와 그 주인공 끄리슈나의 선택을 분석하여 뉴델리 당국이 나아가야 할 근거로 삼은 것은 탁월한 분석이다.

저자가 이 책의 부제로 삼은 '불확실한 세계'는 현재 세계를 그의 시각으로 판단한 것의 최고 핵심이다. 저자는 그 근간이 다원주의로 변화 진행하는 세계 질서라고 분명하게 판단하면서 그 안에서 인도는 변화 속에서 탈(脫)도그마와 실리를 추구해야 한다고 주장한다.

자이샹까르의 '인도의 길'이 한국에게는 어떤 교훈을 줄 수 있을지, 우리에게 어떤 부분은 공유할 만한 부분이 될 수 있고, 어떤 부분은 그렇지 않은지, 깊게 생각해봐야 한다. 그런 점에서 이 책은 인도에 관한 책이면서 동시에 인도에 관한 책은 아니다. 그래서 나는 인도가 택하고 세계가 주목한 '인도의 길'을 인도에 관심 있는 독자들과 한국의 외교정책에 관심 있는 독자들께 소개하기로 했다.

이 책은 나의 지난 인도에 관한 연구와 강의 35년의 교수 생활에서의 마지막 번역 작업이 되었다. 1983년 인도로 유학 가서 델리 대학교 대학원 사학과에서 석사와 박사를 마치고 1990년 부산외국어대학교 교수로 연구와 강의를 시작한 이래 인도만 전공하고 살았다. 인도 연구자가 이 나라에 많지 않은 사정에 따라 나는 원래 전공인 인도 고대사는 물론이고 근현대사, 사진사, 인도 사회와 종교 등에까지 연구와 강의를 하는 수밖에 없었다. 그러다 보니 35년을 수박 겉핥기로 살아왔다. 깊이 있는 천착을 통한 연구 성과는 그다지 많이 내지 못했다. 한때는 전국의 학과 수 200개 정도, 교수 인원 800명 정도 되는 사학과에 인도사 전공자가 단 한 사람도 없는 현실에서 난 학문의 토론이라는 메아리가 없는 연구를 홀로 고독하게 수행할 자신이 없었다. 원어 사료를 놓고 해석하는 실증의 작업은 내가 할 일이 아니었다. 아무도 제대로 알지 못하는 인도사를 소개하고, 만연한 왜곡과 편견과 싸우고 싶었다. 그리고 내가 운명의 업으로 삼은 인도라는 나라, 내 수업을 듣는 제자들이 전공으로 삼은 그 나라를 제대로 세상에 알리고 싶었다.

이 책은 바로 이 인도라는 나라를 제대로 알리고자 하는 차원에서의 작업이다. 전공 분야에서 연구하여 자기 학문을 학계에 전달하는 것도 의미 있는 일이지만, 이 책같이 특정 분야에서 타의 추종을 불허하는 전문가의 뛰어난 작품을 번역, 소개하는 것도 나름대로 의미가 있는 일이다.

지식의 세계가 건강하게 작동하려면 논문 생산과 함께 번역도 있어야 한다. 중도 있어야 하고 법사도 필요하고 무엇보다 시주하는 신도가 있어야 절이 굴러간다. 이것이 내가 평생 공부한 인도불교사의 핵심 논리를 통해 얻은 세상의 이치다.

이 책의 번역을 선뜻 허락해준 메디치미디어 김현종 대표와 거칠게 번역한 초고를 일일이 원문과 대조하여 혹여 있을지 모를 오역이 나오지 않게 꼼꼼히 봐준 동학 엄은희 박사께 큰 감사를 드린다. 무엇보다도 35년간의 교수직을 마치고 돌이켜 보건대, 인도에 관한 내 강의를 들어주고 긴 시간 동안 연구할 수 있도록 함께 해준 제자들 그들에게 이 모든 영광을 돌린다.

인도의 길
불확실한 세계를 위한 전략

초판 1쇄 2025년 8월 13일 발행

지은이 S. 자이샹까르 **옮긴이** 이광수
펴낸이 김현종
기획총괄 배소라 **출판본부장** 안형태
편집 최세정 진용주 황정원 김수진
디자인 조주희 김연주 **마케팅** 김예리
미디어·경영지원본부 신혜선 백범선 박윤수 이주리 문상철 신잉길

펴낸곳 (주)메디치미디어
출판등록 2008년 8월 20일 제300-2008-76호
주소 서울특별시 중구 중림로7길 4
전화 02-735-3308 **팩스** 02-735-3309
이메일 medici@medicimedia.co.kr **홈페이지** medicimedia.co.kr
페이스북 medicimedia **인스타그램** medicimedia
유튜브 medici_media

ISBN 979-11-5706-458-8 (03340)

이 책에 실린 글과 이미지의 무단 전재·복제를 금합니다.
이 책 내용의 전부 또는 일부를 재사용하려면 반드시 출판사의 동의를 받아야 합니다.
파본은 구입처에서 교환해 드립니다.